アピアランス〈外見〉の心理学

可視的差異に対する心理社会的理解とケア

The Psychology of Appearance

［著］ニコラ・ラムゼイ
　　　ダイアナ・ハーコート
［訳］原田輝一、真覚 健

Original English Language edition copyright 2005
Open International Publishing Limited.
All rights reserved.
Japanese Language edition of
THE PSYCHOLOGY OF APPEARANCE
by Nichola Rumsey and Diana Harcourt

Copyright Fukumura Shuppan Inc. 2017
All rights reserved.

Japanese translation published by arrangement with
Open University Press through The English Agency
(Japan) Ltd.

シリーズ編集者による序文

（訳者注：本書は Open University Press の健康心理学シリーズの一冊である）

　この健康心理学シリーズは、心理学・看護学・医学・パラメディカル科学における大学院研究や資格取得後研究 post-qualification studies（訳者注：資格更新のための単位認定研究など）を、また大学カリキュラムにおける健康心理学教育を支援する目的で編纂されている。健康心理学は急速に発展中の研究領域である。健康心理学とは、一般人における健康の促進や維持に対して、そして疾患や障害における適応行動の個人的・対人関係的側面に対して、心理学的理論やモデルを応用しようとするものである。健康心理学には広範な検討事項があり、将来さらに重要な役割を果たす可能性を秘めている。

　健康心理学シリーズに新たに加わった本書は刺激的であり、もっとも待ちわびていたものである。執筆者は、イギリスのブリストルにある西イングランド大学 University of the West of England のアピアランス研究センター Centre for Appearance Research（CAR）の研究者たちである。これまで主要な慈善団体とその基金団体とともに共同研究を行ってきた執筆者たちは、この分野における研究と教育に対して、国内外で定評を獲得してきた。この本においては、さらに正確で有効性のある研究と実践が発展・開発されていく必要性について述べ、議論を付け加えている。個々の外見は、自己により、他者により、そして所属文化の規範を通して経験されている。外見は、全生涯のどの時期においても健康と健常感 wellbeing（訳者注：wellbeing はさまざまに訳されるが、sense of wellbeing というニュアンスを尊重して、ここでは「健常感」とした）における根本的な問題であるが、残念なことに過去においては、研究テーマとしては比較的軽視されてきた。外見にもたらされる変化の原因としては、遺伝子異常、さまざまな病気の過程、熱傷などの事故が挙げられるが、それらは生涯におけるさまざまな異なる時期に発生する。人間は遠い昔から外見に対して興味と不安を抱えてきたが、今や特別な関心事になっている。外見にまつわる不安は広く浸

透しており、若年者への影響がますます強くなり、時に生命の危険を伴うような行動をもたらす。外見への関心・不安は、健康行動に日常的に取り組むかどうかや、医学的に重要な治療や手術を受けるかどうかの判断に影響を与えている。さらには医学的に不必要な手術や、薬物の危険な誤使用に関わってしまう原因にもなりうる。美容産業市場は外見の魅力を高めることを強くアピールしている。誰かの外見に、（誰の目にも明らかな）可視的差異 visible difference（訳者注：これまでは可視的変形 visible disfigurement が用いられることが多かったが、病態を表現している用語は好ましくないという考えから、学術的には visible difference を用いることが多くなった）がある場合、正常範囲の外にいるという個人的・対人関係的問題は、さらなる困難を生み出し、継続的な問題をもたらす。こうした問題のすべてが、健康心理学にとって核心的である。

　この本では、苦境の中にいる人たちの生の声を多数引用することで、文献と研究知見に関する報告が、さらに実りあるものとなっている。外見に関連した事項の重要性についての歴史から始まり、この分野の研究者たちが直面している方法論的課題などへの検討に進んでいる。それには、現行のモデルや理論の不十分さも含まれている。そして著者らは、外見に関連した研究に対する新しい枠組みを提案している。この本全体を通して、可視的差異を持つ／持たない人々について、外見の重要事項に関する心理社会的様相が、研究知見と個人的視点から検討される。また、ケア提供の現状が検証され、より効果的な支援と介入の方法が提唱される。そしてこの本の最後では将来の課題が述べられ、経験科学の重要領域に対して、健康心理学の貢献の可能性が示される。

　この素晴らしく読み応えのある本には、考えるべきことがいっぱい詰まっている。しかも重大な問題が、明快に、学術的に精密に、そして人間性のもとに語られている。それゆえに、この本は現代の健康心理学のあり方を示す上で、最高のものとなっている。

シリーズ編集者　シーラ・ペイン（Sheila Payne）
サンドラ・ホーン（Sandra Horn）

序　文

　この本を書くよう勧められたとき、当然のごとく複雑な感情に見舞われた。いくらかの動揺（締め切りへのプレッシャーと自己疑心）はあったものの、この仕事はとても魅力的だった。健康心理学者の主要な関心分野において、外見の役割の重要性を指摘する必要性が強まっているという見地から、この本がタイムリーなものになることが分かっていたからである。主要な関心分野には、社会適応 adjustment と健常感 wellbeing（訳者注：身体的のみならず、心理的にも健康であるというニュアンスを採用して「健常感」とした）、健康行動（保健行動）に対する理解と推進、そして治療内容の順守などが含まれる。

　執筆するための時間を作り、それを守る必要がわれわれには生じていた。締め切りが近づくにつれ、日々の面白みの乏しい仕事から逃れ、コーンウォールの美しい浜辺に逃げ込んだことも2度あった。日常の喧騒を忘れさせてくれる風景と耳障りな電子音のない環境（ファックスもインターネットもなく、ただ携帯電話のみの生活）が、書くための最適な環境を与えてくれ、この仕事を完成するために必要な励ましを与えてくれた。

　外見はすべての人にとって大きな関心事である。われわれは皆、それぞれの外見を持っている。一卵性双生児は例外としても、世界には60億以上の固有の外見が存在することになる（訳者注：国連の調査では、2011年に世界人口は70億人を突破したと推計されている）。われわれが他者に向かって情報発信している自分の外見は、他者との頻繁な出会いから広範な健康行動に及ぶまで、日常生活の詳細にわたって影響している。有史以来、人々は常に外見に関心を持ってきたし、自らの外見を良くしようとする行為に心を奪われてきた。しかし現代社会においては、外見に対する不安は伝染病の流行のような状態に陥っている。イギリスでは92％のティーンエイジの少女が、自らの体型を「嫌い」と感じている（タイムズ紙2004年9月25日の Wardle の記事より）。また、健康をひ

どく損なうかもしれない行為をしようとしている10代から成人に至る人の割合が、急速に増えている。Linney (2004) が指摘したように、人種・性別・性的指向（訳者注：無意識に持つところの、いずれの性別を自分の恋愛や性愛の対象とするかという指向）・婚姻関係のあり方によって人々を区別し差別することは違法であるにもかかわらず、他者をその外見によってステレオタイプ的に判断（特に即断的に）してしまうことは、現在も広く容認されている。歴史的に見れば、外見に関連した研究は、社会心理学者にとっても臨床心理学者にとっても、一種のタブーとして避けてこられたという現実がある。しかし現在、多くの面で健康心理学者が関わるテーマであることは明らかである。

　なぜ外見は、かくも健康と幸福に関連しているのか？　その理由として次の事柄が挙げられる。(1) 外見に関する感情が、健康行動をとるかどうかの決定に大きく影響している（例えば、運動療法をしようとする場合、心臓病のリスクを減らそうという動機よりも、体型を良くしたいという動機の方がはるかに強力でありうる）。ただし健康心理学における多くのモデルにおいて、外見の果たす役割が、まだ明らかに認められているわけではない。(2) さまざまな疾患とその治療により、外見の問題が生じている（例えば、乳癌の治療法についての意思決定、第6章参照）。(3) 自分の外見に対する不満が蔓延し、外見を変えるために、健康を損なう危険性のある処置を受けようとする人が急速に増えている（例えば、美容手術や刺青）。(4) 外見の問題は治療効果のコントロールに強く影響する（例えば、糖尿病治療における副作用としての体重増加）。可視的差異（変形）を持つ人は増えてきているが、これは医学や外科手術技術の進歩による部分もある。それが意味しているのは、かつてないほどに多くの人が、外見を損なうような厳しい治療に耐え、生存するようになってきていることである。外見が「正常と見なされる範囲」から外れてしまうことにより、多くの心理的困難に直面し、それらに取り組んでいかざるをえなくなる。これには進行中の治療が含まれる場合もあるだろう（第4章参照）。(5) 最後に、増え続けている外見への不安を訴える人々にヘルスケアの専門家が対峙する時、確かな仕事が行えるだけの研究エビデンスが必要とされる。彼らの患者が示す外見への不安の影響力を認識したとしても、適切なケアと支援をどのように提供したらよいのかは、依然として明確ではない。この点について、健康心理学者や臨床心理学者が助言

を求められる機会がますます増えている。上記の理由により、「外見」というテーマが、健康心理学分野の広い範囲にわたって関わってくるのである。

この本の構成

　この領域におけるあらゆる研究を網羅した膨大な総説を提供するつもりはない。そうしようとすれば数冊の書物になってしまうし、もっとコーンウォールに滞在し続けなければならないからである。そうではなく、健康心理学にとってもっとも関連性のある諸問題を強調しながら、この急速に拡大しつつある分野における糸を、撚り上げるように要約していこうと考えている。必要に応じて、「経験からの声 voices of experience」、特に可視的差異を持つ人々の生の声を収載した。そうした理由は、研究者が出会う事柄を読者にも分かりやすく示したかったからであるが、何より、こうした人たちの言葉には強く心を揺さぶり動かす力があるからである。この点において、可視的差異を直接に持たない人たちが書く文章に優っている。もっと知りたいと興味を持った読者には、各章末に挙げた参考文献を手に取ってもらいたい。

　まず、諸問題を歴史的に、文脈的に、そして方法論的に検討する。第1章では、この領域の紹介として、現代の流行り病というべきほどになった外見への不安に至るまで、身体の外見の意義についての歴史をたどってみる。第2章では、この分野の研究者たちが直面している多くの課題について考え、現行の理論とモデルの不適切を補うため、外見に関連する研究における新しい枠組み framework を提案する。

　次に、可視的差異を持つ人々が経験する心理社会的不安と困難、そして必要とする支援について検討する。第3章では、外見上の問題を持たない人たちにとっての外見とイメージに関する諸問題を通観することから始めて、可視的差異を持つ人々が生涯にわたって経験する困難や苦悩を見ていく。第4章では、可視的差異を持つ人々が経験する心理社会的困難について焦点を当てる。癌、熱傷、皮膚疾患、リウマチ性関節炎を含む広範な病状について、それぞれに固有の諸問題を詳細に検討してみる。第5章では、外見に関連して生じる出来事に対する脆弱性 vulnerability（傷つきやすさ）とリジリエンス resilience

（立ち直りの能力、回復力）に影響する心理的因子について検討する。種々の認知的要因、社会的支援が与える強い影響、自尊感情 self-esteem（訳者注：自尊心〈プライド〉というよりも、自己〈の価値や能力に対する〉評価という方が妥当である）における外見の役割、そしてソーシャルスキル social skill（訳者注：社会適応を円滑に行うための技能群）の重要性が述べられる。

　続いて、支援・介入を通じて心理社会的不安に対処する方法を検討する。第6章では、可視的差異を持つ人にも持たない人にも、現在提供されうるケアについて検討する。これには、特に生物医学的アプローチに潜在する諸問題について通観することも含む。第7章では、より効果的な支援と介入（専門家による心理社会的支援、学校教育での介入、健康推進キャンペーンやメディアが持つ潜在的可能性と役割が含まれる）について検討する。

　最後に第8章では、将来に向けた課題について触れる。これにはコンピューターが作り出すかつてないほどにリアルな顔や身体のイメージ、それらがもたらす外見の正常範囲基準への強い影響、出生前検査、遺伝子工学、顔面移植手術などの医療関連技術における技術革新に伴うジレンマが含まれる。外見に関連した困難から派生する苦悩を持つ人々のニーズを、より効果的に解決していけるように、ヘルスケアのあり方を変えていかねばならない。この分野においてそれらを可能にするための不断の努力として、健康心理学の研究と実践が持つ潜在的貢献度についても検討する。

著者について

　ここ数年、アピアランス研究センター Centre for Appearance Research (CAR) において数名の優秀な研究者たちが仕事を行ってきた。この本の執筆に多大な貢献をしてくれた人々、このテーマに関する考えを絶えず客観的に検討してくれた人々に感謝したい。Kate Gleeson はブリストル大学 University of Bristol 臨床心理学准教授で、Hanna Frith はブリストルの西イングランド大学 University of the West of England 心理学部社会心理学の講師である。Hanna と Kate はともに、アイデンティティと外見についての定性的研究（質的研究）について経験豊富であり、コーンウォールにおいて一緒に執筆に励んだ仲間で

序　文

もある。Alex Clarke はロンドンの王立自由病院 Royal Free Hospital の顧問臨床心理士である。彼女は可視的差異を持つ人たちの臨床実践において豊富な専門的知識を持ち、介入方法とケアの提供というテーマについて多くの出版物を出している。Claire Phillips は Healing Foundation（訳者注：自然治癒力を高め発揮させるセラピーを行う財団。実施者の育成や関連領域の研究支援も行っている。本書著者らの後続本にも資金供与している）の資金援助を受けた CAR の研究員であり、熱傷患者における心理社会的問題の研究に専念している。執筆以外でも協力してくれた多くの研究員にも感謝したい。Emily Lovegrove はアメリカの NIH（National Institutes of Health：国立予防衛生研究所）（訳者注：日本の厚生労働省に該当する）の資金援助を受けた CAR の研究員であり、頭蓋顎顔面領域の異常を持つ青年の生活の質 quality of life（QOL）研究プロジェクトに従事している。これはシアトルのワシントン大学 University of Washington の Donald Patrick 教授の率いるチームとの共同研究の一環である。Anna Fussell はかけがえのないチームメイトであり、この本の執筆期間中の快い援助と支援に感謝したい。Tim Moss と Emma Halliwell は最近 CAR に参加した。彼らが参加した時にはすでにこの本の執筆はかなり進んでいたが、次の機会があることは間違いなく、それから逃れる手立てはないだろう。

この本において使用される用語について

　可視的差異（変形）という分野において研究・臨床に携わっている者にとって、その身体的状態を記載するためにもっとも適切な言葉を選ぶことは悩ましい作業である。今日までに使用されてきた言葉は、ネガティブな面に焦点を当てたものが多い（例えば、変形 disfigurement〈醜形を伴う場合に使用されることが多い〉、異常 abnormality, 変形 deformity, 欠損 defect など）。これらの言葉は、疾患の性状や治療的観点から出てきたものであり、現状の問題点を病理的に強調したものである（第 6 章参照）。現在では、援助を必要としている人々にとって、ネガティブな言葉が彼らの経験する困難さを悪化させることはあっても、役立つことはありえないという意見が大勢を占めてきている（例：Eiserman 2001; Strauss 2001）。普及してしまっているネガティブな言葉に代わって、

「可視的特徴 visible distinction」などの用語を考え出した執筆者や研究者もいた（Partridge 1999 参照）。しかし、こうした試みは可視的差異を持つ人たち（特に個別性の高い困難を経験している人たち）の間で、広く受け入れられたものにはなっていない。また、変形 disfigurement という言葉が喚起できる共通した理解についても、うまく表現することはできない。われわれは中間的な立場に立って用語を使うことにした。つまり、あまりネガティブな使われ方がされておらず、しかし、今でもずっと広く使われ理解されやすい言葉を用いる（例えば、変形 disfigurement という表現の代わりに、差異 difference という言葉を用いる）。Amanda Bates（CAR の大学院研究生）は用語について多くの意見を述べてくれた。彼女の有益な助けに感謝したい。加えて、可視的差異が持つよりポジティブな面について探索した最近の研究成果にも光を当てることにした。

最後に、CAR のもう一人のメンバーである Natty Leitner は、執筆者たちとの私的な意見交換において主だった健康心理学の雑誌の内容を分析し、健康心理学において外見というテーマは核心に関連したものであるのに、これまで健康心理学領域の研究において見落とされてきたものであると結論づけた。外見というテーマは健康心理学者にとって機の熟したものであり、読者がこの本を読み終えるまでに、外見の問題について学ぶことの必要性と重要性について確信してくれることを望んでいる。そしてこの刺激的で多様なテーマを、健康心理学の中のより重要な課題として扱う必要性を、確信してほしいと願っている。

さらに知りたい読者のために

この本の全体を通じて慈善団体である Changing Faces と Let's Face It に言及した。これらの団体は、外見の問題とともに生きる人などへ心理学的支援を行っている。両団体とも有用なウェブサイトを開設しており、疾患ごとに固有の支援策を提供している他団体のサイトにもリンクしている。さらなる情報を得るために、ぜひこうしたサイトを閲覧してほしい（Changing Faces: www.changingfaces.org.uk および Let's Face It: www.lets-face-it.org.uk）。

目 次

シリーズ編集者による序文 ……………………………………………………… 3
序 文 ……………………………………………………………………………… 5
　この本の構成／著者について／この本において使用される用語について／さらに知りたい読者のために

第1章　外見にまつわる諸問題――外見研究の歴史 …………………… 17
　美の判断と他者にとって魅力的であることへの願望――その昔と今　22
　外見の特徴から道徳性やパーソナリティを判断すること　24
　可視的差異に対する反応　28
　外見の心理学に関する文献の登場　35
　身体の外見に基づいてなされる判断　37
　　魅力――好感、恋愛、長期にわたる人間関係／顔の外見と刑事裁判制度／顔の外見と教育システム／大人に対する子供の顔の外見の影響力、そして外見に基づいて子供が行うステレオタイプ化／顔の外見・説得力・広告・雇用
　外見の異なる局面における相対的影響力　41
　　身体イメージに関する研究／外見の変形に関する心理学文献の登場
　第1章のまとめ　53
　論　点　54
　参考文献　55

第2章　この分野の研究者たちが直面する課題 57

背景となる仮定　59

外見研究において神経を遣うこと　60

研究資金　61

参加者のサンプリングと募集　62
 さまざまな文化的・人種的集団からの参加者募集／学生のサンプル／可視的差異を持つ人々の募集／多施設研究

参加者を均一な集団として概念化すること　68

比較群と対照群　71

データ収集のタイミング　71

データ収集の環境背景　73

研究方法　73
 実験的研究／魅力の測定／自己報告研究／縦断（長期的）研究／無作為化比較試験（RCT）

適応に含まれる変数の多様性　82

理論とモデル　85
 健康心理学において一般的に使用されるモデル／外見に関連するモデル／状態（疾患）や治療に特化したモデル／モデルの使用／外見研究と実践を導くための枠組み

研究方法の範囲の拡大　98
 定性的アプローチ／フォーカス・グループ／視覚的方法／観察的方法／混合法／アクションリサーチ

研究成果の流布　105

結 論 105

第2章のまとめ 106

論 点 107

参考文献 107

第3章　可視的差異を持たない人々にとっての外見とイメージの問題 … 109

外見への不安 110

外見と生涯にわたる諸問題 114

　　　幼少期／児童期／思春期／成人期／高齢者

結 論 141

第3章のまとめ 142

論 点 142

参考文献 142

第4章　可視的差異に伴う心理的困難 …………………………… 145

変形の定義 146

可視的差異をもたらす原因 146

　　　先天性の変形／後天性の障害

可視的差異にはどのような困難が伴うのか？　148

　　　発達段階に関連した諸問題／可視的な先天性疾患の診断／小児期における自己概念の発達／小児期における社会的相互関係と行動における困難／他者からの反応／治療における諸問題／青年期／成人期／高齢者／生涯にわたる潜在的なストレッサーとしての変形／状態に固有の影響／癌

／熱傷／皮膚疾患／関節リウマチ／刺青（タトゥ）

　結　論　185

　第4章のまとめ　186

　論　点　187

　参考文献　187

第5章　脆弱性とリジリエンスに関する心理学的予測因子　189

　疾患へ関連づけるアプローチに替わるもの　190

　リジリエンス　191

　苦悩を悪化させる因子と緩和する因子　194

　　可視的差異の原因と身体的特徴／社会文化的かつ人口統計的な諸要因／
　　適応における認知過程の役割

　結　論　212

　第5章のまとめ　213

　論　点　214

　参考文献　214

第6章　外見に関連する不安への支援・介入の現状　215

　一般人を対象とした支援・介入　216

　　外見の自己管理／セルフヘルプ・グループとボランティア支援グループ
　　／プライマリケア（初期治療）を通じての支援／美容目的の手術的・非
　　手術的治療

　可視的差異を持つ人々への支援と治療　223

　　　　地域やボランティア・セクターによる支援／ヘルスケア体制を通じての
　　　　介入／カモフラージュ・サービス

　生物医学的アプローチの限界　236

　心理社会的ケアの提供　241

　法的介入　246

　結　論　247

　第6章のまとめ　248

　論　点　249

　参考文献　249

第7章　より有効な支援と介入の可能性　251

　一般の人へ向けた介入　252

　　　　メディア／健康増進キャンペーン／学校教育への介入／ヘルスケア提供
　　　　体制における支援

　可視的差異を持つ人々への支援の改良　260

　　　　全般的な心理学的支援／専門家によるサービス／新しい可能性

　可視的差異に対する学校ベースでの介入　280

　包括的ケア体制に向けて　281

　結　論　283

　第7章のまとめ　284

　論　点　285

　参考文献　286

第8章　結論、ジレンマ、そして引き継がれる課題 287

今後の課題　288

外見問題を理解し研究することの重要性の啓発／外見の問題に対して、前向きな課題を生み出すこと／ケア提供体制の改善／外見に対する態度を変えること／理論と研究の発展

現在のジレンマ　293

身体の魅力の基準に与える技術の影響／ヘルスケアにおける新しい技術

参考文献　305

訳者あとがき 307

参考文献 311

索引 341

第1章

外見にまつわる諸問題――外見研究の歴史

執筆協力者
ハンナ・ファース（Hanna Frith）
ケイト・グリーソン（Kate Gleeson）

人類が外見に魅惑され続けてきたエビデンスは、さまざまな資料から見て取れる。それらには神話、伝説、歴史上の逸話、おとぎ話、そして多種多様な現代の情報群も含まれる。人類が自分自身の外見と、その外見を他者に見せる方法の両方について関心を持ち始めた例は、アフリカで顔に装飾を施していた3万年前にまでさかのぼり（Bates and Cleese 2001）、肖像画は紀元前2万3000年にさかのぼる（Kemp et al. 2004）。

　私たちが顔に引きつけられる生得的傾向を持つことを示すエビデンスがある。生後数日しかたっていない新生児でも、他のどんな刺激よりも顔を見つめ、目を動かしながら注視するのである（Bruce and Young 1998）。たとえ相手を凝視しても社会的な出会いには発展しないような場面では（例えば、列車の中で向かい合って座っている時、待合室で時間をつぶしている時、テレビを見ている時）、私たちは他人の顔・姿・服装を十二分に観察することができる。そのような時、対象となる人の外見と気質や職業との関連性について、漠然と想像しているのである。

　人間は自分自身の外見にも心奪われている。最初の本格的な鏡は、1460年にヴェネチア人によって作られた。彼らは透明なガラスを作る方法を考え出した。当時の人々はこの鏡に映る自分自身の姿を見ることにたいそう喜んだので、すぐに大きな商売に発展した。1507年、デル・ギャロ兄弟は完全な鏡を作る方法を発明したが、周辺諸国のスパイや外交官がこの秘密を手に入れようと躍起になった。にもかかわらず、ヴェネチア人たちは1世紀以上にわたってこの製法を秘密にし続けた（Bates and Cleese 2001）。私たちは一生のうち、何千回となく自分の外見をチェックする。店先のガラス窓や鏡など、機会があればいつでも、ほとんどの人が自身の姿をチェックしたいという衝動に駆られる。自身の慣れ親しんだ外見を目にすると、自分の持つアイデンティティが確かめられ安心できる。ところが心に描いている自己イメージと自分の外見が一致しない時には、ギョッとしてしまう。例えば、強い光の下では、心の中にある自己イメージよりも老けた、別の姿を見てしまうことがある。あるいは、自分が変に写っていると感じている写真を、他人から実によく撮れていると言われる時などである。そうした身体的変化（特に顔の変化）に自分自身の感じ方が強く影響を受け、自分の姿を受け入れられるまでに時間がかかる。医療現

場ではこのようなことが生じるため、大きな外傷や手術の後で患者が最初に鏡を覗き見るタイミングや支援を、ヘルスケアの専門家たちは慎重に選んでいる。こうした人々は予期していなかった自分の姿を見て、しばらくの間、心にショックを受けることとなる（Bradbury 1997）。

　記録の残るもっとも古い時代から、他者に対して自分の外見を良く見せようとして、装飾品に財を投じた例が多数見られる。それらには驚くべきものもある。エリザベス女王（訳者注：エリザベス1世、在位1558〜1603年）時代に使用された鉛を含有する有害な白粉（おしろい。訳者注：鉛中毒を起こし死亡することもあった）、17世紀のイタリアで同様の目的で使用されたヒ素含有化粧品（訳者注：やはりヒ素中毒を起こし、よく死亡した）（Bates and Cleese 2001）、ブラジルやアフリカにおける部族で下口唇を伸ばすために入れた皿状の円盤、中国における纏足（てんそく。訳者注：幼少期より足を布などで縛り、足を小さくすること。小さい足が美しいとされたために行われた）、タイにおける首長族（訳者注：首輪を順次足していき、首の長さを非常に長くしている部族）などである。現在の西欧文化諸国においても同じような現象が見受けられる。小じわを目立たなくするためのボツリヌス療法（訳者注：ボツリヌス菌の毒素を用いた注射治療で、しわの原因となる筋肉を麻痺させる）、良好な審美状態を獲得するための痛くて不格好な歯列矯正装置の普及、ダイエットによる食事制限やサプリメント、全身へのピアス、刺青、美容手術に伴うリスクと費用負担を進んで受けようとする人々が増えてきている事実、などである。何世紀にもわたって、健康へのリスクのみならず、自己呈示の仕方における欺きに対しても異議が唱えられてきた。例えば1700年代のイギリスにおいては、女性の装飾に対して、男性たちの激しい抗議があった。真実の顔が隠されてしまうので、外見を誘惑に使う技術は詐欺的であると考えられたのである。1770年のイギリスでは、この種の「詐欺」に基づく離婚については許可するという法律が起草された。しかし、これは施行されがたい法律であったことから、すぐに廃止になったものの、顔の見え方を変えてしまうことへの反省をもたらした（Bates and Cleese 2001）。より現代的な論点としては、手術治療で外見を変えることへの是非が含まれる（Davis 1995 参照）。

　個人的にどのような信念を持っていようと、多くの人は自分がどのように見

えるのかについて積極的に関わろうとする（例えば、衣服や髪形の選択を通じて）。外見に関して一般に認められている正常基準に合わせようとするか、個性を表現したいという願いからそうするのである（Newell 2000a）。しかしながら、外見に関する変化のすべてがコントロールできるわけではない。発達上のサイクルの一部として、身体そのものと身体に対する認知は変化していく。諸変化のうちには望ましいものもあるだろう（例えば、青年期の体の成熟に伴う変化は、多くの場合、好ましいものとして歓迎される。鍛錬によって体があるべき姿になるからである）。一方、加齢や疾病による変化は歓迎されることはない（Newell 2000a）。身体発達上の変化であれ、疾患に伴うものであれ、あるいは自分で引き起こした変化であれ、あらゆる変化は社会における文脈（社会とは、過去においても現在においても、人々の外見を非常に重視する）の中で発生してくる。Gilbert（2002）は、数百万年にわたって魅力が求められ続けたこと、それに他者に対して魅力的に見えることへの厳然たる必要性があったことが、人間の心と頭脳の進化を形作ったと主張した。好ましい社会関係（友情、愛する人、長期にわたる人間関係など）を構築しやすくなるであろうという理由から、他者に対して魅力的に見せようとすることは自己利益に基づく行動であると、そう信じられるようになってきている。多くの神話・伝説は外見の影響を受けながら生まれた。美を持つことは何よりも重要なことであり、美を持つ者には力が授けられるということを物語る話が多い。Lakoff and Scherr（1984）はギリシア神話について触れ、三柱の力ある女神たち、ヘラ、パラス・アテネ、アフロディーテについて述べている。「もっとも美しい者のために」と言って、不和の女神エリスによって結婚式の最中に投じられた黄金のリンゴを、誰が受けるのかについてこの三柱の女神たちは口論した。結婚式は彼女らの癇癪によって混乱に陥り、それぞれが有利な判定を得ようとして賄賂を試みた。戦勝を得ようとする試みは、やがて10年にわたる戦争に発展した（訳者注：ギリシア神話における、トロイヤ戦争の原因について述べている）。この神話の主旨は、もっとも美しいと認められることは至上の重大事項であり、人によっては何を犠牲にしても得るに値するということである。

　こうした神話の数々を、現代における考え方や行動とは無関係の、想像上の作り話であるとして無視することはたやすい。しかし、身体の外見への絶え間

ないこだわりの例は、長きにわたって多数存在している。おとぎ話や子供向けの話は、すでに存在しているステレオタイプを強化する役割を果たしている。眠れる森の美女は、いやらしくて醜い魔女によって魔法をかけられる。白雪姫のまま母は、常に鏡を覗き込み自分の容姿をチェックしている。そして、まま娘によって凌駕されるのではないかと心配している。シンデレラの美しさは義姉妹の嫉妬の対象となっているし、子供たちは邪悪な登場人物であるフック船長にいつも身震いしてきた。1920年代、キャメイ社の石鹸コマーシャルのキャッチコピーは、「すべての女性は生涯にわたって毎日、ビューティ・コンテストで審査されているのです」だった。Haiken（2000）は1946年アメリカの新聞に掲載された形成外科（美容外科）の広告を引用したが、「飾り気のない女性にとって、人生とは当惑・欲求不満・苦悩の果てしない連続でしかない。しかしある日、美容手術を受けることを決心する時にすべてが変わる」というものだった。21世紀初頭において、美容産業において反映されている外見への個人投資の状況は、驚くべきことに世界規模で450億ドルに達していた（Bates and Cleese 2001）。McGrouther（イギリスの形成外科医）が最近引用したイギリスの統計では、口紅の広告費だけで毎年1200万ポンドが使われていた。

　カップリング・パーティの最近の流行を見れば、外見を最大限に良く見せようとすることが何よりも大切である、と人々が考えていることは間違いない。Gleeson and Frith（私信より）は現代の社会経済活動について言及するために、「観察経済 scopic economy」という言葉を作った。それは、他者から観察されることによって成り立ち、そしてそこでは、いくつかの身体的特徴（例：スリムであること、若々しい外見、整った顔つき）がその他の要素よりも優遇されるのである。そしてこうした特性については、ダイエット・エクササイズ・美容手術などにより、ある程度は評価の高低を変えることができる。そこで多くの人々が、自分たちの状況を維持または向上させようと、こうした取り組みに熱心になるのである。

　外見は、その人のアイデンティティにとっても、他者からの認知にとっても、強力な手がかりを与える。外見は、周囲の人にとって最初に得られる情報であり、社会的接触の間中、持続的に観察できるものである。好むと好まざるとにかかわらず、この過程から逃れることはできない（Gleeson and Frith, 私信

より)。その間、他者との出会いに関わっていくか否かを選択する余地はなく、また、自分が提示する可視的な自己に対して他者が反応するという事実についても選択の余地がない (Frost et al. 2000)。顔は人体のどの部分よりも、他者にとって見える部分なのである。それは非常に洗練されたコミュニケーション・ツールであり、情報の提供と人間関係の維持において決定的な要素である。困惑するほど多様で社会的に重要なシグナルを発信しており、そしてそれらは他者から探られ、読み取られ、反応を返されるのである。Hughes (1998) は日常会話の中に表れる多くの言語表現を引用しながら、日常生活における顔の重要性に光を当てた (例: 何かに向き合う facing up to something, 裏表のある two faced, 面目を失う losing face)。Hatfield and Sprecher (1986: 72) は、「(顔以外にも) 他に意味のある情報があるかもしれないが、探し出すのは非常に困難である」と記している。地球上には驚くべきことに70億個の顔があり (Bates and Cleese 2001)、遺伝子、発達段階、人生経験、環境などの複雑な相互作用の結果として、すべてが異なっている。結果的に、パスポート、IDカード、運転免許証などの識別指標として顔が用いられている。この多様な複雑さを考えると、何が美しいか醜いか、魅力的か好ましくないか、どのようにして私たちは判断しているのだろうか? 何を根拠にして、誰とお付き合いしたいと決めるのであろうか? どのような相互関係を持つのが最適であると決めるのであろうか?

美の判断と他者にとって魅力的であることへの願望——その昔と今

　Bates and Cleese (2001) は、美の判断と魅力を構成する要素については世界中でほぼ共通していると主張し、「美は見る人の目の中にある」(訳者注: 美とは主観的なものであり、相対的なものであるという意味) という文句は陳腐であると指摘している。美の判断に影響するものは多様で、混沌としている。ギリシア哲学、進化生物学、数学的公式 (特に、古代ギリシアにおける黄金比率といった観念のように、生まれつきの好みはある種の特徴を持つ対称性から生まれるとするような公式)、人間が赤ちゃん顔を好むという傾向 (例: 大きな目と口、それに小さな鼻という特徴は、ディズニーが利用して大成功した)、過去の経験に基づいた個人的

な好みなどである。

　Darwin は、顔の魅力が文化の壁を越えた普遍的なものである可能性について論じた最初の一人である。世界中の現地人たちが美について類似した基準を共有していると、探検者たちが彼に伝えたことを 1871 年に記載している。現代社会の広い範囲にわたって、どういった顔が美しいと判断されるのかについて、かなりの程度の共通性があることが分かっている。1993 年、人類学者である Jones and Hill（1993）は、ベネズエラとパラグアイにある比較的孤立した 2 つの部族の住む地域で調査を行った。それまでそれらの部族の人々は、自身の集落以外の人々とほとんど接触したことがなかった。テレビもなく、したがって世界中のどこの地域の人々についての画像も見たことがない人たちである。彼らにさまざまな地域に住む人々の顔写真を見せ、美の程度について判定するように求めた。ロシア、ブラジル、アメリカの人たちにも同じ写真を見せた結果と比較したところ、これら 5 国の人々が共通して選んだのは、大きな目と繊細な顎と顎先を示す女性の顔だった。別の研究では、きれいな肌、大きな目、そしてふっくらとした唇が好ましいものとして明らかにされた（Kemp et al. 2004）。しかし、男性よりも女性の顔に対する判断に関して一致性が高いようであり、身体的特徴は魅力の判断に影響する唯一の要素ではない、というコンセンサスもあるようである。生き生きとした表情は好まれる。それはおそらく、その表情を見る相手に、その人と一緒にいて楽しいと感じさせるからであろう。同様に、美しいが表情を欠く顔よりも、表情豊かな顔の方が、実生活においてはより魅力的である。美の判断における一致の決め手になっているのは、主に第一印象に関係している。人間関係が確立されると第一印象以外の情報が入り込んできて、その人に対する判断にさまざまな要素が影響し始める。

　現代社会においては美を表すものについて高い一致性が見られるものの、かつてはさまざまに変化があった。男性においても女性においても、ギリシアやローマではつながった眉毛が賞賛されていた。突き出た額、かぎ鼻、キューピッドの弓のような形をした唇が好まれた。古代エジプトにおける女性の美として、丸みを帯びた体、くっきりとした顎先、突き出た下顎が描かれていた。400 年ほど前（1600 年代）、富裕層は十分な食事を摂る余裕があったので、二重顎が男性にも女性にも人気があった。ルネッサンス時代、均整のとれた顔と

体が強調された。デューラーやダ・ヴィンチは、鼻の幅と同じだけの両目の間の距離を好んだ。19世紀の終盤、女性にコルセットが流行し、砂時計のような体形が理想としてもてはやされた。1950年代は現在よりも、ふっくらとした顔と体形の女性が好まれた。1960年代、70年代では、皮膚癌の危険に関する知識が普及する以前であったので、よく日焼けした顔が流行した（先ほどの繰り返しとなるが、温暖な気候の地へ旅行する余裕のある富裕な人であるという外面的なサインであった）。男性は髪を伸ばし、女性のモデルは刈り上げた髪で非常にスリムな体形で描かれていた。1990年代の終わり頃、モデルたちは無表情か微かな笑顔を見せながら、色白の肌を見せていた。1970年代、80年代はいかつい筋肉質の男性が流行であったが、90年代ではより子供っぽい、浮浪児のような姿が流行した。この20年くらいの間では、さまざまな社会階層において、若く見えることがますます価値あることとされてきた。元気で健康そうに見えることが望ましいということが強調され、雇用市場の圧力と相まって、目に見える加齢性変化を悪いことと考えるに至った。それに反応して、加齢による変化に対処するために、人々はより思い切った手段に訴えるようになってきている。

外見の特徴から道徳性やパーソナリティを判断すること

　美の判断やお互いの魅力に対する最初の探究に判断材料を提供することに加えて、顔からその人の性格が読み取れるという考えも、長い間、支配的だった。多くの偉大な作家たちもこうした考えに基づいた記述を行っている。キケロ（顔は魂を映し出す像である）、シェークスピア（顔に出る心のありようは隠しようがない）、オスカー・ワイルド（外見で判断しない人はただの浅はか者である）など。アリストテレスは顔について客観的に研究した最初の人とされている。彼によると、小さな額を持つ人は気まぐれであり、一方、丸くて張り出した額を持つ人は短気である……見つめる目はずうずうしさを、まばたきは優柔不断を表している。大きくて張り出した耳は、無駄話やお喋り好きの性格を示している（Burr 1935より引用）。18世紀、スイスの牧師であるJohann Lavaterは、人

相学に関する膨大な数の文献を残した。Lavater（1789）は、鼻は嗜好・感性・感情が、唇は温厚・怒りと愛・憎しみが、顎は好色が、首は柔軟性・正直さが表れる部位であるとした。またLavaterは、外見と善良さの関係についても明確に記載した。道徳性が高い人たちはより美しく、低い人たちはより醜い、と。ヴィクトリア朝の人たちは、頭部の外形をもとにして道徳的判断力と性格タイプを判定していたが、彼らは自分たちのことを、顔を読むエキスパートであると考えていた。これは王立の支援を受ける科学分野となっていた。ヴィクトリア女王は自分の子供たちの頭部を計測し、分析したとされる（MacLachlan 2004）。19世紀、Camperは鼻の角度から知性を計測しようと試みた（Bruce and Young 1998 より引用）。Galton（1883）は犯罪者の顔貌に興味を持ち、受刑者たちの顔写真を研究した。彼は、受刑者たちの外見は悪人らしい顔つきをしていると記載している。「残念な事実であるが、犯罪者に特有の顔貌というものが明らかとなってきた。それらは現代文明においてもっとも悲しむべき変形の一つである」と述べた。彼は犯罪者たちの写真を重ね合わせるという技法でさらに研究を進めたが、言い伝えでは、重ね合わせた顔は「驚くほどのハンサム」に見えるという結果に失望したという（Perrett and Moore 2004）。イタリアの犯罪学者であるLombroso（1911, Bruce and Young 1998 より引用）は、すべての人間は犯罪を起こしやすいタイプとそうでないタイプとに分けられるということを提唱した。生まれながらの犯罪者は、顔の非対称性、ゆるい傾斜の額、くっきりした眉毛、歯並びの悪さといった外見の特徴を持っていると主張した。彼は、犯罪を減らすためには、犯罪者顔をしている者をすべて一斉検挙すべきであると提案した。そして関係部署を助けるために、さまざまな犯罪者タイプを示す顔写真まで提供した（MacLachlan 2004）！

　第二次世界大戦中のドイツにおけるホロコーストに先立って、ユダヤ人を醜く悪辣な姿で描いた中傷キャンペーンが行われた。ユダヤ人たちを、大きなかぎ鼻を持った、背中を丸くして金に貪欲な姿で描いた諷刺画が大量に印刷され、ばら撒かれた（Lovegrove 2002）。現代社会の多くは、外見に基づいた人種的偏見はもはや許されないということを誇るかもしれない。しかし、アフリカのルワンダにおける大量虐殺（訳者注：1990～93年にわたるツチ族とフツ族の内戦で、もともと両者は別部族ではなかったが、人為的に別部族に分けられ差別化されてい

た）では、フツ族の居住区ラジオ放送において、ツチ族は道徳的に堕落しており、身体的に障害があるという政治的宣伝が行われていた (Lovegrove 2002)。

科学的視点から見れば、このような諸説はまったく信頼されてこなかったにもかかわらず、性格と外見を結び付けた民間伝承レベルの話は、有史以来、絶えることがなかった。他者の外見をもとにした判断は、今も日常会話において溢れている。例えば、赤毛の人は激しい気性の持ち主であるとか、小さな目は信頼のおけなさを暗示しているとか。駅の本屋で暇にまかせて立ち読みをするようなコーナーでも、最近の本の中に、『The Complete Guide to Chinese Face Reading（中国式読顔術の完全ガイド）』なるものがあった (Dee 2001)。この本にはカン・シャンのアートが載っている。それによれば、顔・目・鼻・口・耳の形はその人の性格と生活の案内図であるという。もし鼻が曲がったり折れたりしていたり、狙いをつけているような細い目、曲がった唇、傷ついた眉毛であれば、その人の生活において不協和音があることを示す。メディアの実力者たちも、外見と人格に結び付いた神話を引き継いできた。例えばディズニー作品に登場する人物の身体描写は、その人物が善役（大きな目、対称的な顔、スリムな姿）であるか、悪役（重々しい顔の特徴、時として傷がある）であるかによって驚くほど異なっている。そうした相関はないというエビデンスがあるにもかかわらず、外見と性格を結び付けてしまう根深い習慣を持ち続けている。

こうした偏見が発生する過程に含まれている要因を明らかにしようと、心理学者たちは長期にわたって努めてきた。Secord (1958) は（研究への）参加者たちに、2人の想像上の人物の性格を表す短い文章を与えた。それらは基本的に同じものであったが、「心温かくて正直な」あるいは「情け容赦なく野蛮な」という言葉だけが違っていた。参加者たちは、文章で示された人物に期待される外見について、32の身体的特徴それぞれに7段階で点数をつけた。Secordが見出したことは、32の身体的特徴のうち25が、2人の人物の性格の違いにおいて有意差を示していたことである。参加者たちは、「心温かくて正直な」人に対しては「平均的な」特徴を選んだが（例：平均的な鼻の幅）、「情け容赦なく野蛮な」人に対しては平均から外れた特徴を選んだ（例：細過ぎる鼻や広過ぎる鼻）。

1972年、Dionや彼女の共同研究者たちは顔の読み取り方に言及して、「美

しいことは良いことだ」というフレーズが、彼らの研究結果を説明するのにふさわしいことを示した。魅力的であると判断された人物に対して、より好ましいパーソナリティ特性や資質を持つと人々が判断することを、彼らの研究は示唆していた。Eagly ら（1991）は、身体的魅力とそれに結び付いたステレオタイプに関するそれまでの研究について、メタ分析を行った。彼らの結論は、より魅力的な人たちは、より社交的で社交技術が高く、心もより健康であり、セクシーな温かさと支配力があるように見える、ということであった。しかし、すべてが良いわけではない。魅力的な人は他者に対する関心が低いように見えるし、性格が良くないようにも見える。Feingold（1992）は外見と行動との関係について研究し、より魅力的な人は優れた社交技術を持ち、同性の友人を多数持つということを報告した。加えて、孤独感が少なく、社会的不安も低いと報告した。しかし、身体的魅力と他のパーソナリティ特徴（社交性と心理的健常感を含めて）の間には、有意な関係を見出せなかった。

　Cook（1939, Bruce and Young 1998 より引用）は研究に参加した回答者に、写真から学生の知能について評価するよう求めた。回答者たちの評価の結果は、実際の知能指数や行動評価とはまったく一致しなかった。しかし、回答たちの評価の結果同士は、高いレベルで一致していた。顔の特徴の対称性や、真剣な顔つき、きちんとした髪型を高い知能と関連づけていた。近年の研究では、顔の特徴と知能には関係があるという考えには、相反する結果が出されてきた。Shepherd（1989）は、顔から知能を正確に読み取ることが可能であると考えられるエビデンスはない、と結論づけた。Eagly ら（1991）は、大衆文化においては、身体的魅力は知的コンピテンスと強くは結び付いていないからであろうと指摘した。

　Bull ら（1983）もまた、外見に頼った判断は不正確であるという事実にもかかわらず、顔の外見に基づいてなされる判断においては、強い合意が認められることを示した。（この研究で）参加者らは、保守党と労働党の議員の顔全体の写真を見せられた。所属党派の予想結果は実際のものと一致しなかったが、回答者が判断した党派は一致していたことを、研究者らは見出した。保守党議員と見なされた人は、労働党議員と見なされた人と比べて、より魅力的で、知的で、上流階層に属する者と評価されていた。下された判断には、参加者たち自

身が自己申告した政治的志向による影響は認められなかった。

どのように判断するかを問い詰められた場合、外見よりもその人の中身に注目することを認めるものの、そうでない場合、私たちは安易に無意識のうちにステレオタイプに従ってしまうことは明らかであろう。身体的完璧さを礼賛する文化的強迫は、いずれの雑誌・広告・映画・テレビ番組においても見られる。こうした文脈の中で、顔をより魅力的にしたりしなかったりするさまざまな側面について、他者と合意・確認を繰り返しながら、パーソナリティ、知能、多くの心理学的属性について、すばやいものの不正確な判断を私たちは続けているのである。

可視的差異に対する反応

美と魅力に基づいて形成されるポジティブな諸属性とともに、通常ではない外見の発生についての説明は、長年にわたり常にネガティブなものであった。Shaw（1981）は、紀元前2000年にまでさかのぼる石板の存在を報告している。それに書かれていたのは、「舌のない子が生まれたら、その家は没落するだろう。上唇が下唇を覆っていれば、世界中の人々が祝福するだろう」ということである。Shawはまた、古代、神が自らの楽しみとして、あるいは人類に対して警告・忠告・畏怖を与えるために「怪物のようなmonstrous」子供を創ったと考えられていた、とも述べている。身体的欠陥を持つ赤ちゃん（時に、その母親）は、神々を鎮めるために生贄にされることが常であった。時代から時代へと受け継がれる神話や伝説では、魔女・ガーゴイル（訳者注：教会建築などの屋根に設置されている怪物などの彫刻）・トロール（訳者注：北欧伝説の怪物で、醜悪な姿で凶暴であるとされている）の顔は、異常さや損傷を持った者として描かれている。メデューサ（訳者注：ギリシア神話に出てくる神の一人）は、人としての生涯において美し過ぎたことで罰を受け、グロテスクな姿に変えられた。髪の毛を、威嚇音を発する蛇たちに変えられたのである。彼女の姿は非常に恐ろしく、その姿を見る者を石に変えてしまうのだった。そして最後は、自らの姿の反射像によって殺された（訳者注：ペルセウスは盾を鏡のように磨き、そこに映った

メデューサの像を見ながら首を切った)のであった（MacLachlan 2004）。

　中世の頃、胎児の障害は、その母親と動物との性的な結合によるものと考えられていた。ケンタウルス（訳者注：ギリシア神話に出てくる神で、上半身がヒト、下半身が馬）やミノタウロス（訳者注：ギリシア神話に出てくる、頭がウシで、体がヒトの怪物）のような神話におけるイメージを反映した思い込みであった。こうした赤ちゃんを葬り去っていたことについて、17世紀まで記録が残っている。そしてShaw（1981）は、1708年にデンマークのフレデリック5世が、顔に変形を持つ者は妊婦に姿を見せるべきではないと定めたことを述べている。歴史的に見れば、通常ではない顔は、精神的問題と関連づけられもしてきた。画家ウィリアム・ホガースが描いた18世紀の精神疾患者収容施設の荒廃した様子と患者の絵は、魅力的ではない損なわれた顔を描いたものとして悪名高い（Munro 1981）。Francis Bacon（Bacon 1597）は、「変形を持つ者は、一般に復讐心を持っている。彼らが持っている悪の性質で、恩を仇で返そうとする」という記述で知られている（Newell 2000b）（訳者注：ベーコンはイギリス経験論哲学の祖で、帰納法を提唱したことで知られている。この部分は、人々が持つさまざまな偏見を記述しており、ベーコン自身はこのような偏見に邪魔されない、豊かな人間生活の実現を理想としていた）。重度の障害を負った人たちはサーカスの見世物小屋に雇われ、人々の覗き見趣味を満たすことに利用された（MacLachlan 2004）。こうした（非人道的な）点にも配慮した映画・文学・メディアでの描写もあった（例：映画「エレファント・マン」に登場する主人公のジョン・メリック〈訳者注：全身に腫瘍が多発し、著しい変形をこうむっていた〉。フォークランド紛争で重度の熱傷を負いながら生き延びた、〈現在は〉退役軍人のSimon Westは英雄として報道された）。しかしながら大半においては、外見や身体の可視的差異は、長年にわたって映画で、邪悪で怪物的な行動に関連づけて描かれてきた（例：「オペラ座の怪人」「フランケンシュタイン」「エルム街の悪夢」といったホラー映画で描かれているような恐ろしいゾンビや狼人間など）。不幸にして、より最近の例は映画にとどまらない。ナチス政権時代のドイツでは、身体的に障害のある人々は、精神障害者や知能障害者らと同じように、ユダヤ人・ジプシー・同性愛者らとともに死の強制収容所へと送られたのである。

　魅力的であると考えられる人に有利に作用し、魅力的でない、あるいは可視

的差異を持つと判断される人に不利に作用する、そうした偏見は何から生まれるのであろうか？　多くの説明が試みられてきたが、それらには次のようなものも含まれる。例えば犯罪者や奴隷の身分のように、社会的身分が低いことを示すためには、目に見える形で刑罰が加えられた。そうした歴史的な刑罰によって生み出されてきた諸形態は、人々にとってほとんど本能的な信念（思い込み）を形成してきたが、そうした事例が意味してきたことに関連した遺残物も含まれるのである。Lovegrove（2002）は、インドで紀元前の何世紀にもわたって、不貞・姦通の罰として鼻が切り落とされたことを述べている。また、他の要因の中でも、何が「正常」で何が「異常」かについての偏った意見に対して、メディアによってさらされることから発生する社会的条件付けや強化の過程があることについて述べた。

　つい最近まで、身体的差異の発生が、天体の影響を受けるとか、精液や月経の問題や、妊娠中に「不幸な」動物を見たこと、などのせいにされてきた（例：野うさぎを見ると胎児に口唇裂〈訳者注：胎生期初期に、口の周りの組織が癒合して顔面が形成される。何らかの理由でその癒合が障害されると、口唇部に裂が生じる〉が発生する）。こうした思い込みは消滅したと考えるのが妥当であろう。しかしShaw（1981）は、現代の今でもアフリカのいくつかの部族においては、何らかの身体障害がある者は首長にはなれないことを報告した。インドにおけるいくつかの田舎の共同体では、身体障害のある赤ちゃんの家族は、定められた浄化儀式が行われるまでは汚名を着せられ続けるのである。Strauss（1985）は、現在の中国やブラジルにおいて、身体障害を持って生まれた嬰児の殺消や、食事を与えないなどの事例があると報告している。また、Gittings（2001）は、毎年中国で遺棄された10万人の子供や赤ちゃんのうち、60％が身体の可視的差異を持っていたと報告している。1981年に行われた200名の女性に関する調査においてShawは、（回答者が自分の子供に発生した）先天性疾患について（どのように解釈しているのか）説明を求めた。多くの回答者は医学に準じた説明を行ったが、妊娠中の行動に非を求めた者もいた（例：赤アザの子が生まれた原因として、妊娠中にイチゴや赤キャベツを摂り過ぎた）。また、民間伝承から派生した説明内容を述べた者は少数であったが、顔に可視的差異を持つ人に対する好ましくない先入観は、依然として多かった。

Goffman（1963）が書いたエッセイ、「Stigma: Notes on the Management of a Spoiled Identity（スティグマ——損なわれたアイデンティティへの対処に関する考察）」では、社会学的視点から可視的差異とスティグマの領域について検討している。その中で彼は、スティグマとは「十分な社会的受容から外された」人々の状況と定義している。そしてスティグマを持つ人として、犯罪者らや、可視的な障害を持つ人々や、人種的または宗教的に周囲の人々から疎んじられている人々を結び付けている。また Goffman は、一般人とスティグマを持つ人との社会的相互関係に特に興味を持ち、次のような解釈の可能性についても述べている。「正常人たち」（彼の表現による）が可視的差異を持つ人々に出会うと、そのスティグマ化されている特徴が尋常ではないことから、居心地が悪くなるかもしれない。一般人には、どのように行動したらいいかという経験がないため、不適切に反応するかもしれないことに不安を持つだろう。スティグマ化されている人の属性の結果として、その人が防御的あるいは攻撃的になるかもしれないと神経を遣ってしまうだろう。スティグマと関連して、目には見えない違いがあるかもしれないと不安にもなるだろう。疑われることを免れえない人たちは、他者から拒絶されるかもしれないことを予測しているだろうから、普通ではない行動をとる危険性もあるだろう。そしてその人のパーソナリティにおける（あまり本質的ではない）別の面を、可視的差異に結び付けられてしまうかもしれないと考えるだろう。

　変形の持つ影響力に関連した今日の研究において、Goffman の洞察力に富んだ考察はさらに発展している（第 4 章参照）。Sambler and Hopkins（1986）は、癲癇（てんかん、訳者注：意識消失や痙攣などの発作を繰り返す、脳の慢性疾患）患者を対象とした研究に基づき、「感じられた」スティグマ（定義：社会的に好まれない特徴のために、他者からのネガティブな反応を経験するだろうという個人的信念）と「強制された」スティグマ（定義：差異の結果として、明らかに拒絶され、孤立すること）という言葉を作った。具体的に拒絶された時の行動を明らかにできた回答者はほとんどいなかったことから、Sambler and Hopkins（1986）は、具体的な拒絶行為がない場合ですら、スティグマ化される「恐れ」は増大しうると述べた。Jones ら（1984）はスティグマについて 6 つの次元を提唱し、それらがスティグマを負った人にどの程度影響するのか、また可視的差異という

文脈の中で関連することにどの程度影響するかについて述べた。6つの次元とは、隠せるものかどうか、状態の進行具合、他者とのコミュニケーションの壊れやすさ、可視的差異の状態の審美的性質、状態発生の原因（本人に、その状態をきたした原因があると考えられる場合、スティグマの程度はより大きい）、同じ病状の他人と出会ったときに生じうるリスクである。Clifford（1973）は、可視的差異を持つ人々は、「理想的な美しさを手に入れ損ねたことではなく、最低限度の受容水準を満たしていないことでもって、目立つ存在となってしまう」と主張した（1973: 6）。Trust（1977）は生まれながらにして顔に大きなアザを持っているが、通常ではない外見が可視的であることは、「永遠に下級階層と見なされた市民として生きていくこと」を意味すると書いている。

　生得説（本能説）は、自然淘汰により身体的および行動的な属性が固定化されてきた時代から受け継いだ行動の遺物を、私たちが保持しているという考えを重視している。いくつかの動物種においては、もし自分の子に生まれながらの障害が明らかになった場合、母親がその子が死ぬのを放っておく、あるいは殺すという傾向が存在している。正常な顔の視覚的パターンを見ることを好む傾向は、生後すぐから認められることから推測されるのは、正常ではない何かに出会う時、本能的に嫌うことに付随して現れる感情要素として、混乱や居心地の悪さがあるのかもしれない（Bruce and Young 1998）。また顔における可視的差異は、心の奥深くに、認知的または感情的に重大な障害があるサインとして、本能的に解釈されるのかもしれない。

　強化 reinforcement と社会的学習（条件付け）social conditioning の過程を重視する理論においては、社会的に規定された正常基準から外れないようにする集団内圧力が強調される。現代社会においては、外見に関連した正常基準は、印刷物やテレビ・映画の中で、イメージ（画像）を使った多くの方法で定義され、恒常化されている。それらが私たちに対して特に強く強調することは、社会的比較 social comparison である。私たちがどのように見られ、振る舞うべきかについてのメッセージを、絶えざる集中砲火のごとく浴びせてくる（McCabe and Ricciardelli 2003）。映画・テレビ・雑誌の中でステレオタイプ化された性格描写の一部として身体的外見が使用されることに加えて、広告制作者たちは美しい人々と羨望のライフスタイルを関連づけるのである。（美しい）外

見と細身であることは、成功と幸福を獲得するために絶対的に重要である、という文化的図式を示してくるのである（Tiggemann 2002）。雑誌・映画・広告の前面を飾るとても魅力的で、非の打ち所もない顔は、美と魅力と正常さに関する文化的概念を形作り強化する情報を供給している。同時に、身体的外見の変形は邪悪さと恐怖とに関連づけられることが多く、そのことは物語・書物・映画・漫画・諷刺画においても明らかである。Rumsey（1983）は7歳の子供の大規模集団における調査で、顔に変形を負った人々の写真を見て書かせた物語が、ネガティブな偏見とステレオタイプを反映していることを報告した。それらは漫画本の物語や人気テレビ番組に強く影響されていた。可視的な変形に対する人々の反応の起源が本能的なものであるかどうかは別にして、メディアが一般人の大多数に対して、外見に関連したステレオタイプの固定化に影響を与えているという問題は、疑う余地がない。

Haig-Ferguson（2003）は10名の失明者たちとのインタビューを分析して、外見に関する自己認知における、メディアと他の社会規範の普遍的影響力について、興味ある観点を提出した。研究への参加者が、直視的にメディアが見せるイメージ（画像・映像）を見ておらずとも、友人や家族との会話を通して、メディア・イメージと他の社会的・文化的理想像が、参加者らの自己認知にやはり影響していることを見出した。

> 人々はなぜデビッド・ベッカム（訳者注：イギリスの元サッカー選手で、端正な顔立ちで絶大な人気を誇った）のようになりたがるのか、少女たちはブリトニー・スピアーズ（訳者注：アメリカのポップ歌手で、可愛さやセクシーさで人気を博した）やクリスティーナ・アギレラ（訳者注：アメリカのシンガー・ソングライターで、同様に人気を博している）のようになりたがるのかを話す。

> 他人が話していることを聞けば、肥満が良くないことは誰もが知っている……使われている言葉によってもそれは分かる……太っていることで、学校でいじめられるだろう。

他者の（自分に対する）反応を観察できる晴眼者と同じように、Haig-

Fergusonの研究での（失明者の）参加者は、自分たちの外見に基づいて他者から判断されることに非常に注意を払っている。そして、（自分が他者にとって）どのように見えているかに関する他者のフィードバックにも反応している。その参加者たちは自分を良く見せたいと願っているのであったが、その理由の一つは自分たちの自尊感情のためであり、別の理由としては、他の視力障害の人たちの代表として見られている、と感じていたからでもあった。研究者が感じたことは、参加者らの「良く見せたい」ということに関連した狙いは、視力のある人たちに比べると控えめであり、主として、「正常な」、スマートで小ぎれいに見える者として認められたいということに重きを置いている。興味深いことに、視力のある人が、自分が嫌いな（自分の）外見の特徴について他者から判断されることに不平を訴えるのと同じように、何人かの参加者たちは、自分が失明者であることが他者の評価を曇らせてしまうと感じていた。

　私にとって大きな外見の問題は、失明者であるがゆえに行わなければならない振る舞い方によって、判断されてしまうことである。

　参加者らの願望の中で重きを置かれていることは、視力ある人々のそれとは違うかもしれない。しかし、参加者たちは身体の理想像と老化や外見に関する不安を明確に表現することもできた。そしてHaig-Fergusonは、しわや皮膚のたるみに対する不安よりも、むしろ健康で十分に機能する体を作り上げ維持したいという願いに、顕著な特徴を見て取った。
　可視的差異を持つ人々へのステレオタイプ的な判断は、そうした人たちが経験するネガティブな経験に対して大きく影響しうる。人々は問われれば、幸福や生活の質は、外面的な外見よりももっと多くのことを含んでいると答えるのであるが……しかし、たいていの人は、美や魅力は好ましいすべてのものごとに関連している、という浅はかな思い込みに迎合してしまうのである。こうした普遍的になっている対人相互関係を研究し理解する試みを、心理学者たちはどのように行ってきたのだろうか？

第 1 章　外見にまつわる諸問題——外見研究の歴史

外見の心理学に関する文献の登場

　外見研究の歴史では、興味深い解釈がなされてきた。この分野の研究者たちが行う活動と結論に対しては、社会的コンテキストの影響力が明確に認められる例が少なくない。早くも 1921 年の時点で、Perrin は『*Journal of Experimental Psychology*』において、「なぜ個人の身体的特徴が、その周囲の人たちに対してかくも深淵に影響するのかは、考えるべき興味深いテーマになる」と述べている。Holmes and Hatch（1938）は、学生たちの顔の美しさを評定するという難題に取り組んだ。それによると「美しい」女性（34%）では、残りの群（「まあまあ良い」〈28%〉、「普通」〈16%〉、巧妙な表現としての「家庭的」〈11%〉）と比べて、晩婚の傾向が強かった（訳者注：イギリスで「家庭的」とは、その人の器量が悪い場合に使用される表現）。1940 年代、50 年代になると、外見への自己認知に関する研究もいくつか現れた。Secord and Jourard は 1953 年に、主観的に捉えている外見を測定するための、自己評定による尺度を最初に工夫した。しかし、この研究分野におけるこうした散発的な試みは例外の域を出ず、発展はしなかった。1960 年代になるまで、この課題に取り組もうとする研究者がほとんど出なかったという事実を Perrin が知ったなら、さぞかし失望したことだろう。

　何人かの著者（例：Kleinke 1974）は、どのようにして人が判断されるのかにおいて、心理学者は顔の外見の研究を避けることで、外見は現実的に重要であるという口にしがたい見解に、触れずに済ませていると指摘した。Adams and Crossman は、科学的見地からは、美に関する心理学的重要性についてはほとんど分かっていない、と述べている（1978: 84）。そして 1981 年に Berscheid は、身体的外見が持つ真の影響力を認めることに対して、（研究者たちに）共通した嫌悪感があると語った。Cash and Pruzinsky は、西洋社会における美容商品の消費量の程度にコメントしながら次のように述べた。「美容に関する行為は、その普遍性と多様性からして、興味深い人間行動の一つであったにもかかわらず、社会行動科学の研究者たちは目の前にある現象をまったくと言っていいほどに無視してきた」（2002: 8）。

Hatfield のコメントもまた興味深い。1966 年（その当時、Hatfield は Walster という名前で執筆していた。Walster et al. 1966 参照）、彼女は次のことを発見した。新入学生歓迎週間におけるダンス・パーティという設定の中で行われた 752 名の学生を対象とした研究において、そのダンスのパートナーはコンピューターによってランダムに選ばれることになっていたのであるが、まだ会っていないパートナーに対する個人的な好みや、引き続きデートするかどうかについて、唯一はっきりしていた予測因子は身体的魅力であった。しかし、Hatfield は、その知見を論文として出版することを、共同研究者たちから説得されたためにとりやめにした。彼女が後に考えたことは、「外見」とは取るに足らない浅はかな特性であると普遍的に見なされている、ということだった。現在の美容手術の隆盛という文脈からすると興味深いことであるが、1960 年代においては、形成外科手術を要望することは神経症の徴候であるとか、そのような外科的処置を望む人々は心理的疾患のリスクを持っていると、いつも疑われたことを彼女は述べている。同様に、歯科矯正治療に対する唯一の正当性は機能改善であり、審美的効果にあったのではなかった。しかし 1980 年代になって雲行きが変わってきたことを、彼女が振り返っている。弁護士・裁判官・陪審員たちは、社会的・経済的機会と自尊感情に有害な影響をもたらす点において、損傷された身体的外見が訴訟を引き起こす原因となる可能性がある、ということに関心を持つようになった。彼らは自分たちの訴訟ケースを支持するエビデンスを熱心に求めたし、また、初期の研究知見は彼らの論点に対しておおむね支持的であった。加えて Bull and Rumsey（1988）は、印象形成の過程において、外見が果たす役割への関心が高まったことを述べた。理由は、人々が地理的に広範囲に移動するようになり、初対面の人たちと会う機会が多くなってきたことにある。

　一般の人々の、そして心理学者らの、外見に対する関心の高まりは明らかであった。それを反映して 1970 年代と 80 年代における研究活動の顕著な拡大には、2 つの大きなテーマが見て取れた。第一に、身体的外見に基づいた判断のありようを探索することについて。第二に、外見の諸様相がこうした判断に与える相対的影響力について。初期の研究の大半は、外見に関連した印象形成やステレオタイプに含まれる過程を、過度に単純化する傾向があった。その当

時の雰囲気を、Udry and Eckland がまとめている。

> 醜いよりは美しい方がいいのは誰もが分かっている。善よりもあえて悪を好む人はいるかもしれない。貧乏を好む人すらいるかもしれない。しかし、醜いことを好む人がいないことだけは間違いない。その理由は、美しいことには良いことが起こるということを、人々が期待しているからだ。「美しい少女はハンサムな王子と結婚し、その後ずっと幸せに暮らしました」と皆が言い伝えているではないか。ヒーローはハンサムで、悪党は醜い。
> (1984: 48)

並行して、身体イメージ（自分の外見に対する自己認知と一般的に定義されている）に関して、これまでとは異なった潮流の文献が現れた。この研究の焦点は、身体イメージの不安は主に体重に関わっているという知見によって、そして増え続ける摂食障害 eating disorder に対する関心が高まっていることによって、重大な影響を受けている。

身体の外見に基づいてなされる判断

1970 年代と 80 年代になされた研究の大半によると、顔の魅力は好感・デート・長期にわたる人間関係において、明確でポジティブな効果をもたらす。しかし、そうした研究の多くは方法論的にしっかりとしておらず、概念的には素朴なものが多い。多くの研究は学生を対象にしており、その頭と肩だけが写っている写真による評価の研究であり、ほとんどが生態学的妥当性（訳者注：心理学用語。刺激の単純化や背景の無視は、結果に影響を与える。現実環境と実験的刺激との一致性の程度）を欠いたものだった。1981 年に Berscheid は、さまざまな研究において身体的魅力のレベルは「非常に重要な心理学的変数」であると見なされ、さまざまな優遇された社会的待遇を生む、広く流布する強力な影響力を持っている、と述べている。しかし Bull and Rumsey (1988) の広範囲にわたるレビューでは、Berscheid の主張は過剰ではないかと指摘されている。仮

定的な条件下での人々の写真だけを用いて、研究者たちが到達したところの過度に単純化された結論は、誤解を生みやすいと主張している。振り返ってみれば、1970年代と80年代の研究者たちは、身体的魅力を望ましいことのすべてに関連づけるといった、社会的詐欺をエスカレートさせることに自ら貢献していた。1988年に Bull and Rumsey は、5つの主要領域における研究を総括した。これらについて、以下の節に簡潔にまとめる。

魅力――好感、恋愛、長期にわたる人間関係

1960年代と70年代の研究は、好感や恋愛に対して顔の魅力が持つ確定的な影響力を論じていた。しかし後に、他の変数（例：態度〈・姿勢・考え方〉attitude の類似性）を追加したより現実的な研究では、より複雑な相互作用効果があることが明らかにされた。結婚した夫婦の写真を評価する研究から得られたエビデンスを用いて、Murstein（1972）は「為替市場」あるいは「株式」のモデルを描いた。この理論が提唱していることは、人々は長期にわたるパートナーとして他者を選ぶ場合、自分たちと同程度の魅力を持つ者を選ぶということである。これが当てはまらない夫婦関係に対しては、Murstein は富や地位や名誉による代償メカニズムを提唱した。その後わずかではあるがこの「マッチング仮説」をある程度証明するエビデンスが、同性の親友において認められた（Cash and Derlega 1978）。また Feingold（1988）は、結婚した夫婦、恋愛関係にあるパートナー、そして親友関係においてさえも、魅力の程度に有意な一致性があることを報告した。

顔の外見と刑事裁判制度

メディアにより繰り返し与えられる先入観の結果であれ、その他の作用を通じてであれ、顔の外見と罪を犯しやすい性格の間には関係性がある、と昔から多くの人々が信じてきた（Linney 2004）。犯罪者の外見とはどのようなものかというステレオタイプを人々が共有しているというエビデンスはあるが、罪を犯す人々が顔の外見に確かな特徴を持っているというエビデンスは存在しな

い。1960年代や70年代においては、顔における可視的差異が、罪を犯しやすい傾向と関係があるだろうと広く信じられていた。こうした背景のもと、出所後の社会適応を良くするチャンスを増やすために、受刑者たちに対して形成外科手術が勧められるに至った。Spira ら（1966）は、再入所してくる受刑者について、非手術群（32%）よりも手術群（17%）の方が少ないと報告した。しかし、後の他の報告では、手術が有効であるという客観的なエビデンスはほとんどないとされている。

　誰かの犯罪責任を決める際に、顔の外見が影響することに関しては、相矛盾した結果がある。いくつかの初期の研究では、顔に魅力的外見を持つ被告人に対しては、有罪であるという判決や宣告において、陪審員はより甘くなると指摘している（Bull and Rumsey 1988）。しかし、そうした多くの研究は操作的であり、現実的ではない法廷シナリオで構成されている。そしてより現実的な研究においては、そうした影響力は乏しいとされている。後の研究で、犯罪の重さ・性質・タイプが、それに加害者と被害者の両方に関係した大量の詳細情報が、判決に対する外見の影響力を低下させている、ということが明らかとなったのは救いであった。加えて、法廷での経験が豊富な人よりも、経験の浅い人に対しての方が、被告人の身体的魅力などが大きく影響していた。

顔の外見と教育システム

　教育システムの中での顔の外見の影響力に関する研究も、1970年代に全盛を迎えていた。初期の研究は、さもありなんと思われるパターンに追随していた。それらの研究では、魅力的な顔の外見は教師が持っている子供たちへの高い教育効果への期待感に大きく影響するとされていたし、また魅力的な子供はそうでない同級生よりも良い振る舞いをするとされていた。当然のごとく、こうした研究知見は教育学と心理学の領域に波紋を投げかけることとなった。しかし、後の研究ではより深く知見が解析され、また、実際の学業成績といった諸因子にも焦点が当てられた。その結果、外見の効果はさほど重要ではないが、学業成績が低い場合に外見の効果が見られることが分かった。Bull and Rumsey（1988）は、刺激として写真を用いていた研究の結果と、現実生活の

状況下での研究結果とのギャップに光を当てた。顔の外見と現実の学業成績や行動との（正の）相関関係は、実際に生徒が獲得した学業成績よりも、（成績に対する）教師の期待に対しての方がはるかに強かった。

大人に対する子供の顔の外見の影響力、そして外見に基づいて子供が行うステレオタイプ化

　Bull and Rumsey (1988) は総説の中で、教育環境の範囲を超えて、外見が魅力的ではない子供はうまく行動も適応もできないと大人は予想しがちであるが、実際の差異を示すエビデンスはほとんど見つからなかったと指摘している。1970年代と80年代のいくつかの研究は、魅力的でない子供は、魅力的な子供よりもきつく叱られ罰を受けると述べたが、他の研究ではそのような影響は認められなかった。

　教師の期待感に対する子供の外見の影響力に関した研究の副産物として、学童ら自身において外見に対するステレオタイプが現れることについて、そして、他者の顔の外見によって影響を受け始める年齢について、焦点を当てた研究者たちも登場した。子供たちは、より魅力的な教師に対してより有能性を予想したが、具体的な影響力に関するエビデンスは見出せなかった (Chaikin et al. 1978)。Dion (1973) と Rumsey et al. (1986) のエビデンスによると、顔の魅力を判断することに伴う、自分以外の子供や大人の気質や傾向に関するステレオタイプ的推測は、6～7歳頃から見られるようになる。この年齢の子供では、実際に魅力的な顔を構成しているものについて、大人の判断を必ずしも共有していないのであるが、子供たちは8歳頃から、身体的外見に基づいた仮想的な友人関係の選択を行うとされている (Dion 1973)。しかし、実際の友人関係が外見に基づいて形成されるというエビデンスはほとんどない。

顔の外見・説得力・広告・雇用

　1970年代と80年代の研究者たちは、多方面にわたるテーマにも関心を持った。意思を伝達しようとする人の顔の外見は、聞く人々にとって何らかの説

得力（訳者注：人が相手の発する情報に対して感じる正当性）の効果を持つのかどうか、といった疑問が提出された。Sigal and Aronson（1969）や他の研究者らは、魅力的な外見は、意思伝達者の発信するメッセージの力を間違いなく強めることを指摘した論文を発表した。しかし、1980年代の研究では、認知された専門性や信頼性、個人的特徴の方が、より効果的な要因であることが示された（Bull and Rumsey 1988）。

購買行動に関連して、広告において身体的魅力に溢れた人々を採用することによって広告に対する注目が集まり、商品に対する注目度が高まり、購買意欲も高まり、そして実際にその商品を購入する可能性を高めているように思える（Halliwell and Dittmar 2004）。

能力の評価、実際の就労状況、収益能力を含めて、身体的魅力は雇用のさまざまな局面において有利に作用することが、研究の初期には示唆されてきた。しかしその後、優れたソーシャルスキルや実際的な能力といった他の要因が、これらの判断に影響していることが示された（Bull and Rumsey 1988）。このような判断・評価において作用している要因は、複雑であることが最近の研究で強調されている。しかし、雇用市場においては若く見える外見の方が有利である、という広く浸透している認識に対しては、まだ研究が及んでいない。

外見の異なる局面における相対的影響力

1960年代になって一群の研究者たちが、初期の研究者らが扱ったテーマについて、さらに深めて研究しようとした。魅力や美を構成するものは何か、そしてこうした構成要素に対する判断において、人々はどの程度一致するのかについてである。イギリスのIliffee（1960）、アメリカのUdry（1965）による研究では、女性の顔のかわいらしさのランキングでは、判断間に強い一致が認められた。回答者の性別や地理性の影響は見られなかった。アメリカにおいては、社会階層における差もなかった。一方イギリスにおいては、高い社会階層（研究者らが判断した）よりも、低い社会階層において、回答者の一致性が高かった。55歳以上を除いて、年齢は関係がなかった。55歳以上においては、より

「成熟した」顔に対して高い点数をつける傾向があった。より最近の研究では、顔全体の写真を用いた魅力判断において、判断間で有意で非常に強い一致が見られることが確認されている (Langlois et al. 2000)。しかし、人々の間で一致する魅力について、その構成要素に関しては依然として疑問が残っている。

Bull and Rumsey (1988) の総説によると、顔全体の魅力の評価において強く相関していたのは口であり、次いで目、そして髪と鼻の順であった。彼らはまた、赤ちゃん顔の特徴である大きな目、小さな鼻、大きな口、小さな顎が、女性の顔を判断する場合にポジティブな相関を示すということに一致が見られることも報告している。いくつかの研究（限定されたものではあるが）においては、瞳の色、瞳孔の大きさ、メガネ、口髭、髪、歯並びの外見についても検討された。Shaw (1981) やその他の研究者らが見出したことは、写真に写った人を見ての他者の印象では、顎顔面上の外見（歯の突出、歯並びの悪さ、歯の欠損）が重要な影響力を持っていた。そして結論づけたことは、第一に、こうした特徴は明らかに社会的に不利益をもたらすだろうということであり、第二に、それゆえに歯科的な異常の矯正を親が希望するのは当然であるということである。人々が実生活の中で、歯の外見が重要であると判断しているとしても、本当に影響力があるのかを調べた研究はほとんどなく、むしろ、影響力はほとんどなかったという報告がある（例：Rutzen 1973）。歯以外の要素も明らかに影響を与える。Shaw (1981) は、顔の魅力において歯以外の要素を変えてみたが、その結果、それが大きな影響力を持つことが分かった。メガネをかけていることに関して言えば、Argyle and McHenry (1971) は、他者の反応に見られた最初の諸影響は、対人相互関係の途中でメガネをかけている人だという情報が付け加わることで消え去ることを示した。

何人かの研究者たちは 1980 年代末までに、人々の外見に対して他者が示す反応において、非常に複雑でやっかいな相互関係があることを、そして、こうした反応の影響力が自己認知にも及んでいることを把握していた。印象形成、社会的相互作用における返報性 reciprocal nature（訳者注：他人から施しを受けた場合、お返しをしなければならないという感情を持つ心理）、自己充足的予言 self-fulfilling prophecies（訳者注：意識的であれ、無意識的であれ、予言や期待に沿うような結果を生じさせる行動をとり、結果的にその通りとなる現象）に関連した研究が

流行りとなり、何人かの研究者たち（Hatfield and Sprecher 1986; McArthur 1982 を含む）は、次のような過程を提唱した。ステレオタイプ的予測（魅力的な人は、より望ましい特性を持つ）によって、人々は魅力的な人とそうでない人に対して違った接し方をするようになり、結果的に私たちが期待するような行動や差異をもたらす。いったん引き出されると、この行動パターンはステレオタイプ化された人々の自己概念として内在化され、状況によって引き出される行動（訳者注：自分がとる回避行動など、他者が見せる凝視などの行動）において、それを自分に原因があるとして自己帰属を行うようになる。この過程は複雑で付加的要因も多いのであるが、この枠組みは有用な研究指針となり、これを用いて外見と社会的行動と自己認知のつながりを探索することができるようになった。

　1990年代の初期には、2つの秀逸なメタ分析研究が発表された。これらの研究は両方とも対人関係における認知に含まれる過程の複雑性を認める方向で一致していた。Eaglyら（1991）は、身体的魅力と他のさまざまなポジティブな特性の間の相関を発見した。しかし、「美しいことは良いことだ」という効果の強度については……中等度のものであると結論づけた。確かに極端に強い効果を示したものはなく、影響の強さについては研究によって結果がまちまちであった。影響力の大きさは、研究の参加者に求められる推定の仕方によっても、また、研究者によって採用された研究方法によっても、非常に左右されることを彼らは強調している。Feingold（1992）の総説では、身体的に魅力的な人々は、よりポジティブな性格と社会的特性を持つと他者から見なされるが、しかしながら、身体的魅力と能力の測定結果との間には、「一般的に大した相関関係はない」と結論づけている。

　1990年代を通して、外見研究に関連した産業がさらに成長し繁栄を続けた。身体的魅力に関する影響力の広汎性と強さについて、心理学者・社会学者・評論家の間で激しく論争が起こり続けた。信頼性の高い見解を示すため、Langloisら（2000）は、11のメタ分析研究を発表した。彼らの結論として、第一に、観察者の魅力的な人物かそうでないかの判断はおおむね一致しており、こうした判断における異文化間の一致度も高かった。第二に、第三者による判断では、魅力的でない子供に比べて、魅力的な子供は社交性が高く、適応能力も高く、高い競争力を持っていると報告している。同様に、魅力的な成人も

魅力的でない者に比べて、高い適応能力、高い社会的・職業的競争力を持つと判断されているとした。第三に、魅力的な子供や成人は他者からポジティブに扱われること、そして最終的に、身体的魅力を持つ人々は、そうでない人たちよりも、よりポジティブな特性や行動を示したとLangloisらは報告した。しかし注意しておかねばならないことは、彼らの先駆者であるBull and Rumsey (1988) やEagly (1991) たちと比べて、Langloisらが行ったメタ分析では、方法論について、あまり慎重ではなかったことである。

　1960〜90年代にかけて、外見の心理学はおおむね社会心理学の領域にあった。最近では、この下位領域の心理学者はその研究テーマを、振る舞い方やアイデンティティを見せる方法の一つとして、人々が可視的な要素をどのように使っているかに移していった（Frith and Gleeson, 私信より）。この新しい研究領域では、文化的に規定されている階層構造の中において、人々は自己呈示を行っているということが提唱された。こうした自己呈示の結果により、社会的に望ましいものと見なされていることに対し、（大きさ、体形、肌質などが）いかに適合しているかに従って、人々は絶えず比較評価されながら社会的序列の中に位置づけられる。この階層構造の中では、人々の位置は流動的である。外見に影響するような健康状態の変化は、急速にかつ劇的に順位の変化を引き起こす。しかし、その位置はある程度、自己努力でも変化させられる。人々は外見を変化させる過程に積極的に関わることができ、階層構造の中での自分の位置を、より快く感じられるようにする努力ができる。そして多くの身体的（手術など）・行動的（ダイエットやエクササイズなど）・心理学的な活動が、自分の位置を向上させるために行われうる。Gleeson and Frith（私信より）は、こうした社会的経済活動における矛盾を指摘した。他者から見られ、認められることに喜びを感じる時もあれば、他者からじろじろ見られることや評価・判断されることに過敏になってしまうこともある。体形の良し悪しを重視する社会が与える影響力については、身体イメージの分野の研究において徹底的に探索されてきた。

第1章　外見にまつわる諸問題——外見研究の歴史

身体イメージに関する研究

　20世紀を通して、身体的外見が持つ影響力に明確な焦点を当てた仕事よりも、身体イメージの概念に興味を持った心理学者や社会学者が行った研究成果の方が、より目立った成果を上げている。1900年代の初期では、臨床医は幻肢痛 phantom limb pain（訳者注：四肢の切断後、切断されてなくなった部位に、あたかもそれが存在するかのように痛みを感じる現象）のような現象を研究対象とした（Cash 2004）。初期の研究は散発的であったが、時が進むにつれ、こうしたテーマに取り組む研究者や執筆者が増えてきた。Schilderは1920年代に多くの研究を行った。彼の仕事は1935年に出版された書物『*The Image and Appearance of the Human Body*（人体におけるイメージと外見）』に結実した。この本では時代に先んじて、「身体イメージとは単なる認知的構成概念ではなく、態度 attitudes や他者から受ける相互作用によって影響を受けるものでもある」と論じた（Grogan 1999）。Fisher and Cleveland が1968年に出版した『*Body Image and Personality*（身体イメージと人格）』では、投影法に基づいて「正常」患者と「精神疾患」患者に注目した。さまざまな事項の中で、いかにして人々は身体の諸部位に意味を割り当てるのかを、そして身体認知における歪みの原理を探索した。彼らの手法は、当時主流であった精神力動学の潮流を反映していた（Pruzinsky and Cash 2002）。

　年を追うごとに研究は増えていったものの、量的に有意義になるのは1990年代になってからであった。それまでの研究のほとんどは、臨床心理学や精神医学の関心事項におおむね限定されていた（若い女性における摂食障害が、特に重視されていた）。しかし、より一般的に身体イメージ研究が応用され始めたのは、Cashら（1986）がアメリカにおける全国調査研究を報告した例のように、大規模な調査研究が行われるようになってからである。その調査では、たった7％の女性だけが外見に不安がないと答えた。Rodinら（1985）は、「標準（正常）範囲内での不満足 normative discontent」という用語を作り、女性の間で自分の外見に対して広まっている不満足を記述した。加えて、1980年代にける認知行動療法的アプローチの隆盛により、そしてフェミニズムの視点からの影響の増大により、研究の数が急速に増加した。こうしたことは1990

45

年のCash and Pruzinskyによる画期的な書物『*Body Images: Development, Deviance and Change*』において引用されている。

それ以来、身体イメージに関する学術的・臨床的関心は高まり続けている（Grogan 1999）。多くの研究は女性の体形や大きさに焦点を当てたものであった。しかし、一般手段において明らかに重大関心事となってきたことを反映して、最近は、大衆文化においても男性の身体が人目に触れることが原因で、男性における身体イメージへの不安について、明らかに関心が拡大してきている（Lee and Owens 2002）。この領域における研究状況をまとめ、2002年にCash and Pruzinskyは3つの主題を取り上げた。第一に、幼少期以降、身体イメージは人間の経験の多くの面を理解する上で統合的役割を果たすというエビデンス。第二に、身体イメージは多面的な構造であり、多くの異なった方法で定義されること（Thompsonet et al. 1999は16の定義をまとめ、「身体イメージ」とは、多くの異なる含意〈言外の意味〉connotationsや意味meaningsを吸収するスポンジのような言葉であるとした）。第三に、分野内や分野間で行われる諸研究について、その統合がなされていないこと。

今は多くの研究者たちは、「なしnone」から「極度extreme」にわたる混乱の程度を用いて、身体イメージを連続性のある構造として概念化している。高いレベルの混乱では、通常、その他の症状（例えば、不安、抑うつ、社会的機能の障害）を伴っている（Rumsey et al. 2004）。不満足が低いレベルでは、前向きな社会適応や幸福感を伴っている。健康心理学の視点からすれば、Thompsonら（2002）が、軽度から中等度の身体イメージの不満足と混乱は、健康を目指したエクササイズや食事様式を受け入れる上において、おそらく有益なのではないかと報告したことは興味深い。

社会心理学者や臨床心理学者による身体イメージの分野における研究が増えているにもかかわらず、その初期において多くの心理学者が、外見と身体イメージという心理学の分流が持つ波及性について取り組むことを嫌がったのだが、その傾向は今も続いている。時代が進むにつれ、魅力的であることの潜在的利益について議論することが受け入れられるようになったものの、魅力的ではないことや醜いことにおける不利益について、直接的に言及されることは今もって稀である。しかし、それらとは異なった研究勢力が徐々に勢いをつけ始

めた。少数の健康心理学者や臨床心理学者が、正常範囲ではない可視的差異を持ちながら生活することによる心理社会的影響について、理解を進めるという仕事に取り組み始めたのである。

外見の変形に関する心理学文献の登場

　身体イメージと外見への研究の創始者らと同じように、少数の初期研究は、変形が与える悪影響についてより詳しく理解することが必要であると示唆した。Abel（1952）によれば、外見の修正手術を受けた74名の患者すべてが、何かしら顔の変形が災いして、幸福な生活が妨げられていると考えていた。職場や社会生活において差別を受けると、多くが訴えていた。

　1960年代の間、アメリカの形成外科医チームにおいて、患者の多くが社会的な出会いや対人関係に問題を抱えていることが理解され始めていた。1960年代と70年代の散発的な文献では、外科的技術の進歩にもかかわらず、可視的差異を持つ人々の多くが、心理学的適応についてうまくいっていないことが示された。その観察結果は、その当時の主たる精神力学的見地を用いて解釈されていた。

　医学系社会学者であるFrances Cooke MacGregor（1974）が見出したことは、身体的障害やリハビリテーションの分野におけるすべての問題の中でもっとも大きな問題であったのは、「境界的」または「忘れられている」変形を持つ多くの人々の存在であった。1980年代になって、外科医や歯科医を含めて、顔の外見を変えるような技術的能力が高まり、その影響力について生じる多くの疑問について応えてくれるエビデンスが求められるようになった。例えば、より適正な咬合状態や審美的に満足のいく顔貌を得るために、患者の顎の骨に手を加えることが許されるのだろうか？　何人かの研究者らは顔の形状を計測する方法を工夫して、「許容できる」身体的外見と「許容できない」ものとの境界を定量化しようとした。Luckerら（1981）はX線写真から得られた顔のデータをもとに許容範囲を求めようとした。またその逆に、頭蓋骨との位置関係によって下顎骨と下顎歯の突出を、同じくして上顎骨と上顎歯の突出を、そして女性においては正面撮影像から上顔面の大きさと顔の幅を分析しようとした。

Berscheid（1986）は、文化的に訴訟が増えてきていることを背景に、外見研究はさらに求められるようになったと述べている。変形をきたすような外傷（例えば、燃えやすい素材の寝間着を着ていた子供がこうむった熱傷、猛犬による咬傷など）の影響力の大きさについて、法律家らがエビデンスを求めるようになってきた。自尊感情は悪影響を受けるだろうか？　その変形は、結婚や就職の前途に影響するだろうか？

　アメリカとイギリスにおいて少数の研究者たちは、可視的差異による心理的後遺症について高まりつつあった関心に応えようとした。初期の研究はおおむね、対象者のサンプリングに伴うバイアスを避けられなかった（主として、外見を修正する治療を積極的に求めている患者で構成されていた。そしていくつかの研究では、選択的にできる形成外科手術を受ける余裕のある患者を対象としていた。第2章参照）。個々の症例研究であれ少人数の研究であれ、特定の状況下にある人々を対象とする研究について、過剰な信用を置いていたことも事実である（例えば、「歯の外見」や「赤アザ」に関するだけの小規模〈限定的〉な研究）。1970年代の終わり頃から80年代、90年代の間、アメリカで働いていた多くの臨床心理学者らが（もっとも有名なところではBroderやRichmanやKapp-Simon）、口唇口蓋裂（訳者注：前述した胎児期での顔面癒合不全が口蓋部に発生すると、口蓋裂となる）や頭蓋顔面変形疾患領域での心理学者としての仕事と雇用を確保した。そして彼らは罹患した患児の社会適応について調べるという影響力の強い研究を創造した。そのように努力した理由の一つは、包括的ケアの一部としての心理学的サービスが採用される必要性を証明したい、という願いがあったからである。

　イギリスでは1980年代になって、変形を持つ人々が経験する困難の詳細について調べる研究が、隙間的存在ながら少数現れた。Ray Bull の研究グループは、変形を持つ人々を含めた対人的出会いのメカニズムを解明することに光を当て、その研究が、諸問題が緩和されるための有効な手立てにつながることを期待した。同時に彼らの研究は、1970年代に社会心理学において主流だった非言語的コミュニケーションと利他主義に関する研究を反映していた。そのグループが示したことは、人々は自分たちと顔に差異を持つ人との間に、大きな距離を置くように個人空間を作るということだった（Bull and Stevens 1981; Rumsey et al. 1982）。また同時に、多くの人々は、できればそうした人たちとの

社会的接触を避けようとしていることも示した。しかし、利他主義の具現化はより複雑なものである。いったん相互関係が開始されてしまえば、人々は変形を持つ人に対しての方が、(同じ人物であるにもかかわらず)変形を持たない人に対してよりも、より援助を行う傾向が見られた (Bull and Rumsey 1988 の総説を参照)。Rumsey や Stevens らは、その研究過程の中で、疑似的な顔の変形のある人やない人の役割を担当した(訳者注：〈トラブルを抱えた〉顔変形のある人とない人が仕掛け人となる実験。何も知らない人にアプローチしていき、その人〈被験者〉がどのように反応するかを観察した)。この知見は非常に重要であり、それゆえに彼らは、社会的出会いの過程において、(当事者に対する)他者の反応と行動が示す影響力とともに、当事者たちの行動の役割も、より具体的に詳細に理解するようになった。

　MacGregor は 1974 年に、変形を持つ人々が他者に反応する場合、次の 3 通りの方法のどれかをとる傾向があると提唱したが、彼のアイデアに Rumsey も着目している。第一は、社会的関係から引き下がる(現実逃避 ostrich technique)。第二は、明らかな敵意を見せる。第三は、過度にチャーミングで活動的に見せ、相手をコントロールしようとする。Strenta and Kleck (1985) は、メイクによって疑似の傷を顔に施して、それが他者に見えるようになっていると信じている参加者を利用した研究を行った。自分の顔に傷があると信じている者は全員(何例かは、参加者自身が知らないうちに、メイクを直す際に疑似の傷を除去している)、自分の外見のことについて心を奪われるようになり、それが対人関係に影響していると感じ、そして自分の変形に対する他者からの強い反応を感じた、と信じていた。さらに研究するために Rumsey は新たなデザインの研究を考案し、変形の有無やさまざまなレベルのソーシャルスキルのもとでの変化を観察した。もっともポジティブな相互的コミュニケーションともっとも好ましい印象が形成されたのは、可視的差異が見えるようにメイクされた参加者が洗練されたソーシャルスキルを示した場合であった。そして、同じ参加者に対してもっとも印象が悪かったのは、可視的差異があり、かつソーシャルスキルに乏しい場合であった。これは実験的な研究ではあるが、発展性のある知見を提示している。それまでの研究では、外見の変形に関する研究で見られた圧倒的なメッセージは、諸問題と困難さに焦点を当てたネガティブなもの

であった。魅力的な外見を持つ者に対して社会が持つ狭猾な先入観に取り組むこと、そして「美の神話」を身体の外見の多様性に対して寛容で受容的な態度に置き換えていくこと、それらの仕事はとてつもなく高い山に見え、すぐには征服できないように思われる。可視的差異を持つ人の行動が、社会的相互作用における結果に強く影響しうるのだという知見があるから、こうした人々への介入として、ソーシャルスキル・トレーニングの可能性を検討するという研究が引き続き模索されることとなったのである。

イギリスで 1990 年前後に行われた 2 つのイベントが、変形に対するさらなる研究を刺激した。第一は、ケンブリッジで行われた外科カンファレンスにおいて、2 人の心理学者（Richard Lansdown and Nichola Rumsey）と形成外科医（David Harris）の間で、運良く話し合いが持たれたことである。この 3 人は悲しそうな様子で、可視的差異を持つ人々の存在に対する認知・研究資金・ケア提供体制が欠如していることを話し合った。同じ考えを持つ多くの分野のグループが会合を開くことを計画し、「Disfigurement Interest Group」が設立された。このグループは 8 年間活動し、定期的に会合を開いて意見交換を行い、進行中の研究所見を報告し、最終的には出版物を生み出した。この本はヘルスケアの専門職者らに対して、可視的変形という分野における諸問題・課題に関する最新の知見について、そしてヘルスケアをより患者のニーズに合ったものへと適合させていく方法について、信頼のおける情報を提供できるように書かれていた（Lansdown et al. 1997）。

キングスクロスでの地下鉄駅火災と、それによる熱傷患者への関心に続いて、James Partridge（1990）は『もっと出会いを素晴らしく——チェンジング・フェイスによる外見問題の克服 *Changing Faces*』という書物を出版した。それは、彼が 18 歳の時に受傷した広範囲重症熱傷からの回復過程の経験を記したものであった。Nichola Rumsey と James Partridge（その当時の James は、小さなガーンジー島〈訳者注：英仏海峡にある群島の一つで、彼の妻の故郷である〉に住む酪農家だった）はこの本の出版の際に会い、洞察と知見について意見交換した。研究者たちが変形とともに暮らす人々の取り組みと試練について真剣に取り組み始めたことを Partridge は知り、Bull and Rumsey が執筆した『人間にとって顔とは何か——心理学からみた容貌の影響 *The Social Psychology of*

Facial Appearance』(1988) を読んだ。逆に Nichola は James の本である『もっと出会いを素晴らしく』を読み、変形を持つ人が雄弁に語ることは、このテーマに関心を持っている研究者による学問的な語りよりも、大いに勝っていることを発見した。彼の事故後の 10 年で熱傷に対する外科的治療はますます進歩したものの、Partridge の本に対して一般読者から多くの反響があったことにより、心理的ケアの欠落は依然として明らかであることが確信された。彼は、こうした問題を社会に対して明らかにしていくための行動が必要であると考え、変形を持つ人々のための運動を進めていくために、慈善団体を設立した。James Partridge は募金計画の中で、研究のための主要資金の算入に同意し、慈善団体の Changing Faces と Changing Faces Research Unit が 1992 年に設立された。その小さな研究グループが、慈善団体によって提供される社会的相互関係スキルの介入技法やその他のサービスについての発展と評価に焦点を当てた。そして Disfigurement Interest Group の活動のための推進役として行動した。ニーズを明らかにし、ニーズに応えるための介入技法をデザインし評価すること、これらのための研究における明確な焦点は、健康心理学において新たに登場してきた専門分野の研究に対して、明確なフィールドを与えることとなった。発足以来、慈善団体と研究所の両方が急速に拡大していった。Changing Faces は今や支援と介入技法について直接的にも間接的にも多くのサービスを提供しており、ヘルスケアの提供や体制に対する改善実施と発展において、大きな影響を与えるようになった (参照：www.changingfaces.org.uk)。その研究所 (Research Unit) は、1998 年に独立したセンターとなった (Centre for Appearance Research)。そして、この本の出版時点において、35 人の専門研究員を抱えるようになった。

　1990 年代のアメリカとイギリスにおいて可視的差異に伴う諸問題を記述し理解しようとする努力、そしてさまざまな可視的差異を持つ人々における類似性と相違点を検討しようとする努力が重ねられた。社会学と看護学の分野における研究者たちは、文献を増やすことに重大な貢献をした。ソーシャルワーカーである Michael Hughes は、『The Social Consequences of Facial Disfigurement』(1998) を出版した。この本は、癌の手術や外傷によって変形を負った人々を対象にした研究に基づいて書かれている。Rob Newell は 2000

年に、『Body Image and Disfigurement Care』を出版した。ヘルスケアの専門職を対象にしており、頭頸部癌やその他の多様な疾患の人々を対象にした、Newell 自身の研究に基づいて書かれている。彼はこの本の中で、先行研究における信頼性の高い点と低い点の徹底的な検証を読者に示しており、罹患している人々の困難を理解するための枠組みとして、コーピング coping（対処）における恐怖―回避モデル fear-avoidance model の可能性を検討した。両著者とも、罹患した人々が訴える心理社会的ニーズに応えようとする際に、普及しているケアの生物医学的モデルの欠点に注目している多くの研究者らと同調した。しかしながら、研究成果の集積と社会的・心理的問題を訴える人々の声が増えているにもかかわらず、ケアの供給については医学的・外科的治療に偏ったままの状況である（第 6 章参照）。それが意味することは、外見を良くすることを排他的に重視してきたということである。逆に、適応における付加的な社会的・心理的諸要因の役割は、重視されてこなかった。治療を求める人々に対しては、その訴えている問題に対する回答として、医学的・外科的処置が勧められる。同時に、このように制限されたヘルスケア体制が、身体の魅力を良いものとして好み、可視的差異を病的なものとして扱う、そういった社会的先入観を強化し続けてきたのである。

　1990 年代の終わりまでに、社会適応における個人差の大きさに光を当てた研究が、そして変形の範囲・程度と苦悩のレベルとの間には相関関係がないことを確認した研究が、首尾一貫して多数現れた（Lansdown et al. 1997）。可視的差異の状態のタイプや性別・年齢といった人口学的変数は、かつて多くの研究者たちが思っていたほど影響していなかった。そして、適応という多要因的過程の中で、もっとも影響力のある要素の座を狙って、ますます多くの心理的要因が研究知見として登場した。

　その当時、研究者らが同時に気づくようになったことは、諸問題や困難について体系化していく努力の中で、研究者らもまた、変形を普通のこととして扱うよりも、むしろ病的に扱うという罪を犯してきたということである。この数年にアメリカとイギリスにおいて盛んになってきた動きは、研究対象を広げて、うまく適応できている人々にも焦点を当てることである。困難さ以外にも、前向きな事項からも学ぶためである。心理学における他領域での発展を反

映して、変形という問題に対処できるリジリエンス resilience を促進する要因に注目が向けられてきた。Seligman やポジティブ心理学の潮流の支持者らが主張するように、これまで長期にわたって、悲観的なアプローチ法が心理学や行動科学に浸透してしまっていた。

　変形の問題を扱う研究者にとって最近の別の流行は、客観的な可視的差異を持つ人と持たない人を対象として、外見に関連する不安における類似点と相違点を調べることである。以前は、変形を持つ人々の多くが経験する諸問題は、彼らに特有のものであるとの思い込みがあった。しかし、一般人における外見と身体イメージへの不安の研究の増加によって（第3章参照）、また変形を持つ人々における適応能力の多様性の程度の評価と相まって（第5章参照）、実はこうした不安には、多くの類似点が存在することに光が当てられている。

　1997年、イギリスの形成外科医である Gus McGrouther は、人種・障害・年齢に基づく偏見や差別に対抗する法律は存在する、とコメントした。そして、変形は「イギリスにおける差別の最後の砦」になった、ということを悲しそうに認めた。身体の外見に基づく差別を減らすための法律ができる機会は、まだまだ先のように思われる（訳者注：現在、可視的差異を持つ人を対象とした就職活動における差別禁止は、障害者・性・人種の各差別禁止法を統合して成立したイギリス平等法 Equality Act 2010 によって規定されている）。外見に不安を抱える人々が持つニーズを理解し、それに応えるという仕事に従事してきた研究集団は健在であり、活動を続けている。しかし、外見に関連した研究は今もって主流ではなく、この分野の専門家が持っている知識は普及していない。一般人においても外見の不安が蔓延している状況を見れば、健康心理学者がその複雑な問題構造を把握し、多くの人の社会適応や健康について、こうした諸問題が果たしている役割を世に知らせていくべき時が来ている。

第1章のまとめ

- 人間は顔に心を奪われる。有史以来、顔の外見に高い関心と労力を払ってきたことを示す資料がある。

- 西洋化した国々では、美しいことや魅力的であることが幸福と密接に関連しているという思い込みがある。しかし、その根拠もないまま、身体的外見に多くの労力と金銭を投資することが当たり前になってきている。
- 私たちは、外見からの情報に基づいて、人々の属性（例えば、性格や職業）についてステレオタイプな判断をする。
- 可視的差異を持つ人たちが頻繁に述べることは、自分たちの外見が他人にネガティブな反応を引き起こすことである。
- 外見の心理学に関する研究は、かつては皆無に等しかった。1970年代、80年代において研究機運が高まってはいたものの、外見は「おおよそ利益と解釈される事項」との関連において研究されることが多かった。1990年代までの研究成果では、過度に単純化された知見が提供されたことは明らかである。
- 身体イメージに関する研究は、主として体重と体型への不安に焦点を当ててきた。身体イメージとはさまざまな側面を持つ構造であり、人間の多様な経験に関与していることが一般に認められている。
- 1990年代になって外見の変形がもたらす結果に関する研究によって、諸問題とともに、そうした人々のニーズに応えるだけのサービス提供が不足していることが明らかとなった。
- 変形への適応能力における個人差を解明しようとする研究において、可視的差異に対してポジティブに適応していけるように促進する要因について、多くの研究者たちが焦点を当てるようになってきた。
- 外見上、本当に「異常 abnormality」があるか否かにかかわらず、自分たちの外見によって困っている人々が経験している苦悩には、多くの共通部分がある。

論 点

◆外見に対する社会的強迫は、昔よりも現代の方が大きいだろうか？
◆なぜ人々は、外見に基づいたステレオタイプ的判断をしてしまうのだろう

か？　こうしたステレオタイプはどこから来るのだろうか？
◆魅力的な外見を持つ人は、そうでない人に比べて、社会で成功する能力が高いのだろうか？　もしそうだとすれば、なぜそうなるのか？
◆例えば熱傷などの重傷の傷を顔に負っている人と出会ったとしたら、あなたはどのように反応するだろうか？　なぜそのように反応するのだろうか？

参考文献

Cash, T.F. (2004) Body image: past, present and future. *Body Image*, 1: 1-5.

Davis, K. (1995) *Reshaping the Female Body: The Dilemma of Cosmetic Surgery*. London: Routledge.

Etcoff, N. (1999) *Survival of the Prettiest: The Science of Beauty*. London: Little, Brown and Company.

MacLachlan, M. (2004) *Embodiment: Clinical, Critical and Cultural Perspectives on Health and Illness*. Maidenhead: Open University Press.

第2章

この分野の研究者たちが直面する課題

執筆協力者
アレックス・クラーク（Alex Clarke）
ハンナ・ファース（Hanna Frith）
ケイト・グリーソン（Kate Gleeson）

近年、外見に関する心理的側面を扱った文献・資料が急速に増えてきている。この分野が研究テーマとして急速に人気を高めているのは確かである。しかしながら、長年研究してきた者にとっても、新しく参入してきた者にとっても、研究方法や専門職（主として臨床）活動において、山積する課題に直面してきたことも事実である。それらの課題には外見の研究に特有のものがある一方で、健康心理学領域内の他分野においても関わりあるものもある。こうした困難は、実は以前より認識されていたことである。10年以上前になるがStrauss and Broder（1991）は、口蓋裂および類似の頭蓋顔面変形疾患の患者の心理社会的局面について、その研究における諸問題を概観した。そこで指摘された諸問題は、外見研究の広い範囲で当てはまっている。そして残念なことに、その多くはいまだ未解決である。

　この章では、過去の文献およびわれわれ自身の研究経験の両方について述べたい。そうする理由は、外見の心理社会的側面について研究するという困難な仕事に着手しようとしているすべての人に対して、実際的で建設的な情報を提供したいと考えるからである。方法論のいかんに関係なく、研究のあらゆる計画段階において、慎重に考察せねばならない諸問題を明示することから始める。諸問題とは、例えば、研究者自身が無意識のうちに持ってしまっている思い込み underlying assumptions や、このテーマについて調査する際に直面するデリケートな問題や、研究対象者の募集採用と研究資金調達における問題などである。この領域において、特に必要とされている2つの課題がある。1つ目は、異なった種類の資料源（例えば、異なる方法や方法論のもとでの資料について）から、エビデンスを正しく融合していくことである。2つ目は、適切で有用な理論とモデルを確立し、検証することである。つまり、測度の選択に関連した困難について詳しく述べ、この領域の研究の土台となる理論とモデルについて慎重に考察し、そして将来の研究活動にとってガイドとなる新しい（研究）枠組みを提案する。最後に、この領域の研究において採用される研究方法の適用範囲が、今後、広げられていくべきことを提案する。

第 2 章　この分野の研究者たちが直面する課題

背景となる仮定

　この分野の仕事に乗り出す前に、現時点に至るまでの研究が、2 つの仮定に基づいてきたことを知る必要がある。第一の仮定は、外見に客観的に見て取れる変形がある人のニーズや不安は、変形がない人たちのそれとは異なっているだろうということである。（変形の有無について）母集団を大きく二分した想定により、明確に分かれた 2 つの文献群が形成された（第 3 章・第 4 章参照）。確かに各グループ内には多様性が存在し、その程度はグループ間における多様性と同じくらいに大きい。しかしながら、両者の間には多くの類似点がある。つまり研究者たちが直面している課題は、可視的差異がある人とない人の間の共通性を無視することなく、それぞれの特徴に注目した研究方法を採用することである。そして、（変形の有無にかかわらず）外見がもたらす諸問題の本質と影響力について、どのように調査するのが最良であるかを検討することである。どちらのグループを対象に研究していても、研究者たちは多くの共通した問題に直面している。それゆえに、ここでは研究対象を（必要以上に）分離することに反対する。研究者らが問われている疑問について、そして直面している課題について、焦点を当てることにする。こうすることは、将来的に有益であろう。第二の仮定は、経験の浅い研究者が、社会的不安 social anxiety などの問題を、何かしらの可視的差異を持つ人々のすべてが経験すると考えてしまいがちなことである。そして、変形がより大きく目立つなど、外見の問題がよりいっそう深刻な人にとっては、苦悩もより大きくなるであろう、と推測してしまうことである。こうした（暗黙的な）仮定が信じられてきたことにより、病理的な、医学的問題に焦点を当てたアプローチ法への（偏った）発展が助長されてきた。逆に、そうした人々に見られるポジティブな経験（良好な適応を示しているエビデンス）は、看過されてきたのだった。

外見研究において神経を遣うこと

　外見というテーマはとても神経を遣うもので、また感情的にもなりやすい。研究資金募集や倫理委員会承認の申請書に詳しく目を通す審査員も含めて、こうした研究に参加することにストレスを感じてしまう当事者もいるだろう。自分の外見に苦悩している人たちは、自らの経験を語り、振り返ることに不安を感じるかもしれない。たとえ標準的な方法であったとしても、（事前に）注意深く検討しておかねば、こうした苦悩を悪化させてしまうこともありうる。こうしたことを想定すると、必要時には追加支援を受けられることを事前に知らせるといった、明確でしっかりとした研究計画を確立しておくことが絶対に必要である。また、例えば慈善団体組織、（外見の）状態に特化した援助グループ、あるいはヘルスケア・サービスといった組織を通じた支援情報を、参加者らがあらかじめ知っていることを確認することも必要である（第6章参照）。

　確かにこの分野の研究は、外見に関連した問題や困難に集中してきた。しかしその一方で興味深いのは、外見に関するポジティブな面や満足感について語ることにも、人々は同じくらい神経質になり、用心深くなっているかもしれないことである。「本の内容はそのカバーから知ることはできないし、そうしようとすべきでもない」というメッセージに支配された社会的文脈のもとで、外見のありようと他者の目に映る自己（イメージ）を、うまくコントロールしようという試みが生じてくる（Frith and Gleeson, 私信より）。まさにこのことが、人々に外見の問題を（正直に）語ることを困難にさせている。可視的差異を持つ人々は、そのような考え方を持った善意の人たちによるカウンセリングを受けるかもしれない。しかしそれは、外見によって悩まされているということを認めるのを困難にしてしまう。（カウンセラーの）思い込みによる、元気づけるためのこうした言葉により、外見が彼ら（当事者）にとって重大事であるという事実が見逃されてしまう。

　　友人が、外見にもかかわらず、本当の私を見てくれるとは信じられない。
　　彼らは、自分の目に映る「私」を見ているのだ。それが私のすべてなの

だ。私の周囲にいる人たちは、外見が原因であっても、外見のことを我慢しようとしても、私のことを嫌っている——私とは一枚の包み紙なのだ!!!!　私には中身があるはずだ。私は私が好きだ——私のすべてが好きだ。

(Bates, 私信より)

興味深いことに、カモフラージュ・メイキャップ・サービスに対する評価報告では（Kent 2002）、外見に対して虚栄心を持っているとか、あるいは外見や恥の感覚に心奪われていると見られることについて、多少なりとも回答したのは 33％ のみであった。実際、Kent が行った調査では、ある参加者は後続する質問調査を送らないでほしいと申し出た。家族が開封してしまい、自分がカモフラージュ・メイキャップ・サービスを受けに行ったことを知ってしまうかもしれない、ということを恐れたのであった。

このことは、外見への不安を研究する人たちに問題を引き起こす。なぜならば、外見の意義や意味を否定し、自分たちの不安は浅くて取るに足らないものであるとするプレッシャーのもとでは、身体的特徴に関する苦悩を素直に認めることが、参加者にとっては困難であるかもしれないからである。同じようなエビデンスが非侵潤性乳管癌 ductal carcinoma in situ（DCIS）の女性にも当てはまる（Harcourt and Griffiths 2003）。彼女らは、治療によって生命の危機を免れたことに感謝しなければならないと感じる状況下で、外見の問題について語ることは困難であると回答した。外見の問題は重要ではないと言う参加者たちの主張を超えて、研究者たちが彼らの純粋な不安を調べるのは困難なこともある（Frith and Gleeson 2004）。しかし、臨床的ケアの情報提供のために、真にすべての情報が提示された包括的理解に至らねばならないとしたら、外見に関してポジティブな面にもネガティブな面にも向き合ったエビデンスが必要である。

研究資金

この分野での研究者は増加中であり、研究資金の獲得は厳しい。疑いようも

なく、多くの健康心理学の研究者は、この専門分野への研究資金の不足を嘆くことだろう。私たちの経験から考えるに、外見研究への資金獲得が困難な理由には、研究項目に予算を配分する担当者が、この分野を優先権あるものと見なしていないことがあるかもしれない。研究資金が非常に限られた貴重な状況では、外見研究は他のより「重要性の高い」関心事に負けてしまう恐れがある。しかし私たちは、資金獲得については、外見と変形に関する問題の概要を学術的にも実際的応用としても示していくことによって、そして、投資者に対してこうした問題の重要性と影響力について関心を持ってもらうことによってのみ、可能となるだろうと信じている。こうした状況は『キャッチ=22』(訳者注:ジョセフ・ヘラーの同名の小説による。戦争の矛盾に満ちた状況を表現した小説であり、ジレンマ・パラドックスにある状況を指す場合に、比喩的に使用される表現)の状況のようであるが、こうした状況も改善されていく余地があると希望を持っている。実際、私たちが大いに勇気づけられたことは、可視的差異を持つ人々の生活を最終的に改善することを目的として、外見に対する心理社会的側面に研究を根付かせることに、Healing Foundation が資金供与を決定したことだった。

参加者のサンプリングと募集

皆が何らかの外見を持っているので、外見に関連した研究に参加してくれる人たちと接触し、参加を募集することは、簡単で問題がないと思われるかもしれない。しかし、実際は容易ではない。この分野でのサンプリングと募集は一筋縄ではいかないことが多く、特に2つの課題(接触 access と人数 quantity)に直面しやすい。

特定の集団を対象に研究を行いたい場合、例えば青年を対象とするならば、対象の妥当性に問題はない。しかし、どのような募集方法であっても、自らの外見に関係した問題に大きな関心を持っている人々においては、その研究が魅力的に感じられる可能性がある。逆に、外見の問題を深刻に捉えず、いわゆる「リジリエンスを確立している」人は、募集に進んで応じてくることは少ない

だろう。研究者にとって可能な解決法は、募集戦略の幅を広げること、そして自らの仕事を紹介するためのさまざまな方法を工夫し続けることである。

　募集しにくいだろうと予想される集団もある。例えば、外見研究は女性の参加者が多くなり過ぎるという傾向に対して、懸念が出され続けてきた（Schwartz and Brownell 2004 参照）。男性の参加者を募集することが難しいことは、多くの研究者が経験している（Wallace, 私信より）。その理由はおそらく、男性は自分の外見や身体イメージについて語ることに気乗りがしない、ということを反映しているのであろうと予測されてきた（Dittmar et al. 2001）。しかし、Frith and Gleeson（2004）は、男性は無口ではなく、外見について語る場合、女性とは違った方法を選ぶと示唆している。例えば、男性の服装に関する研究の場合、参加者は皆、一方では外見に関心を持っていないと答えるかもしれない。しかしその後で、「自分の身体について、どのように感じるか？」ということへの反応として、どのようにして服装の選び方を工夫しているかについては語るだろう。こうしたことは男性の参加者を得たい研究者にとって、解決への手がかりになりうることは明らかである。

さまざまな文化的・人種的集団からの参加者募集

　今日に至るまで外見に関係した研究は、多くが西欧文化圏において行われてきた。特にアメリカ、イギリスで、英語に精通した者を対象としていた。理由は、標準化された外見の測定方法が、ほとんど他言語に翻訳されなかったからである。したがって英語圏以外での文化や人種について、外見の問題に関した経験については、あまり研究されてこなかった。しかしこうした現象は、変形・スティグマ・羞恥に関する諸問題が、文化的に大きな影響を受けるものであることを考えれば納得がいく（Papadopoulos et al. 1999b）。（人類規模の包括的研究を確立するためには、）より広い範囲の民族集団から参加者を募ることが必要であり、（タブー視されているがゆえに見えにくい）諸問題に切り込んだ研究を確立していくことに研究者は気を遣う必要がある。アピアランス研究センターCentre for Appearance Research（CAR）における研究では、人種が混合した大規模な人口を管轄範囲内に持つクリニックからの参加者募集を試みてきた。し

かし、それにもかかわらず、圧倒的に白人種のイギリス人になるということを繰り返し経験してきた。このことから、そうなる理由には他の要素があるかもしれないと信じるようになった。つまり、ある民族集団においては、外見の問題を正面から扱う類いのクリニックを受診しないのではないか（例：一般形成外科や皮膚科）。何らかの理由で紹介されないのか、あるいは外見の問題に関連したことには解決を求めないのか、そうした何らかの事情があるのかもしれない。今後も検討しなければならないことであり、こうした人々へ接近するさまざまな方法も考えねばならないことは明らかである（ことによるとヘルスケア体制ではなく、地域共同体のリーダーを通すなど）。

学生のサンプル

これまでは学生を利用した研究が多過ぎた。特に、可視的差異を持たない個人における外見と身体イメージを調査する場合や、身体イメージの測定法を確立する場合などにおいて、それは顕著であった。そのため、（大きな母集団を対象にして）参加者の特徴を明らかにし、接触をとることができるような新たな方法が必要である。例えば Halliwell and Dittmar（2004）が示したことは、電子メールによる接触を工夫した雪だるま式標本抽出法（訳者注：最初に参加協力してくれた人に、次の参加者を紹介してもらう方法）によって、人口構成上のさまざまな階層から、202名の学生以外の女性参加者が得られたことである。この研究は、メディア広告が身体に関する不安に与える影響力について、調査するために行われたものである。

可視的差異を持つ人々の募集

研究者にとって、「正常規準」とは異なる外見を持つ参加者を探すのは、決して簡単なことではない。実際的にも、研究計画的にも、また倫理的理由からしても、身体状態が特殊である参加者については、通常はその特殊状態に関係する（国・地方・地域レベルの）支援組織（Cochrane and Slade 1999; Papadopoulos et al. 2002）、病院やクリニックとの交渉（Beaune et al. 2004; Fortune et al. 2005;

Hughes 1998; Kent and Keahone 2001; Thompson et al. 2002; Wahl et al. 2002)、あるいはその両者の組み合わせから（Hill and Kennedy 2002; Moss and Carr 2004）募集される。こうした募集の仕方では、対象とするグループにすぐに接触できるという利点がある反面、病院組織や支援グループを通じて募集する場合にはいろいろな問題が伴う。第一に、参加者が現在何らかの支援・介入治療を求めているか否かは別として、すでにヘルスケア専門職者と関わっている人たちだけに、研究が限定されてしまうという事実が挙げられる。ゆえに、外見を変化させるような状態の急性期にあることが強調されるだろう（Thompson and Kent 2001）。第二に、そうした支援組織との関わりを持つか否かに影響するかもしれない心理社会的変数（例：過去に受けた社会的支援）が、心理社会的適応能力のレベルを決定する際にも影響する可能性があることである。Hughes（1998）は、研究的要素を診療の場に持ち込むことによって、医師と患者の関係が危うくなるかもしれないことを外科医が心配するため、先天性疾患の人に接触する場合には困難が生じると記している。特定の状態の人々への接近に際して、もしヘルスケア専門職が研究への参加者募集の門番として行動するならば、また唯一の接触機会が病院を通すしかないのであれば、こうした問題が起こりうるだろう。

可視的差異を持つにもかかわらず、支援や治療を必要としない（と自覚している）人たちのことについて、今なお私たちはよく知らない。このグループには、「よく適応している」と考えられる人たちも含まれているだろう。リジリエンスやポジティブな結果（第5章参照）が近年注目されるようになってきており、こうした人々のグループは将来の研究における焦点となるだろう。研究者が直面している課題の一つは、こうした人々への適切な接触の仕方を明らかにしていくことである。おそらく広告、メディア、雪だるま式募集法を利用することになるだろう。成功例としては、可視的差異を持つ人々における「Hospital Anxiety and Depression Scale（HADS）」の諸要因の構造を調べるために、Martin and Newell（2004）が、病院外来とメディアを通じて366名の参加者を集めたことが挙げられる。

この分野の研究は、小さなサンプル・サイズで行われることが多かった。その理由は可視的差異の発生率・原因・重症度・部位・経過の永続性などで、多

様性が大きいためである。例えば Papadopoulos ら（1999a）が行った認知行動療法における評価研究では、対象参加者は 16 名であった（介入治療群が 8 名、コントロール群が 8 名）。統計学的有意差を得るには十分であったとはいえ、研究者たちはその有意ではない結果について、サンプル・サイズの小ささについて、そして方法論的誤りに起因する心理学的問題と障害の程度の低さについて批判してきた（Eiserman 2001）。このことが意味するのは、諸問題は疑いようもなく存在してきたのだが、研究方法と測定法が不適当かつ不適切だったために、きちんと問題点が検出されなかったということである。逆の言い方をすれば、こうした諸問題は、たとえ大きなサンプル・サイズであったとしても、重大な問題として認識されていなかった可能性がある。研究者が直面している課題（の本質）は、苦悩を経験する人としない人とを分ける要因について、それを研究するもっとも良い方法を確立することである。そして苦悩を経験してしまう人たちに対して、適切な支援を提供するもっとも良い方法を確立することである。

　一般的にこの分野の研究への参加者募集が困難であるため、さらに稀な疾患については募集を得ることが非常に困難であると予想され、諦められてしまう危険性がある。例えば単純性血管腫（赤いアザ）は 3000 人に 1 人が罹患し（Sheerin et al. 2003）、強皮症（訳者注：自己免疫疾患の一種で、まだ未解明の部分も多く、多様な症状を呈する。皮膚が変色したり、手指の変形をきたしたりする）は 5000 人に 1 人（Joachim and Acorn 1995）、トリーチャー・コリンズ Treacher-Collins 症候群（訳者注：非常に稀な先天性疾患の一つで、頬骨などの顔面骨の低形成や欠損を伴い、顔面領域の変形が著しい）は 2 万 5000 人に 1 人以下である（Beaune et al. 2004）。そうした事情を考慮すると、参加者を集める作業は困難かつ長期にわたることが予想される。しかしながら、より稀な疾患を持つ人々については研究参加承諾率が高いという事実を考えると、そうした人たちは普段から思うところがあり、社会に対して（自分たちの）声を聞いてほしいと切望しているのかもしれない。もし研究者たちが、外見問題が見落とされてきたと感じているならば、こうしたごく少数の患者たちが示す研究参加への積極性には、うれしくも驚かされることだろう。例えば Vamos（1990）は、リウマチ性関節炎（訳者注：自己免疫疾患の一つで、関節滑膜に炎症が起こり、手指などの関節の変形をき

たす）の患者が、通常関心が持たれる身体の痛みや機能障害よりも、（手などの）外見の状態について関心を持たれる方に満足していたことを報告している。同様に、外来クリニックにおいて CAR の研究員が行った研究でも、非常に高い回答率が得られている。例えば外来患者における外見に関する不安への調査では、実に 86％の人が回答した（Rumsey et al. 2004）。また参加者の積極的関与を必要とする研究においても、良好な回答率が得られてきた。例えば、（乳癌切除後の）乳房再建を経験した女性に関する前向き研究では、1 年以上の 3 回にわたるデータ収集に、72％の参加者が協力した（Harcourt et al. 2003）。熱傷患者の参加者を募集することは困難であると考えられがちであるが、参加者らとの良好な意思疎通を確立・維持することに時間と労力を惜しまなければ、そしてデータ収集のタイミングに融通の利くアプローチ法を用いれば、このグループが抱える心理社会的なニーズに関する詳細な調査検討において、同様に 66％以上という高い回答率が得られた（Phillips、私信より）。以上の経験から、外見は多くの患者グループにおいて共通した問題であること、そしてこの繊細なテーマに焦点を当てた不安は心を取り乱しやすいものであるにもかかわらず、当事者たちは研究に参加することに前向きで熱心であることといった、さらなるエビデンスを読み取ることができる。

多施設研究

　サンプル数を増やすための一つの方法は、多施設研究を行うことである。例えばブリストルとロンドンにある 15 の外来クリニックから、外見に影響を与える多様な疾患を有する 458 名の参加者を得て、苦悩のレベルを特定することができた（Rumsey et al. 2004）。ブリストルの CAR のメンバーとアメリカの研究チームによって進行中の共同研究では、多様な頭蓋顔面領域の疾患を持つ思春期の若者の QOL（quality of life：生活の質）（訳者注：この場合は、自尊心を持って生活できているか否かも含まれる）調査を行っている。また、ロンドン、シェフィールド、ブラッドフォード、ワーウィックの研究者らとの共同研究では、外見に影響を与えるさまざまな疾患を持つ人々が 1500 名以上も参加してくれた。ところで、異なる場所から集められた参加者による報告では、有意な差

が見られるかもしれないという困難さがある。例えばロンドンにあるクリニックにおいて形成外科手術を希望している参加者は、ブリストルにおける同じような参加者よりも、不安と抑うつ症状のレベルが飛び抜けて高かった（Rumsey et al. 2004）。そうした参加者の訴え、経験、心理社会的な満足度が、これほど違っている理由については推測するしかない。外見の問題に対するケア体制やヘルスケア専門家たちの姿勢に違いがある、ということを反映しているのかもしれない。多施設研究によって、もっとも適切なケア供給体制を明らかにできるような定量的比較研究が可能になることは間違いない。しかしそれには、それぞれの施設から統計学的な有意差を得られるだけの、十分な大きさのサンプル数を得ることが必要である。

参加者を均一な集団として概念化すること

　研究に着手する段階から決めておかねばならないことは、外見と変形の問題自体に焦点を当てるのが適切であるのか否か、あるいはある特定の疾患（例：口唇裂）や人口階層グループ（例：思春期の階層）を扱おうとするのか否かである。研究概念の方向性として、外見や変形を一つの現象として扱い、医学的状態から切り離していくことには多くの利点がある。例えば変形の原因とは無関係に、（外見の不安を抱える人々の）全体に共通していると見なされる問題（例：社会不安障害）に対して、それを特定して狙った知見の応用やケアの提供に関しては有用性が高いだろう（第7章参照）。

　しかしながら、ある研究ないしは単一の介入治療グループにおいて、研究への参加者らが持つ多様な疾患を一つの現象として融合し、集団の構成者らが均一であると仮定することに対して、そして個々の人間を観察しないことに対しても、同様に根強い異論がある。異なる疾患を持つ人々が述べる問題には著しい一致性が認められるものの（Partridge et al. 1997, 第4章も参照のこと）、ある条件における苦悩の予測要因が、他の条件下では予測因子にはならないかもしれないことは重要である。異なる診断グループを融合することは問題であるという考えが、口蓋裂患者を対象とした研究ではすでに主張されていた。

例えば口唇裂 cleft lip（片側性 unilateral もあれば両側性 bilateral もある）、口蓋裂 cleft palate、それらの合併の有無、こうした患者をこれまで区別せずに、包括的に研究が行われてきた（Strauss and Broder 1991）。同様に「皮膚科的疾患群 dermatologic conditions」といった大まかな分類では、この群の内部で異なる診断疾患を持つ人について、その特有の経験を明らかにできなかった（第5章の Porter et al. 1986）。グループ同士の連結を行うか否かについては、研究計画の初期段階で、研究の目的に合致し矛盾しないかを熟考して決定すべきである。

こうした参加者のサンプリングと募集における問題点は、私たちが他の研究者たちと行ったある共同研究においても明瞭に認識されていた。その共同研究では、「変形にうまく適応できる人と、困難や問題を経験する人との違いをもたらすものは何か？」を調べようとしていた。病院の外来から1000名を超える参加者を、そして初療対応機関や地域から数百名の参加者を得るという大規模調査ができた。これによって得られた知見は、ヘルスケア体制に現在関わっている人々に対して、あるいは、ある特定の状態を持つと診断された人々に対して、もちろん役立てることができる。当初、この研究のサンプリングの仕方について、研究者らの合意を形成していくのは容易ではなかった。最終的には次の2×4のサンプリング枠組みを用いることになった。(a)変形が他者から通常見えるものであるか否か。(b)可視的差異の原因（先天性、外傷、疾患、その他）。理想的なデータを集めたいという願望とは裏腹に、追加事項として現れた人口構成的な問題、変形の部位、特定の状態に応じてサンプリングの枠組みを組み替えていくと煩雑になり過ぎ、コストがかかり過ぎると思われた。理想的ではなくとも、われわれのとった方法は変形そのものへの適応能力に関する調査を可能にしてくれたし、必要に応じて、有用な細部の比較検討を可能にしてくれるだろう。さらに一連の補助的研究により、特定の問題や該当する人々を、より深いレベルでフォローアップすることも可能になるだろう。

前述の例のように、異なる状態の患者群を一緒にまとめて研究する場合、両群の間で意味のある比較検討が可能な方法でなければならないし（例：重症のニキビ瘢痕と重症の顔面神経麻痺との比較）、同時に明瞭かつ正当な比較判定方法が必要である。そこで研究者が直面する問題の一つは、変形の相対的重症度の

測定法である（第5章参照）。外見に関連した変化がいかなるものであれ、それが原因でもたらされる心理社会的影響を研究する場合を考えてみよう。もしも（変形に対して）認知された重症度が、もっとも重要な変数の一つであるとすれば、それが心理学的に意味のあるものか否かを知るだけではなく、それが信頼性と妥当性のある方法で測定できることが重要である。多くの研究においては、大きさ・部位・可視性などに基づく判定が、評定者間の合意によって標準化された評定に利用される。したがって、変形の重症度が心理的苦悩と必ずしも相関しないという事実は広く報告されているものの、さまざまな変形状態を持つ複数のグループ間での研究よりも（Robinson et al. 1996）、医学的に単一の条件を持つグループにおける研究から得られた知見の方が、説得力においては勝るということである（Love et al. 1987; Malt and Ugland 1989）。また一方で、外見に変化をもたらすさまざまな疾患の、そうした異質なグループを混ぜ合わせることでさらなる困難が発生する。それは、いくつかの疾患に伴う機能障害が与える潜在的影響力であり、特に変形が顔面に影響を与えている場合である（例：頭頸部癌患者〈訳者注：構音障害、嚥下障害などの機能障害をきたすことが多い〉）。その他のものでは、例えば皮膚科疾患などでは、機能障害をきたすことは稀である。

　一般人のグループ（疾患グループの対照群）は、外見に対して同じ経験を持ち、同じ姿勢を示す均質なグループ homogenous と見なされることも危険である。例えば、すべての青年は外見に悩んでいるだろうとか、あるいは高齢者はそうではないだろうとか、そのように決めつけるのは近視眼的である（Johnston et al. 2004; Spicer 2002）。実際、高齢者はこうした理由により外見関連研究から除外されがちであった、と Spicer（2002）は結論づけている。同様に、老化は外見に対してネガティブな影響を与えるものと人々は決めてかかっているとか、こうした傾向は男性よりも女性において顕著であるといった思い込みは、生涯にわたる経験の違いへの理解を妨げてしまう（Halliwell and Dittmar 2003）。その一方で、ほとんど研究テーマとして扱われなかったグループもあった。例えば閉経がもたらす外見の変化などは、ほとんど注目されてこなかった（Banister 1999）。

比較群と対照群

　外見に関連した不安を持つ人々に対する介入療法の評価研究では、これまで対照群や比較群を設定しないで行われることが多かった（Kleve et al. 2002）。それゆえに、そうして得られた知見については、研究結果というよりは、むしろ非常に有用で情報に富む報告と見なす方が適切であろう。適切な比較グループを選ぶことは、研究者たちにとってさらなるジレンマをもたらす。関連する文献を見ると、比較群のない研究が報告する例や、疑問点の多い関連づけを行った例が目立つ。例えば、Beale ら（1980）は豊胸術を受けた患者と耳鼻咽喉科の患者との比較研究を行った。対照群（耳鼻咽喉科手術群）は、美容的手術以外の手術を受けた人たちという前提になっている。しかし耳鼻咽喉科手術は（もっと言えばすべての手術がそうであるが）、外見に影響を与える可能性を持っている。そしてその点は、手術を受ける患者にとっては不安材料となりうるはずである。

データ収集のタイミング

　外見に関する不安を人々がすでに相当経験しているとすれば、研究への参加者らが自らの苦悩を悪化させることなく、過剰な重荷にならないように、そして時間の浪費にならないようにすることは絶対に必要である。可能な限り、日程調整にも、ケアについての包括的提供の面でも、ヘルスケア体制の中にいる参加者を組み入れた研究を調整することが有利であろう。例えば、手術の直前や直後の患者からデータを集めるのは不適切だろう。不安感が高まっているかもしれないからであり、研究の方法論的精密さについて、妥協を必要とするかもしれないからである。
　データ収集のタイミングは、いくつかの状況において非常に重要である（例えば、生命の危機に瀕している人たち〈癌患者など〉、あるいは重症熱傷患者など）。Phillips（私信より）が見出したのは、熱傷を負った子供の親たちは、子供の入

院中は研究に参加することを嫌がるということである。なぜならば親は子供のことを、いかなる時も一人にしておきたくないからである。しかし、いったん子供が家に帰ってきて、熱傷による切迫した脅威が落ち着いたら、深く掘り下げたインタビューに応じることにも前向きになる。実際、生命の危険が落ちつく時、外見に関連した不安が起こってくるだろうし、病院のスタッフや他の患者らとの接触が減り、患者は健康な周囲の人たちと自分を比べ始める（Gamba et al. 1992; Pendley et al. 1997 参照）。さらに、切迫していた生命への脅威がいったん軽減すると、患者たちは外見への不安を語り、認めることが必要である、と強く感じるようになるのかもしれない。しかし時間の経過によって、変わってしまった外見に対する適応が向上するとは思わないことが重要である。むしろ外見は持続的に影響するストレス要因となり、さまざまな経験により、時に悪化したり、時に軽減したりするようになる、と見る方がより適切である。

　他の研究領域のように、新しい介入療法やサービスについて評価することを狙っている研究者らにとって、データ収集のタイミングは核心的なものである（それが外科的・心理学的・教育的なものであれ）。新しいサービスや手続きは確立されるまでに時間がかかるし、研究段階の初期で発生する諸問題について修正していく必要がある。ゆえに、その介入療法に対する初期段階での評価は、必ずしも完成度の高さを反映しない。しかし初期段階から心理社会的評価を取り入れることに失敗すると、予期された心理社会的効果が得られようもない外科的治療や支持的介入療法が、世に広く採用されてしまう結果になりかねない。さらには、研究期間中に新しいやり方が使用可能になりうることや、ケア提供における変化が生じることにより、開発初期にもっとも好ましいと考えられた方法が、研究が完遂され発表されるまでの間に、別の方法に取って代わられることもありうる。例えば Reaby（1998）や Reaby and Hort（1995）は乳房再建患者を術後 7 年間にわたり調査したが、その期間中に外科手技とケアの改良が行われた。

　データ収集は 1 年のうちの時期によっても影響を受ける（例えば、暖かい時期は不安感が高まる）。外見にトラブルを抱える人々にとって、暖かい気候はメイキャップや衣服で隠すことが難しくなり、不快になりやすい。そしてビーチに出かける、泳ぐなど、普通に起こるであろうことが脅威と感じられる。さらに

は、変形をきたす原因の発生頻度が高くなる特定の時期がある一方で、特定の気候のもとで悪化する皮膚疾患も存在する（Papadopoulos et al. 1999b）。例えばバーベキューやキャンプ・ファイヤーに起因する熱傷は、春から夏にかけての時期に増える傾向がある。近年、イギリスにおけるガイ・フォークス・ナイト（11月5日）（訳者注：16世紀に未遂で処刑された火薬爆発事件の首謀者ガイ・フォークスにちなんで行われている風習で、子供たちが花火や爆竹やかがり火を楽しむ）では、花火による熱傷の発生予防と減少が試みられた。しかし2003年のこの日の前後で、1136件の祭りの火による怪我が報告されており、このうち588人は子供や18歳以下の青年だった（イギリス通商産業省：www.dti.gov.uk）。

データ収集の環境背景

皮膚科疾患のようないくつかの変形（変化）の可視性は、データ収集を行う時の背景によって影響を受ける（例：空調、室温、クリニックの職員への不安感など）。このことは、その状態について認知される可視性に関連したデータに影響するかもしれない。同様に、参加者おのおのの自己報告は、最近起こった社会的背景によっても、また他者との比較結果の優劣の程度によっても影響されうる（第5章参照）。そしてクリニックの待合室において、同様の状態を持つ他者と自分を比較してしまうという経験によっても影響されるかもしれない。ゆえに、（参加者の）評価のあり方であれ情緒的な状況であれ、それらをアセスメントしようとするいかなる場合であっても、状態／文脈は理解しておくことが必要である（Cash 2002b）。そして（参加者の特性に対立的であれ付加的であれ）複数の状態の測定法は、適切な時期のアセスメントにおいて使用されることが必要である（Thompson 2004）。

研究方法

外見研究において使用される方法は多岐にわたってきている。それには定性

的研究と定量的研究の両方が含まれており、実験的研究から臨床応用研究にまで及んでいる。

実験的研究

　実験的研究は生態学的妥当性に欠けるものであり、社会文化的影響についてほとんど注意を払っていない、と批判される時がある。しかしながら価値のある実験的エビデンスを示してくれるし、可視的差異を持つ人々によって述べられる諸問題に関しても、深い理解を提供してくれる。例えば近接空間学（訳者注：人間と文化的空間〈他人との間に保つ距離〉の関係を研究する学問領域）的研究あるいは対人間距離によって、社会的相互関係における主観的経験が、客観的に研究できることが実証されてきた（Rumsey et al. 1982）。条件コントロールされた自然な（日常的な）状況と実験室的な状況の両方における一連の研究では、対面的接触と社会的相互関係のレベルは、現実生活環境の中では起こりえないようなやり方で工夫（変化）され続けてきた。Rumsey and Bull は、可視的変形を持つ人々が他者からしばしば避けられる、という個人的な報告を支持する実験的エビデンスを得るために、可視的差異を持たない人の顔に、メイキャップを用いて変形を施した一連の研究を行った（第4章の詳細参照）。もしも被験者内デザイン within-subject design（訳者注：条件が変わっても同じ被験者を使用する）を採用していなかったとしたら、そのようなエビデンスを得ることはできなかったであろう。性別、ソーシャルスキル、外見に関するその他の面の影響に混乱させられることなく、変形のあるなしに基づいた直接比較が可能になるからである。

　メイキャップを用いた研究が同時に示したことは、（他者から）ネガティブな反応を返されると予期しているだけで、自分が可視的差異を持っていると思っている人々は、社会的相互関係を（他の人とは）異なったものと知覚し、それについて述べたことだった。例えば、偽の顔の瘢痕 scar が自分にあると信じ込まされた参加者は、（自分が自覚した）他者からのネガティブな反応と相互関係について、それは普通ではない外見に対する偏見のせいであると考えたのである（Kleck and Strenta 1980; Strenta and Kleck 1985, 第1章参照）。実際には、

Kleck and Strenta の研究における参加者らは、メイキャップによる瘢痕は本人に知らされないようにして取り除かれ、可視的差異がない状態にされていた。このような操作は、条件コントロールができる実験的なデザインと作為的操作においてのみ可能なことは明らかである。これらの知見は、心理学的治療方略における明確な理論的根拠を提供してくれ、そして次のようなエビデンスを提供してくれる継続的研究へとつながっていく。そのエビデンスとは、ソーシャルスキルは変形による悪影響に勝ってより良く機能する予測要因であるため、ソーシャルスキル・トレーニングは理にかなった介入療法である、ということである（第7章参照）。

　同時に、条件がコントロールされた実験的研究は、身体に対する不安と身体イメージへの満足感に与えるメディアの影響力について、体系的調査を可能とする。この分野の研究は、大きな関心が持たれている。最近の例として、イギリス医学会の報告 British Medical Association（2000）では、極端な細身のモデルがメディアに登場すると、身体への不満足と摂食障害の発生頻度が増加するという。Halliwell and Dittmar（2004）は、コンピューターの画像処理ソフトウェアを用いて、防臭化粧品の広告に採用されたモデルのサイズを操作した。そのモデルたちの「魅力」そのものは変えないようにする一方で、彼女らの画像に伸縮が加えられ、「細身（イギリスサイズで8）」または「平均（同じく14）」に見えるように加工された。研究結果によると、細身の外見を社会文化的理想として認識している女性は、細身のモデルの画像を見せられることによって、身体に対する不安感が高まった。この研究が示唆していることは、平均的なサイズのモデルを用いることで身体に対する不安感は軽減できるだろうということ、そしてその手の宣伝広告は、いまだ有力な販売促進手段であるだろうということである。こうした知見は広告産業に対して明快な意味合いを提示しており、外見に対する社会文化的態度の内在化のレベルを低めることに焦点を当てた介入療法が、有効であるだろうと示唆している。外見に対する社会文化的態度の内在化のレベルを低めることを可能にする方法と、そうした介入療法の有効性については、まだこれから検証していかねばならない（第7章参照）。これからの研究は、技術的進歩を取り入れていくことだろう。テレビの広告の画像も同様の方法で加工されていくであろうし、「完全なる」顔の外見に対す

る「平均的な」顔の影響力も調べていくことができるかもしれない。しかしメディアの影響力に対する実験的研究については、生態学的妥当性が低いと批判されてきた（Grogan 1999）。そうした研究は、参加者らが特に広告に注目するという不慣れな設定の中で行われるので（訳者注：普段、番組には注意しても、CMに特に注意を払うことはない）、その結果が参加者らの普段の生活環境の中でのメディアの影響力を表しているとは言えないかもしれない。

魅力の測定

「魅力」という観念は、研究者たちにとって非常に問題が多いものであった。初期の実験的研究は「魅力的」な人と「そうでない」人の写真を使用していた。しかし、人々が魅力を感じるという現象は、身体的特徴以外の要素からも構成されていることは明らかである。顔や身体に対する系統的測定（人体測定学的計測方法に関するRoberts-Harry 1997の概説を参照）は、魅力の評価とは同じではない。よって今も、「完全なる」顔であると想像されるものをコンピューターで作り上げ、表現する試みが行われている。興味深いことは、そのようにして作られたイメージは、決まって「退屈なもの」と見なされることである。魅力といった主観的概念には、主観的アセスメントを必要とすることは明らかである。

自己報告研究

変形がもたらす心理社会的影響力に関する研究の多くは医学文献中に見られ、調査や記述研究によって構成されている。熱傷（Wallace and Lees 1988）、単純性血管腫（Lanigan and Cotterill 1989）、白斑（Porter et al. 1986）など特定の医学的状態について調べたものである。多くの文献が焦点にしていたのは、（医学的な症状としての）状態がもたらす心理社会的な問題であり、外見の問題は副次的なものと見なされていた。例えば、青年に発症した癌が与える心理社会的影響に関する研究では、驚くほど外見の問題に関心が払われていない。しかし、多くの青年期の患者が述べたことは、病気とその治療において、外見の

変化がもっとも苦悩に満ちた点であったことである（Eiser 1998; Rowland 1990）。

　可視的差異を持つ人々が直面する諸問題をもっとも明瞭に記述したものは、自己報告された資料の中に見出される。Partridge（1990）のような個人報告は、変わってしまった外見への学術研究を刺激し、可視的差異を持つ人々が直面する諸問題の概要を明らかにした。しかし症例研究は、研究方法としてはあまり注目されてこなかった。

　この分野の研究の大多数は、後方向的・定量的・横断的・相関関係的なものである。こうした研究において問題となるのは、もし研究参加者が身体と外見に対する現在の感情や不安を述べようとすると、過去の実際の経験をうまく述べることが難しくなり、ポジティブであれネガティブであれ、経験を不正確に伝えるかもしれないことである。認知的不協和が働くことがありえ、以前の状況と現在の状況を一致させるために、以前の見方を修正するといったことをしがちである。乳房切除手術を受けた後に再建手術を受けた女性についての研究エビデンスがある（O'Gorman and McCrum 1988; Reaby and Hort 1995）。加えて、最近の出来事や研究の背景が個人の認知や自己報告に影響しうる（前出文献参照）。本質的に、「身体とは動く対象」であり（Cash 2002b: 41）、外見に対する考え方は時間の経過とともに、そして生涯を通じて変化し続ける。外見や身体イメージに関する状態報告は必ずしも一定のものではなく、日ごとに、あるいは時間ごとに変化する。しかし、こうした変動にもかかわらず、人々は現状としての身体の満足感と（個人）特性としての身体の満足感との間の恒常性を回復するだろう。Melynk ら（2004）は 108 名のアメリカ人大学生に Body Image States Scale（BISS：身体イメージ評価測定テスト）（Cash et al. 2002）に、日に 2 度、6 日間にわたって答えるように求め、外見についての（個人）特性としての満足感と身体像の状態に関する自己報告との相関関係を見出した。

縦断（長期的）研究

　適応能力における動的で変動しやすい性質を調べるために、そして生涯にわたる重要点に関わる諸問題を検討するために、縦断的研究の必要性が高まっている。例えば、Sheerin ら（1995）の横断的研究では、単純性血管腫を持つ子

供は、若者や成人とは違って、特に外見のことで悩まないことを見出した。前向きの縦断的研究であれば、いつ、どのようにして、このような問題が顕著になるのかを明らかにできるだろう。特に白斑症（訳者注：皮膚のメラニン細胞が消失し、部分的に白抜けしてしまう症状。遺伝性や自己免疫性などがあり、原因は解明されていない）などのような進行性病変において有用だろう。ここから得られる知見により、年齢に応じた適切なケア提供の必要性が明らかにされるだろうし、ストレスと皮膚の状態との関連性についても（科学的因果関係が）明確にできるだろう。

変形とは関係のない文献においては、長期研究は主に身体への不満足と体重に焦点を当てる傾向があった（Heatherton et al. 1997; Rizvi et al. 1999）。最近では青年期層を焦点にした研究が多い（Holsen et al. 2001）。可視的変形を持つ人々に関しては、前向きの長期研究は非常に困難であることが多い。介入治療前（訳者注：しかし多くの場合、医学的初期治療の後となる）の外科的医学的データを集めることは可能である（例えば、単純性血管腫〈Hansen et al. 2003〉、乾癬〈訳者注：皮膚に紅斑などの病変が全身にわたり多発する。原因は解明されていない〉〈Fortune et al. 2005〉患者における処置の心理社会的な影響を評価するためなど）。しかし変形をこうむる前の、ベースラインとなるデータを集めることは不可能なことが多い。Dropkin（2001）が行った75名の頭頸部癌患者に関する前向き研究において、手術を受けることによる不安感と自己ケアの関係を検討した。これにより、術後5日目が、変化した外見を受け入れられるかどうかの重要なポイントになることが明らかにされた。しかし患者は6日目までしかフォローされておらず、長期にわたる研究が必要である。またたとえ手術前のデータが集められるとしても、この例のように検査を受け診断結果を知らされるまでの過程が、すでに患者の身体に対する思考や感情に影響を与えているだろうと考えられる。女性が抗癌剤治療を受ける場合の研究においても、このことは明らかであった。治療開始前に行われたインタビューにおいて、治療が外見に与える影響への予測が、すでに現在の外見への自己評価に対してどれほど影響しているかが語られている（Harcourt and Frith, 私信より）。

理想的には一年中を通して参加者募集とデータ収集が可能な、前向きで長期的な研究デザインを採用すべきであり、それにより多くの研究が利益を受ける

ことだろう。しかし長期研究では、例えば6か月間隔のようにデータ収集時期は不連続となり、研究への参加者個人にとって特別に重要な時期を見逃してしまうことになるかもしれない。したがって長期研究は、研究する者にとっても参加者にとっても、特定の必要性を設定することが重要である。また、長期研究に繰り返し参加することは、それ自体が外見に対する個人の思考に影響しうる。Ruschら（2000）は、形成外科手術を必要とする外傷を負った57名の子供の親を対象に長期研究を行った。ほぼ全員（98％）が外傷後ストレス障害 post-traumatic stress disorder (PTSD) をこうむっていたと考えられ、外傷の発生から5日以内に不安や抑うつ感を経験していた。1か月後には82％に減少し、12か月後には44％となっていた。Ruschらが示唆したことは、頻回の研究目的のインタビューは、多くの親にとって非公式な介入と見なされ、それにより警戒心が増大し、あるいは子供に対して心理社会的な問題について話すことが増えてしまったかもしれないということである。このことより、研究の設定の中で把握された状況が、その背景にある真の状況と相違ないか否かについての疑問が喚起される。

　最後に縦断的研究は、心理社会的介入の長期的有効性について考える場合にも必要とされる。Robinsonら（1996）は社会的相互関係スキルのトレーニング・プログラムを評価し、その評価に6か月間の観察期間を含めたが、ケアについて長期にわたる効果を検討した研究は少なかった。

無作為化比較試験（RCT）

　近年の研究責任とエビデンス重視からして、RCT（randomized controlled trial：無作為化比較試験）を使用することは重要かつ信頼性が高い（Robson 2002 の総説）。臨床家・経営者・法律立案者は、治療や介入の有効性について、RCTに基づいて評価することに慣れている。したがってこのように設計された研究は、これらの人々にも、レベルの高い医学雑誌にも受け入れられやすい。健康心理学者（特に臨床応用分野で働いている者）はRCTの価値を意識するべきである一方で、心理社会的ケアに対する応用可能性に関する議論にも注意しておく必要がある（Bottomley 1997; Robson 2002）。外見に関するケアの影響力を評価

する場合、RCTが用いられる前に注意深い考察が必要である。

　特に、たとえRCTにおいて薬物療法の条件調整や標準化が比較的やさしいとはいっても、外見に関連した外科的・心理社会的介入においては、さまざまに異なった問題が生じる。例えば瘢痕形成などの個人差（ケロイドを形成しやすい体質など）は条件調整することは不可能である。外見に関連した手術は社会適応に影響する因子になったりならなかったりするものの、こうした手術の客観的・主観的な結果に個人差は影響するだろう（後続章参照）。

　もっと重要なことは、RCTでは治療に対する患者の選択権はなく、自ら意識して相互的に行動できる参加者とは反対の存在として、個人というものを単なる受け身の反応者として仮定している。本質的に参加者らに許されるのは、この研究に参加するか否かの選択権だけであり、自らの治療内容について積極的に意思決定を行うことはできない。RCTが、異なる美容的結果を伴う外科的治療の心理社会的影響力を比較するために使用される場合、このことは特に重要である。例えばDeanら（1983）はRCTを用いた研究で、乳癌で乳房切除を受ける女性において、切除と同時に再建する群と後日に再建する群との比較を行った。こうした例では、無作為化が意味することは、この女性たちは将来の身体の外見について、自発的な決定権から遠ざけられ、偶然に委ねられているということである。これではバイアスのかかった参加者を増やしてしまう可能性がある。なぜならば、外見治療への決定についてより積極的に参加したいと願う女性や、乳房の再建に賛成する、あるいは反対する女性は、自分が望まない方の治療選択肢に割り当てられるリスクを犯すとは思われないからである。それゆえに、この研究によって得られた知見は、自分の治療内容について特に好みを持たないといった、一部の患者たちにのみ当てはまるものと考えられる。とは言っても、この特定の研究におけるRCTの（倫理的）妥当性については、倫理的に容認される範囲内の実験や研究であると考えられるものかという点について、時間をかけて行われていく（技術的な）発展（や改良）との関係の中で、検討されなければならない。最近、後日に乳房再建を行う場合の3通りの方法について、それらが与える心理社会的影響力を比較するために、RCTが適切であると見なされた（Brandberg et al. 1999）。この研究では、参加者のすべてが何らかの方法による後日の乳房再建手術を受けることを最初に意

思決定しておくのであるが、これには体のどこかから組織を採取し、患部へ移植するのかということが含まれている。Brandberg らは、参加者らは無作為化されることを望んでいたことを述べた。(そう希望することについては、)参加者は手術手技の複雑さについて意思決定を避けようとするのだ、という指摘を支持した (Deber et al. 1996)。

　最後に、RCT が心理社会的介入の評価に用いられたとしても、その介入が有益であるか否かの判定理由については、ほとんど情報をもたらしてくれない。報告された改善は、介入の内容の結果であるかもしれないし、それが提供される方法の結果であるかもしれないし、あるいはグループ療法である場合には、同じような関心や不安を持つ他者と接触する機会の結果であるかもしれない。本質的に RCT によっては、(結果に至るまでの)文脈やプロセスは見えてこない。また同時に研究者や関係者(心理社会的療法を改良しようとしている人たち)にとって、ある個人がどのような条件に割り当てられたのかを考慮することなしにその人に接し続けることは不可能である (Papadopoulos et al. 1999b)。より洗練された研究計画とアセスメントが求められている。その目的は、介入の全過程において、どのような局面が有効であるかを明らかにし特定することである。

　しかしながら多くの制限はあるものの、RCT を用いること自体を否定するつもりはない。例えば顔に変形を持つ人々を対象に発行されている認知行動ガイダンスの小冊子への評価については、RCT は有用であると証明されてきた (Newell and Clarke 2000)。よく検討された前向き研究による RCT のエビデンスがなく、心理社会的援助に関するエビデンスもないままに、現在の外科的治療法が新しい治療法に変えられていくのは危険である。RCT は単体として行われるのではなく、研究プログラムを構成する試験の一つとして行われるのであれば、非常に有用であると言えるだろう (Robson 2002)。研究者たちが継続的に取り組んでいかねばならない課題は、RCT が注意深く適切に使用されていること、そして信頼性の高い別の方法が発達してくることを確認し続けていくことである。

適応に含まれる変数の多様性

　多くの研究は外見への適応について暗に触れるが、今もってどういった因子がこの過程に含まれているのか正確に解明されていない。個人差の決め手となっている諸因子のリストは広範囲にわたり、社会的支援、コーピング coping（うまく対処すること）、自尊感情、帰属スタイル（どのような集団に所属しようとするか）、外見への投資などを含んでいる（Moss 1997；第5章参照）。しかし、これら諸因子のすべてを含む研究は参加者にとって負担が大きくなるであろうし、統計学的有意差を得ようとすれば大きなサンプル（多数の参加者）を確保する必要がある。どの因子を含めるか、逆にどれを省くかについては、難しい選択を行わなければならない。

　結果についても同様に、定量的研究は適切な測度を必要としている。また、広範な可能性（諸結果）が、特に不安感、身体イメージ、QOL が、文献的に示されている。これら構成概念のそれぞれに、さまざまな測度が存在する。よく使用されている2つの測度は DAS (Derriford Appearance Scale) と HADS (Hospital Anxiety and Depression Scale) である（Box 2-1 参照）。

　適応を説明するためにこうした方法による測定結果がよく使われるが、この文脈において、適応という言葉は正確には何を意味しているのだろうか？　研究においても明確に定義されていないことがよくある。それは結果なのだろうか？　それとも（良い結果を生み出す）過程なのだろうか？　苦悩が低いレベルにあることを言っているのだろうか？　それとも QOL が高いことを言っているのだろうか？　あるいは外見を今以上に改善するため、さらなる治療を求めないことと定義されるのだろうか？　もしも、最後の見方に立つのであれば、ヘルスケア専門職が逸話風に報告している状況について、つまりよく適応できていると見なされていた人々が、新しくて期待できる先駆的な、外見を良く見えるようにする外科的治療に関して、その機会に飛びつく状況をどのように説明したらいいのだろうか？

　外見が持つ心理社会的影響は非常に複雑なので、1つか2つの要因を独立して測定することは適切と思えない。包括的なアセスメントと質問紙の過度の蓄

Box 2-1　外見研究で、結果の測度としてよく用いられる質問紙の例

◆ Derriford Appearance Scale（DAS-59）（Carr et al. 2000）と簡易型 DAS-24（Carr et al. 2005）は主に「外見に対する自己意識」という観念を扱っており、外見への適応能力に関して信頼性の高い測定法としての可能性を高めてきた。継続研究により、この測定法における臨床的ならびに非臨床的グループの正常範囲データについて、広汎なデータベースを提供する必要があるが、これは有用なものとなろう。多くの測定法は正常範囲のデータが欠けているか、代表的ではない母集団（例えば、白人の学生だけといった）の結果に基づいている（Strauss and Broder 1991）。

◆ Hospital Anxiety and Depression Scale（HADS）（Zigmond and Snaith 1983）は比較的簡潔であり（14項目）、答えやすい。また重要なのは、さらなる心理学的支援が有効と考えられる人々を明らかにするための、カットオフ・スコアとして用いることができると評価しているヘルスケア専門職者らの間で、長く受け入れられてきたことである。HADSの心理測定法としての有用性について検証されてきたが、最近の総説（Bjelland et al. 2002）ではその有用性を支持している。Martin and Newell（2004）が結論づけたことは、HADSが可視的差異を持つ人々に対して有用なツールとなることである。しかし、単に不安感と抑うつ感に対する評価としてではなく、むしろ不安感、抑うつ感、ネガティブな情動性に対して、それらの三次元的測度として適切と見なせるか否かという点を調べるため、さらなる研究が望まれている。

積の間のバランスをとることが必要であるが、研究者たちはいくつものジレンマに直面している。第一に、例えば身体イメージなど、研究の構成概念はたいてい複雑であり、多くの研究者たちは、どの構成概念の定義ないしは局面が研究の焦点であるかについて、明確に述べることができなかった（Thompson 2004; Thompson and Van den Berg 2002, 身体イメージ研究における諸問題の概略を参照）。

第二に、心理社会的機能の一般的な測度は、外見にまつわる特定の諸問題になじむことができなかった（例えば、一般的な不安感に対するものとしての社会的不安など）。これまで認められてきた測度も、外見に対する研究者たちの先入観に基づくものであって、参加者らの全体像を得ることに失敗していると批判されている（以下に述べる、定性的方法の使用を考慮すべき）。この分野における進歩はあるものの、多くの測度が、信頼性と妥当性において許容されるレベルを欠いている（White 2002）。しかし、例えば BISS（Body Image State Scale）（Hopwood et al. 2001）は心理測定法として妥当性が確認されたものであるが、乳癌を持つ女性患者における身体イメージの測定法として、有用で信頼できる測度であると考えられている。Thompson（2004）は研究者たちと臨床家たちのために、身体イメージを測定するためのツールを選んだ有用なリストを提唱した。
　こうした方法論上の制限にもかかわらず臨床家と研究者たちは、外見が与える心理社会的影響力を評価するための定量化可能な方法について、探索の手がかりの乏しい「聖杯」の探求にも似て、今も取り組んでいるのである（Ching et al. 2002 参照。広く使用されている GHQ〈General Health Questionnaire〉や Rosenberg's Self-Esteem Scale などを含む 34 の方法についての総説）。Ching らが指摘したことは、「心理学的」測度とは、美容手術の結果を測定することに関しては、低い表面的妥当性しか持たないことである。しかし、こうした尺度は広くさまざまな心理学的構成概念に用いられ、必ずしも外見研究に特化したものに限定される必要もない。Ching らは、「良好な満足感・顔・予測妥当性」について DAS を高く評価したが、他の測度と同様に、病的状態や病理への思い込みは、外見へのポジティブな局面を表裏一体で強調したいという要求とはなじまなかった（第 5 章参照）。同時に、外見に対するその人の不安が、その時点で治療中の「変形」や目立つ状態に関連しているか否かについては、このような測度は曖昧なものでしかなかった。
　同様に、研究において、そうした不安感や抑うつ感などの結果の原因が、間違いなく状態に関連した外見への不安であるということを、どのようにして確かめるのだろうか？　可視的差異を持つ人々は人間関係・就労・財務などの問題に不慣れであり、述べられているようなレベルの苦悩が、可視的差異のみに起因するというのは適切でないかもしれない。標準化された測度は、通常主

要な変数について評価する。しかし変形の問題は、その人の人生において特殊性の高い、狭く限定された側面でしかないかもしれない（Koo 1995）。いくつかの QOL 測度は外見という次元も含んでいる。例えば、ヨーロッパ癌研究治療機構 European Organization for Research and Treatment of Cancer（EORTC）が作った QOL 測定法は、乳癌患者を対象にした身体イメージのサブスケールを含んでいる。また、世界保健機構 QOL 質問紙 World Health Organization Quality of Life Questionnaire（WHOQOL）は、外見という項目を含んでいる。このような測度の発達や使用は、医学的・外科的発展において外見に関連した影響力を考察するための一つの方法である。しかし、一般的な QOL 調査に近年注目しているのと同じように、外見問題にも注目する前に、まだ進むべき道（未解決・未検討の問題）が残されている。

　適した測度を開発する上での諸問題を克服するには、柔軟性の高い方法論を発展させることである（Rumsey et al. 2004 参照）。これには広く認められ、標準化された測度を使うことが含まれる。例えば VAS（visual analogue scale）は、これまで重要であると見なされているにもかかわらず、いまだ適切な測度がないような「社会的支援に対する満足度」などの問題を簡単にすばやく評価するために発達し、試されてきた。このような測度を補足的に使用することも含まれる。

理論とモデル

　この分野における研究を導き支援するために、適切なモデルと理論を選択することには大きなジレンマがある。難しい問題である理由は、有用なモデルは通常、適用範囲が限られており、そして、簡単には測定できない諸次元が組み入れられているからである。最近までわれわれは特定の理論やモデルを使用することを避けてきた。その理由は、外見への適応に貢献している要因が多数あるのであれば、含まれるべき要因について考えを絞り込んでいくのは時期尚早であると感じられたからである。しかし探索的研究の成果によって、個人の経験と適応に含まれる膨大な数の変数に関して、今や十分過ぎる知見が提供され

ている（第5章参照）。そこで、扱いやすい雛型リストになるように整理する必要性が感じられる。制限された特定の文脈の中では理論とモデルは有用であるが、現在使用可能な選択肢と枠組みについてはいまだ不安定なままである。同時に気づくことは、これらのモデルが含む概念（例えば、コーピング）に対して、過程あるいは結果という「名札」の割り当てが、簡単に行われ過ぎることである。これらの概念は、違う文脈においては、過程と結果の一方だけになったり、あるいはその両方になったりする。

　この分野の研究者たちが使用できる主要な理論とモデルについて鳥瞰する。3つに分類すると、健康心理学においてより広く用いられているもの、一般的な外見や身体イメージの理論、そして状態または治療に特有のものである。包括的な概説を目指すよりも、むしろ実例を選ぶことにする。これらの理論やモデルあるいはどのような枠組みであっても、それらを選択し使用することを考慮する時、それらがどのような状況や過程を扱い表そうとしているかに、そしてそれが特定の研究目的に適合しているのかに注意しておくことが重要である。われわれにとって有用なモデルとは、

- ◆ 外見に対する評価と反応において、個人差を認めるものであること。
- ◆ 外見問題を解決するために、可視的差異の有無にかかわらず応用可能であること。
- ◆ ネガティブな事項もポジティブな事項も、同じように許容すること。
- ◆ 広範な研究方法に受け入れられるものであること。
- ◆ 学術性だけにとらわれず、実践的な応用力を持つものであること。

健康心理学において一般的に使用されるモデル

　健康心理学者らは多様なモデルを採用しながら、なぜ人々は広範囲にわたる健康行動をとったりとらなかったりするのかを検証した。そうした行動の多くは外見に直接影響するものである。しかし外見がそのような研究の焦点や動機になることは稀であったし、実際のところほとんど見過ごされてきた。人々は、純粋に健康に良いというだけの理由で健康行動に熱中したりはしない。む

第 2 章　この分野の研究者たちが直面する課題

しろ「良く見られたい」ということや、外見を変えたいという欲求の方が強い動機となりうるのである。最近行われた 11 歳から 21 歳の 687 名を対象とした調査では、外見は健康的な生活を得るための、あるいはそれに反するための強い動機になっていた。そのためにダイエットやエクササイズという手段がとられ、それは特に女性において顕著であった (Haste 2004)。特に外見への不安については、エクササイズしないことへの理由としてよく述べられていた。25％以上の者がエクササイズをしない理由として挙げたことは、エクササイズ用の衣服を着ている姿が嫌だということである。Leary らによると、

> エクササイズを必要としている、またはしたがっている人々は確かにいる。しかしそうしない理由は、エクササイズをしている最中に、自分がどのような印象を与えるかに不安があるからだ。自分が体重過多である、痩せ過ぎている、または不格好であると感じている人たちは、エアロビクス教室で飛び跳ねているところや、近所のプールで泳いでいるところや、表でジョギングしているところや、ウエイト・トレーニングしているところを見られるのが嫌なのである。
> (1994: 466)

多くの健康行動は、(他者から見た場合の) 自分に対する印象を改善したいという願望が動機となって行われる (Leary et al. 1994 参照)。例えば皮膚感染症、HIV、肝炎に感染するリスクがあるにもかかわらず、俳優や歌手が刺青を誇って見せびらかすことに若者たちは支持的である (Houghton et al. 1995)。にもかかわらず興味深いことに、そうした若者らも、教師が刺青をしているのは不適切だと感じている。もし煙草をやめたら体重が増えるのではないかといった理由で、人々は深刻な健康被害 (心臓疾患や癌など) をこうむるリスクを受け入れているように思われる。実際 Leary らは、ステロイド (訳者注：この場合は筋肉増強剤を指す) の使用、美容手術、刺青、ダイエットなどを含めた例を引用しつつ、「自分を良く見せたいという動機は時として強力であり、他者が自分に対して持つ印象を改善できるような行動を人々にとらせている。そしてそれらの行動には、長期的に見れば本人らにとっても他者にとっても危険なこともある」(1994: 461) と主張している。

外見研究と健康心理学研究において使用されるモデルには、社会的認知モデル social cognition models、自己制御理論 self-regulatory theory、ストレスとコーピングについての理論 theories of stress and coping が一般的となってきている。これらについて順を追って考察してみる。

社会的認知モデル
　社会的認知モデルの実例は次のように理解される。日光曝露の危険性に関する健康推進キャンペーンには、日焼けの魅力に対する態度に反する健康メッセージが含まれている。Castle ら（1999）は若い女性の日焼け行動に対する介入の中で、変化の諸段階 stages of change と健康についての信頼モデル health belief model（HBM）を使用した（第 7 章参照）。同様に、HBM は Carmel ら（1994）によっても用いられ、日差しの中での防護行動の予測において年齢の役割を調査した。彼らが見出したことは、日光暴露に対する防護行動を進んでとらせる場合に、外見（および健康）が持つ価値がもっとも強力な予測要因であったことである。
　明らかに外見的要素を含んでいる治療やヘルスケアでの介入において、さまざまな局面を検討するために、社会的認知モデルが使用された研究がいくつかある。例えば Searle ら（2000）は、弱視（身体的原因のない視力低下）の治療として子供たちが眼帯着用を順守することに関する定性的研究の枠組みとして、防護動機理論 protection motivation theory を用いた。眼帯の外見と目立ちやすさは年長者においては眼帯をしない理由となりうるが、若者や子供では理由にならなかった。児童を扱うヘルスケア専門職らにとってこれは有益な情報であり、治療順守に関する外見の重要性を示している。
　しかしこうした社会的認知モデルは、外見に関連した行動を説明することに役立ちはするが、外見に関連した不安や変形を持ちながら生活している人の経験の複雑さを理解しようとする場合、不適当であることが多い。第一に、いくつかのモデル（例えば、計画的行動理論 theory of planned behaviour）に含まれている認知された主観的な正常基準が、ある人が自分の外見を変えようと試みるか否かについて、あるいは外見に影響するような健康行動に取り組むか否かについて、影響を及ぼすことは明らかである。しかしこれらのモデルは、個人を理

性的に活動する存在、かつ自由意思のもとにある存在と見なしている。ところが実際は、外見に対して社会やメディアが差し出す標準範囲に適応するように圧力をかけられていると感じている人々は、自らの意思の力によって行動することは不可能であると感じている。一方、可視的差異を持つ人々は、自らの自由選択に逆らって、自分の外見に対する他者の反応に合わせて行動するのだと主張するだろう。これらのモデルは、個人の経験の意味を定める社会的・文化的文脈に対して、十分な注意を払っていない。そして外見において避けようのない、社会的相互関係の複雑さを考慮することもできない。同時に適応に影響を与えるだろう主要な変数（例えば自己概念に対する外見の重要性）を組み入れていくこともできない。さらには「適応」における力動的性質にしても、包括的な理論やモデルには、外見問題を理解するために有用な役割を果たせるように、評価とフィードバックの過程を組み入れていかねばならない。個人は自らの外見について、常に同じように感じているわけではない。「うまく適応できている」と見なされている人であっても、常にそのようにでき続けているわけではない（Thompson et al. 2002）。妥当で有用なモデルは、こうした揺らぎや変化を許容するものでなければならない。

自己制御理論

　Leventhal が提唱した力動的モデルである自己制御理論 Self-regulatory theory は（Leventhal et al. 1980）、外見に関係するさまざまな状態に関する研究に使用されてきた（例えば、乾癬〈Fortune et al. 2000〉や白斑〈Papadopoulos et al. 2002〉など）。可視的差異の結果、期間、原因、重症度、治癒可能性、症状の独自性（ラベルや症候）に関する人々の信念が、苦悩や行動に影響するであろうことは当然のことと思われる。しかし Cochrane and Slade（1999）が指摘したように、口唇裂の成人例におけるような、もはやこれ以上の治療が期待されないような状態に対しては、時間経過や治癒可能性といった要素は役に立たなくなる。同時にこの枠組みが、可視的差異を持つ人々への研究のガイドとして役立つかもしれない一方で、可視的差異を持たない人に対してはどれほどの関連性を持つものであろうか？　さらにこの枠組みには、概念化とアセスメントに関して問題をはらんでいるコーピングに対する観念が含まれている。

ストレスとコーピングの理論

　この分野においては、さまざまなストレスとコーピングの理論が広く採用されてきた。特に Lazarus and Folkman の対処モデル Transactional Model が使用されてきた。これは外見に関連して、ストレッサーとコーピング方略についての個人的評価に焦点を当てている（Cochrane and Slade 1999; Dropkin 1989 参照）。Dropkin（1989）は頭頸部癌治療を受けた患者において、術後の回復と変わってしまった外見への適応について説明するためにこの方法を用いた。「成功している」と言えるほどの適応では、患者は自らの価値観を変え、外見に重点を置かなくなることが必要であった。このモデルの利点は、評価とコーピングはお互いに影響し合うものと見ることであり（ゆえにこのモデルは力動的であると考えられる）、ポジティブな面もネガティブな面も考慮し、臨床における介入にとって有用かつ有望な枠組みを提供してくれる。

　Lazarus and Folkman のモデルに基づく多くの研究は、外見への適応に関連して、「適応的」（例：社会的支援を求めること）や「不適応的」（例：逃避）と見なされる対人関係方略を明らかにすることに焦点を当ててきた。例えば Hill and Kennedy（2002）は、乾癬を持つ人々において、主観的な障害性を克服するためのコーピング方略の役割について調査した。この横断的研究が見出したことは、苦悩における分散のほとんどは、情動の発散、アルコールや薬物の使用、精神的な放棄（すべて不適応的と見なされているもの）によって予測されるということである。しかしある状況において不適応的であると分かった方略が、別の場合には有用であることがある。ある人に有効であったことが、別の人には有効でないこともある。例えばカモフラージュ・メイクは、短期的、あるいは特定の状況には有効かもしれないが、もしもその人の社会的相互関係がメイクなしには行えない状態になっているのであれば、不適応的ということになろう（第6章参照）。

　さらなる問題は、Lazarus and Folkman のモデルを用いる研究の多くが、コーピング・チェックリストの使用に頼ってきたことである。この問題は他で詳しく述べられている（Coyne and Gottlieb 1996 参照）。まとめると、このようなチェックリストはコーピング方略と行動について、その全範囲をカバーすることはできない。また（体験された苦悩に対する）個人の解釈やストレッサーの性

質が理解できない場合には、リストの使用は限定的なものとなる。チェックリストを完成させることを参加者に要請する研究は、「変形」を単一のストレッサーと見なす危険性がある。しかし「変形」には、その人が自覚する数々のストレッサーの複雑な関係が含まれているだろう。例えば他者からの反応に対処すること、治療に関する不安、以前の外見が失われたことへの適応などが含まれる。この意味において Somerfield（1997）は、研究は「標的とするストレッサー」に焦点を当てるべきであると示唆している。こうしたストレッサーは対象集団のうちの多くの割合の人に影響を与えるもので、その人たちにとってストレスに満ちたものであり、介入によって対処されうるものである。可視的差異を持つ人々に影響している、外見に関連した特定のストレッサーの多くを扱う一連の研究が、そのような研究に含まれるだろう。例えばある研究は社会的相互関係へのコーピングに焦点を当てているが、他の研究は治療に伴うストレスに注目しているなど。このような研究計画により、外見の問題に対処することへの詳細な理解が築かれることだろう。このアプローチの仕方は変形によって困惑させられている人々に対する、Changing Faces の支援と介入におけるアプローチを説明するために用いられてきた（Clarke 1999）。

外見に関連するモデル

　身体イメージ障害に関する初期の認知モデルでは、個人が認知する現実の自己と理想の自己との解離が注目されていた。その解離はメディアによって描かれているような、日々の出来事やイメージによって活性化される。例えば Thompson ら（1999）は多くの身体イメージ・モデルを概説し、（可視的差異を持つ人々の）考え方が、自分たちの外見に対するネガティブな考え方と評価によって、よりいっそう支配されるようになっていく過程を記述した。最終的にはその人を取り巻くすべての社会的状況が、外見と関連していると解釈される（例：交友関係の途絶や就職面接での不合格）。そして特に外見に関連しそうな状況をネガティブに見るようになる。身体イメージの混乱についてのモデルは、摂食障害や体重に対する不満足に関連して発達してきた。そうした諸モデルが、可視的差異やより一般的な外見の問題を扱う研究にとっても有用であるだろう

仮説構成体を組み込んでいる一方で、広い範囲の人々を母集団として、改良され検証されていく必要が依然としてある。

　Cash（2002b）の認知行動モデルにおいて認識されていることは、過去の個人史的な問題（文化的社会化、対人関係における経験、身体的特徴、パーソナリティ属性）が、身体イメージへの態度やスキーマ（図式）の発達に影響することである。外見についてのスキーマ的処理、生じた出来事、内面的な対話（思考など）、身体イメージに伴う感情、適応的な自己制御方略と行動（例：回避、外見の自己管理など）は、現在に至るまで影響力あるものと見なされている。そしてすべての様相がお互いに影響し合うと見られている。問題と各変数間の相互作用の複雑さゆえに、因果関係や影響力の方向について矢印を示すことができていないのである。Cashのモデルの長所は、最近の身近な影響が将来において個人的影響力となるだろうということを認識している点において、力動的であることである。そして身体イメージ研究の文脈において展開されたものであるが、可視的差異を持つ人にも持たない人にも応用できるだろうということである。またこのモデルは多くの研究と理論化においてネガティブなテーマが主であったのとは違って、ポジティブとネガティブな身体イメージの両方を説明することもできる。この枠組みにおいては、非常に複雑な過程（自己スキーマ、自己制御過程、コーピング）と連続的構成概念（パーソナリティ）が組み入れられていく。それゆえにモデル全体の検証は難しかったり煩わしかったりするが、それでも研究を導く有用な助けであることに変わりはなく、今後さらなる実証的な検証が必要とされる。

　身体イメージについては多くの理論が発展してきたが、「変形」に特化したモデルや理論的枠組みは最近になるまで存在しなかった。スティグマ（Goffman 1963）、羞恥（Gilbert and Thompson 2002）、社会的疎外（Leary 1990）などに関する展望は主として認知行動の原則に焦点を当てながら、そのすべてが外見と変形に特化した多くのモデルの発展に寄与してきた（第4章も参照）。

　例えばKent（2002）は、外見への不安感と認知されたスティグマに重きを置いたモデルを提唱した。「引き金になる出来事 triggering event」（社交やスポーツのイベントに行くなど、自分の外見に対して他者の注意を引きつけてしまうと思われること）に直面するような時、不安感が増大すると考えられる。不安感を減少

させるには、回避と隠蔽という2つのコーピング戦略に的が絞られるだろう。これらは短期的には効果的であるかもしれないが、回避と隠蔽に頼っていると、ある出来事がどういう理由でストレスに満ちたものになっているのかを知ることはできないし、最終的には外見への不安感を強化にしてしまうだけである。このモデルは社会的基準の役割を明らかに認めており、その方略が不安感を補強するがゆえに力動的である。さらに進めば、今度は方略の必要性に関する認識を強化する（この場合は隠蔽）。しかしこれはコーピング戦略に対する狭い見方であり、不安感を喚起する点においては出来事そのものより、むしろ引き金になる出来事についての脅威（予期）と言えるだろう。さらにはこのモデルは問題に焦点を当てるものであり、このモデルの中心にある概念（羞恥とスティグマ）は病理を強調する点において問題である（第4章参照）。

　Newell（2000a）は可視的差異を持つ人々における社会的不安に関して、検証可能な恐怖―回避モデル fear-avoidance model を提案した。彼は対立的反応と回避的反応の連続体を提唱しているが、これは良好な適応と不良な適応を慎重に区別するやり方とは異なり、対立をより適応的なものとして含んでいる。回避は、ネガティブな結果への恐怖と予期によって促されると見られる。このことにより人々は活動の範囲をますます制限されることとなり、当たり障りのない状況が脅威として判断される。例えば脅威に満ちた環境であると認知されるエクササイズ・ジムを避け、家でエクササイズをするかもしれず、衣料品店を避けるためにインターネットで買い物をするかもしれない。それゆえに恐怖と回避は、適応／苦悩における潜在的な媒介因子として概念化されている。このモデルは介入方略と臨床的試行に活気を与えてきた認知行動的アプローチにおいて、そこに根付いている社会的回避に対する妥当な説明を提供している。しかしこのモデルが可視的差異を持たない人々における苦悩の展開をどの程度説明できるのか、またそもそもどうして、いかにして苦悩が生じるのか、については不明確なままである。

　Moss and Carr（2004）は最近、変形への適応能力を説明するための方法として、多面的自己概念を使用することを模索した。可視的差異を持つ人々のうち自己概念において外見がより中心的で重要である人たちは、外見に関連しない情報を犠牲にしてまで外見に関連する情報に支配され（区画化

compartmentalization)、かつ自己概念が認知的により複雑化している。そうした人々は、適応能力が乏しいであろうと仮定される。それゆえに外見への適応能力に困難を抱える人は、自分自身に対してネガティブな見方をしがちである。そしてその見方は情報や出来事に対する彼らなりの解釈によって、彼ら自身のネガティブな見方を強化しているのである。研究者たちは、社会的支援やコーピング方略といった変数が持つ影響力については今後も検証されていくべきであると認識しているし、可視的差異を持たない人々に対しても応用されていくべきであると認識している。しかしこの枠組みは、現存しているCBT（cognitive behavioural therapy：認知行動療法）やソーシャルスキル・トレーニングを補完するだろう介入の分野を明らかにしていくに違いない。

　まとめると、これらのモデルにはいくつかの類似点がある。それらは認知行動的概念について、コーピング方略としての回避と隠蔽について、外見に与えられている相対的な重要性について、特別な焦点を置いていることである。しかし可視的差異を持つ人々においても持たない人々においても、さらに徹底的に検証される必要がある。

状態（疾患）や治療に特化したモデル

　特定の状態（疾患）や治療対象のグループにおける外見問題を、説明することを試みたモデルもある。例えばWhite（2000）は癌の治療を受ける人々において、外見への変化がもたらす影響力に関するモデルを展開するために、認知行動的原則を再び採用した。この研究が提唱したことは、外見に非常に価値を置いている患者で、しかも癌が身体の特に価値を置いている部位に影響している場合、心理的苦悩、ネガティブな思考、不適応をもたらすコーピング方略がより顕著になるということである。しかしWhite（2002）が指摘したことは、常にそうとは限らないこと、これまでのように個人差が大きく影響しているということである。彼が同時に強調したことは、外見へのこだわり方はその個人においても常に一定ではないこと、そして時間・病状・社会的環境によって影響を受けるということである。このモデルは癌を病む人々における問題を扱うように特化して展開してきたものであるが、その他の状態の人にも応用しうる

ものであり、介入において有用な枠組みを提供するものである。しかし身体のある部位に対して、(その人が感じる)重要性を決める要素は何であるかについては、このモデルは説明しようとしない。

　Sarwerら(1997)は、美容手術を受けようとする人々の動機に焦点を当てたモデルを提唱した。そこでは身体の外見の実際、発達的要因(例：外見に対するからかいの経験)、社会文化的要因(例：メディアによって流布される理想的な姿)、認知的要因(例：身体部位への形状に対する評価)が身体イメージと自尊感情に影響を与えている。身体イメージの誘意性valence(その人にとって、自尊感情に対して外見がどれくらい重要であるかの程度)は、身体イメージへの満足感(価値観)と結び付いている。身体イメージの誘意性が低い人、あるいはネガティブな人(訳者注：人は外見ではないと考えているような人)は、自分の外見に満足しているかどうかにかかわらず、美容手術を受けようとはしないだろうと考えられる。逆に身体イメージの誘意性の高い(身体イメージを重視している)人々は、もし外見に満足できないと感じたら、美容手術を求めることが容易に想像される。このことについては、ボツリヌス療法などの非手術的美容治療を受ける人々においてはこれから詳細を調査してみる必要があるものの(第6章参照)、Sarwer and Crerand(2004)はそのような症例においても同様に応用可能であると主張している。こうしたモデルの枠組みは、(美容目的以外の一般的な)手術に対する態度にも関連しているように思われる一方で、この枠組みが他の状況に、例えば刺青や日焼けなど手術以外の方法で外見を変えることに、同じように応用可能であるかどうかについてもまだ結論は出せないだろう。

モデルの使用

　近年の多数のモデルと理論によって研究が促進されている一方で、外見に伴う個人的経験に関する包括的理解ついては不足していることが明らかとなってきている。Bond and McDowell(2001)が示唆したことは、専門職らが用いている理論と実際に個人が抱いている見方との間には、隔たりがあるということである。外見に特化したさまざまなモデルが提唱されてきた一方で、それら

のすべてがさらなる検証と改良を必要としている段階であり、成功例や有用性についてはまだ限定的である。しかし、これらのモデルは研究知見の比較検討を容易にしてくれるし、研究と介入について、その発展の方向性を示してくれる。そしてさらなる議論と論争を必要とする焦点を提供してくれる。この分野における新人研究者にとっては、特に役立つものと思われるだろう。しかし、こうしたモデルを用いることによって、新しい考えに対してや、(その構成の中に) 含有されている多くの要因における関係の複雑さに対して考えを制限したり、無視したりすることがあってはならない。顔面移植を行うにあたっての患者選択と準備に伴う心理学的問題への考察では (Clarke and Butler 2004)、過去に研究エビデンスや文献がないような新しい状況に直面した場合に、理論的枠組みを用いることの潜在的利点が述べられた。この例において Clarke and Butler が示したことは、彼らが選択した構成枠組みを使用することによって、思考が明らかに制限されたわけではなかったけれども、計画的行動理論 theory of planned behaviour に由来する従来の意思決定研究が、いかに実証的な研究のためのガイドになっているかである。

外見研究と実践を導くための枠組み

　このテーマが複雑であることを考えると、過度に規定的にしない (少しルーズにしておく) ようにして、一つの枠組みとして (研究に) 含まれるであろう諸問題を明らかにするのは有用であると思われる。検証しうる一つの枠組みの中に、外見にまつわる苦悩の展開・維持・対処に関する情報を統合することは、研究者や臨床家にも非常に有益であるだろう。最終的に、以前に述べた研究者らの共同作業により、外見問題の研究を容易にする枠組みが合意された。それにより研究も臨床的介入の改良もやりやすくなるであろう (図2-1 参照)。
　この枠組みは、インプットや前もって存在する要因、介在する認知過程、そして結果に注目している。前もって存在している要素 (人口構成的要素、社会文化的要素など) は適応過程において作用する一方、それらを変化させることは困難であるか不可能である。逆に認知過程 (自己認知、社会的比較) は介入によって変化させやすい。この枠組みが示唆することは、外見に関連した信念

インプット／先行要因	介在する認知過程		結果
以下の事項を含む： 人口構成上の要素 仲間や親の影響 社会からの影響　⇒ 　⇒	重要性 誘意性 目立ちやすさ	自己の理想 文化的理想	以下の事項を含む： 社会的不安 社会からの回避／孤立 心理学的健康 怒り／敵意
	外見のスキーマ（図式）		
	社会的比較過程 帰属スタイル		

図 2-1　外見の不安に関連する研究や介入療法を容易にする構成枠組み

は先行している要素（文化的圧力、審美的圧力、仲間から受ける圧力）によって影響を受けるのであるが、そうした信念は自己概念の一部として身体的外見で判断するようになる。自己概念における外見の重要性は、状況によっても時によっても変動する。部分的には過去の記憶や、自分に向けられた注目や、現在の社会環境における評価にもよっている。個人は自分の外見をポジティブにもネガティブにも評価し、価値をつける。そして再度述べるが、この価値は変動しやすい。文化的理想との比較、社会の中で出会う人による評価、外見の目立ちやすさについての主観的認知、これらのことが作り上げていく自己評価の過程によって、個人の外見に対する信念が生み出されていく。同時に、帰属スタイル、コーピングの過程、社会的支援などの諸過程は外見に対する信念や価値観に影響を与え、そして苦悩を増悪させたり軽減させたりするだろう。たいていの人々は主観的に捉えている標準に合わせようとしたり、それを超えたりしようとするだろう。すなわち人々は自らの外見に満足しているか、あるいは衣服やメイキャップなどを用いて、外見を許容できる範囲にまで高めるよう修正することができる。この主観的基準が満たされていないと認知される場合、ポジティブに対処しようとする人々は方略（洗練されたソーシャルスキルなど）を発達させ、自分の外見に与えていた相対的重要性への信念を評価し直す。外見に高い重要性を置いており、主観的基準と比較して劣っていると評価し、ネガティブなコーピング方略をとる人々は、低い適応状態を経験するだろう。社会的不安や社会からの回避（Newellにより記述）、そして特定の状況においては羞恥心や敵意（Kent and Thompson 2002）などが生じるかもしれない。低い適応状態は、治療や支援を求めるという行為にもつながるかもしれない。このモデル

のこうした側面は「結果」として描かれているのではあるが、こうした結果は認知過程にも影響し、それゆえにこの枠組みは力動的であり、直線的なものではないと見なされるべきである。この枠組みの利点は、単に問題に焦点を当てただけのものではないので、外見についてのポジティブな経験や報告を説明できる可能性があることである。

　この枠組みは以前に述べられたいくつかのモデルとの類似点を持っている（例：身体への不満足を扱う Cash のモデル）。しかし Cash は、全体として提示された複雑な過程の統合を通して、身体の発達と経験を説明することを目的としていた一方、先に述べられた構成枠組みの展開は、支援と介入の提供について情報提供するための、相対的に分かりやすいガイドに対する必要性によって導かれてきた。それゆえにこの枠組みは、介入と変化に影響しやすい諸要因を重視している。可視的差異を持つ人であれ持たない人であれ、そうした人々によって述べられてきた外見への不安の性質における類似点と、外見への苦悩に作用し軽減することが示された諸変数が与えられるならば（第3章・第4章参照）、この枠組みは両者に対して応用可能であるが、さらに検証されなければならない。

　まとめると、一群の理論とモデルは外見に関連する個人的経験を理解するために用いられてきた。これまで研究と臨床的介入療法を導くことができた包括的枠組みについて、それが提供できるほどに目立った単一モデルはない。この分野の研究者たちが直面する大きな課題は、先に述べられたように、常識にとらわれないような思考を妨げない、有用な枠組みを発展させ、検証し、実行していくことである。そうするための一つの方法は、過去の例に習うよりも、広い範囲の研究方法を使ってみることである。

研究方法の範囲の拡大

定性的アプローチ

　広く指摘されているように（Thompson and Kent 2001）、可視的差異の研究は、

原因と結果を混同して区別できないような定量的研究に依存し過ぎてきた。この批判は、広い範囲の人々を対象とする外見研究にも同じように当てはまる。感情的かつ心理学的反応、そして可視的差異を伴う生活における経験、そしてそれらと同じくらいに複雑な何かが定量的研究では一連の数値に変換されてしまい、またそうすることによって、ある状況における個人的な意味が失われることは議論の対象となるだろう。実際 Vance ら（2001）によって指摘されてきたように、定量的研究方法は、外見に関連した微妙な問題を議論したり報告したりすることを促進することはなかった。健康心理学における他領域のように、外見と変形の研究は、方法においても方法論においても多様で広い範囲に適合するものである。研究者のプライオリティは、研究における状況や疑問点に対して、もっともよく適合する方法を用いたということに与えられるべきである。以上のことから、この分野に定性的研究を用いることへの支持は強まってきている。ただし、定性的アプローチの潜在的可能性については、まだこれから開発されていくべき段階である。

　変形が個人に与える影響への注目を高める上で、個人が語る物語がいかに重要な役割をこれまで果たしてきたかについて、われわれは先に述べた（Lansdown et al. 1997; Partridge 1990; Piff 1998）。これらの個人的な定性的説明によって、可視的差異を持つ生活の中で人々がいかにしてポジティブな経験を見出してきたかが示されている。そしてこれらの文献において、変形の中でのリジリエンス resilience という観念が定着してきたのである（Mouradian 2001 参照）。われわれがこの本の中で一貫して強調してきたように、可視的差異に対してうまく対処できる人とそうでない人とを区別する要因を確認するには、この分野ではさらなる研究の必要性がある。そしてこの点において定性的アプローチは、重要な役割を果たせることが明らかになってきている。この分野において近年使用された方法には解釈学的現象学的分析 interpretative phenomenological analysis（IPA）(Thompson et al. 2002)、主題分析 thematic analysis（Halliwell and Dittmar 2003）、グラウンデッド・セオリー grounded theory（Johnston et al. 2004; Wahl et al. 2002）、エスノグラフィック分析 ethnographic analysis（Banister 1999）（訳者注：そこで生活する人々のあるがままの状態を分析する方法）、混合法（Johnston et al. 2004 は、IPA と談話分析 discourse analysis を組み合わせた) がある。

　Frith and Gleeson（私信より）が指摘したことは、定性的アプローチの重要な利点の一つは、外見への不安についての日常的な会話に類似した経験を述べる技術を用いているということである。外見への不安は、可視的な自己と外見に対する対処とやりとりにおいて、重要な役割を果たしている。不安を表現することを助けるためにデザインされた尺度や測度よりも、人々が自然に外見について対処する方法により近似したものをインタビューは提供するだろう（Firth and Gleeson 2006）。これまでこの分野において用いられてきた多くの定量的方法の限界は、この章のはじめに述べておいた。

　Frith and Gleeson が同時に指摘したことは、参加者の見地からすると、インタビューという設定の中で潜在的に神経を遣い、苦痛に満ちた外見の問題について語ることは、（問題の重要さを知りたい人にとって）より満足のいく方法であるかもしれないし、より支援的で、もしかすると力を与える経験を作り出すかもしれない。インタビューはまた、人々の思考を育てる役割も果たすだろう。そうして、これまで徹底して考えたり、口にしたりしたことがなかったような考えを明らかにするし、これまで他人と共有する勇気を持てなかった詳細で複雑なことにも向かって行けるようになるだろう。また、よく試され検証されてきた伝統的な経験主義的測度を使おうとすると、研究者はデータを収集し始める前に質問の領域を十分に知っておく必要が生じるという理由から、定性的研究方法が有用であるとも指摘した。しかし、その問題がどういうものであるかは必ずしも明らかではないため、定性的研究を行う者は、他の方法では得ることができない洞察を、自由回答式質問で得られると主張する。

　Frith and Gleeson が同時に強調することは、経験主義的な健康心理学では、分析のポイントとして複雑性が注目される一方（いったんデータが集められると、非常に複雑な多変量解析がよく行われる）で、定性的研究ではデータ収集の過程自体に関心が持たれることである。参加者に対しては、非常に複雑な状況を述べること、特定の文脈を探索すること、そして文脈同士の比較をすることが求められる。研究者たちは参加者らのそうしたやり方から、人々が外見を管理し、呈示する方略において示しているそれぞれの不安感、価値観、モチベーションの範囲の複雑さを検証することができる。

しかし定性的アプローチを使うことが増えていることに、困難が伴っていないわけではない。第一に、すべての外見研究においてそうであるように、自らの経験を深く考えることを参加者に促してしまう危険性があるだろう。これは外見において困難を抱える人にとって、苦悩に満ちたものになるだろう。そのようになった場合に対して、適切な紹介ルートや支援の提供先が確立され、簡単にアクセスできるようにしておく必要がある（本章前述の「外見研究において神経を遣うこと」を参照）。第二に、定性的方法は、以前に研究されていなかった出来事について詳細な理解を与えてくれるものの、研究知見の一般化を可能にしてくれるわけではない。定性的研究方法を使用している研究者らが見出すだろうことは、ヘルスケアの専門職や政策立案者らは一般化できそうな定量的研究を信頼するだけであって、ゆえに定性的研究の知見は政策やケア供給体制に対して、あまり影響力を持ちえないだろうということである。第三に、自らの経験を明らかにして声に出すことができる参加者に頼っていることである。変形およびその他の外見に関する問題の影響力を理解するために、より広い社会的グループ（例：家族）との関連が必要となる。しかし、もし家族に無視されたり率直に話をしてもらえなかったりすると、研究者は近づきがたい感情に直面するし、コミュニケーションにおける多くの問題が立ちはだかってしまう。実際、皮膚にさまざまな状態を持つ人々に対するインタビューを用いた研究は、Papadopoulosら（1999b）によって批判されてきた。こうした研究が明らかにできるのは、その個人が意識し、かつ述べたがってもいる苦悩についてだけである。一方、無意識的な影響はすべて考慮されえない。

フォーカス・グループ

　定性的アプローチは今や広範に使用されている一方で、そのほとんどがインタビューを含んでいる。定性的研究の方法とそのツールのレパートリーを広げていく可能性は大きい（例えばフォーカス・グループ研究やQ分類法など）。フォーカス・グループ研究が検証に使用されてきた分野としては、中学校の生徒における身体イメージ、体重を減らそうとする態度、そして行動について（Bond and McDowell 2001）、少年と男性における身体イメージについて（Grogan 1999）、

刺青に伴うリスクに対する子供と青年の理解について（Houghton et al. 1995）、そして強い痛みに加えて皮膚の肥厚と腫れを合併しうる稀な慢性疾患である強皮症の、可視的差異を伴う生活での経験について（Joachim and Acorn 2003）のものがある。フォーカス・グループ研究のアプローチにおける利点は、同じような問題を抱える人々の間で、相互に関係し合える機会を提供できることである。グループ介入の成功は、部分的には他の参加者等と接触することにかかっているから、フォーカス・グループは参加者にとっても研究者にとっても有益なものとなろう。しかし外見に不安を持つ人々は社会的状況によって不安感が高まるだろうから、フォーカス・グループへの参加を求めることは、それ自体がストレスに満ちたものとなる可能性がある。頭頸部癌患者などのある人たちにとっては、変形に機能障害が伴っていることがあるので、コミュニケーションの問題が、インタビューをもとにした研究に参加することを困難にすることもありうる。第7章では、外見の結果として社会的相互関係への不安感を経験している人々に対して、グループ支援を提供することの難しさが考察される。

視覚的方法

　視覚的方法も、外見研究においてもっと使用される可能性を持っている。他者の外見に対する第三者の認知評価を調べるための道具として、以前の研究では写真が用いられた。例えば写真のイメージに基づいて、顔に傷のある人は、魅力も正直さも低いと評価された（Bull 1979）。経験の豊富な看護師は経験の浅い看護師に比べて、頭頸部癌患者の写真を見て、変形の程度を低く評価した（Lockhart 1999）。そして白斑病変の大きさに関するCBT介入では、「前と後」の写真で行った盲検検査によって、ポジティブな影響が証明された（Papadopoulos et al. 1999a）。Stanford and McCabe（2002）は写真とコンピューター技術を用いた研究を行い、理想と現実の「身体イメージ」を比較した。それによると、この研究の参加者の90％以上が理想と現実の解離を示した。しかし外見と身体イメージは複雑な三次元の構成であり、静的な二次元の写真やコンピューター画像では身体の完全な感覚はシミュレーションできない。同様

に人々が他者に対して持つ認知において、パーソナリティと社会的関係との効果は媒介できない（Bradbury 1993）。

　健康心理学における研究用ツールとして、写真はますます信頼性を増してきているが（Radley 2001）、外見という文脈の中でのあらゆる潜在力が発揮されているわけではない。研究対象テーマの視覚的性質からすると驚くべきことであり、まだ多くの使用や効果が見込まれると思われる。参加者に対して自らの経験を写真で記録することを求めることにより、インタビューにおいてその経験の想起を促すことができ、その過程やデータ収集のタイミングをコントロールできるようになる。Hanna and Jacobs（1993）による小規模な研究では、4名の癌に侵された子供が健康というものをどのように記述するのかを調べるため、写真を用いた。この研究は外見に焦点を当てたものではなかったにもかかわらず、健康な身体の外見は、（健康という概念を表現するために用いられた）様相の一つとして明らかにされており、カメラはその子供たちにとって好評だった。明らかにこうした手法は、子供たちや青年の参加者を研究の過程に巻き込んでいく方法となりうるものであった（この章の最初の方で注目した問題である）。同様に青年期の少女による研究（Frost 2003）が示したことは、写真を撮ったり絵を描いたりすることが、若年者にとって外見に関連した問題を、いかに容易に述べられるようにしたかである。

観察的方法

　Broder（2001）が示唆したことは、応用である臨床の場での外見研究において、観察的方法がもっと用いられる必要があるということである。外科診察の記録とその分析によって、外見と身体イメージについて話し合われること、治療の見解が提示されること、そして治療法の決定が行われる文脈と方法についての有用な検証が可能になる。しかし記録の過程は当事者にとって干渉的であるだろうし、専門職の状況の扱い方かつ／または患者の関わり具合に影響するかもしれないし、さらには増加している訴訟文化の流れから、外科医らは自分たちの診察過程が記録されることを非常に嫌がるかもしれない。

混合法

　定量的アプローチと定性的アプローチを組み合わせた方法による利点が、健康心理学において最近注目を集めている。それは、2つのパラダイムが基本的に両立可能なものであり、社会的研究や行動の研究に対して実際的なアプローチを提供するという理由による (Tashakkori and Teddlie 1998; Yardley 2001)。多様性の利点を認識することにおいて、このアプローチは研究の方法よりも、研究のテーマに強調点を置いている (Bowling 1997)。一方、今も研究の質に関する厳密な評価を必要としている (Yardley 2001)。定量的かつ定性的アプローチによって得られる知見は必ずしも一致するとは限らず、混合法は、定性的方法または定量的方法のどちらかの結果とは異なる結果を生むかもしれない (Yardley 2001)。しかしこの混合法は、単独の方法での結果よりも、より包括的理解を可能にするかもしれない。

　われわれが経験したところでは、混合法の持つ柔軟性によりデータ収集へのアプローチが有効になり、対象とした参加者にもっとも適した分析が有効となる。例えば、もし熱傷ケアの提供体制に影響を与えたいのであれば、医学研究において使用される定量的方法と定性的アプローチを（ヘルスケア専門職や政策立案者があまり知らないであろう方法であるが）、組み合わせることが適切であるかもしれない。この定性的エビデンスは、定量的な知見について分かりやすく説明し解説することができよう。

アクションリサーチ

　この分野の研究者たちはまた、参加者自らが研究と理論の発展に貢献することができるような方法論を用いることで、利益を得ることができるだろう。例えば Bond and McDowell (2001) はこのような参加を促す方法を用いて、身体イメージに伴う青年の態度と行動に関する研究を報告した。この例においては、フォーカス・グループの青年たちは多くの参加者に使用される質問紙の内容を定めた。同様に Lovegrove and Rumsey (2005) は、外見の不安と学校でのいじめに対処することに狙いを定めた介入について、その研究計画と実施に

青年が関わるようなアクションサーチの例について述べた（第7章に詳述）。ヘルスケアにおける（政策）決定への参加が増えることは、このアプローチを非常に理にかなったものにしてくれる。実際イギリスのNHS研究機構（訳者注：NHS=National Health Service は日本の厚生労働省にあたる）が明言していることは、研究倫理委員会の承認が下りる前に、患者サイドの代表者またはそれに近い者が、今後の研究について意見を求められるべきであるということである。多くの例でこの点について研究者たちは、セルフヘルプ・グループや支援グループなどの組織のメンバーからの意見を求めようとするかもしれない。しかしこうした組織は、そのような要請が多くて負担になっていることに注意を要する。支援を求めている人々を援助するための時間や労力資源に対して、有害な影響を与えるかもしれない。

研究成果の流布

最後に、この章において示された多くのジレンマに対して、適切だがしばしば困難な決定を行いながら、そしてそれらの作業をうまく完了させたら、研究者たちは自らの研究結果を流布させることに知恵を絞らねばならない（研究結果がヘルスケア専門職、学者、政策立案者、およびそうした研究者たちが意図していた対象者に届いているかを確かめる必要がある）。このような応用的分野で活動している研究者たちは、（ヘルスケアの）実践とケアに影響を与える方法として、学術雑誌に論文を載せることだけに躍起になっていてはいけない。関連するスタッフ向けに便利な形で提供されるセミナー、ワークショップ、ウェブサイト、ニュースレターなどは、研究成果の影響力を最大限に引き出す方法となる。

結 論

研究者たちが直面している多種多様で複雑なジレンマが、逆に、いかにこの分野を面白くやりがいのあるものにしているかを示せたなら幸いである。多く

の研究者たちはこうした困難と研究方法における弱点に気づいていたにもかかわらず、成果はなかなか上がってきていない。実際的かつ実践的な諸問題に対するモデルと測度の開発に始まり、研究者たちは課題の連続に直面してきた。しかし外見について研究することは刺激的で、思考を誘発し、そして最終的には収穫の多い研究に従事する機会を与えてくれる。

第2章のまとめ

- 外見と変形に関する問題に対する心理学研究は、多くの方法論・理論・実践に関する課題を生んでいる。
- これは特に情動的で、苦悩を伴うテーマである。この分野の研究者たちはこのような事柄に敏感でなければならない。
- 研究対象となる人々と接触し募集することも、問題を含んでいる。可視的差異に関する問題について研究しようとしている者にとって特に難しいのは、ヘルスケア機関や支援組織とまだ接触していない人たちを見つけ出し、参加を取り付けることである。男性の参加者、多様な人種背景からの参加者、そして稀な可視的差異を持つと診断される人々の参加を得ることは容易ではない。
- 特定の人々や（疾患の）状態に焦点を当てるより、外見の問題をむしろ現象としてのみ概念化することは有益であるかもしれない。しかしこのやり方にも限界がある。
- この分野の研究の多くは後ろ向き研究、横断的研究、そして定量研究である。長期にわたる前向き研究が必要である。
- データ収集の文脈とタイミングは慎重に検討されるべきである。
- 広範囲にわたる研究方法と方法論が採用されてきたが、さらに多様な研究方法を導入していく余地がある。
- 多様なモデルと理論的枠組みが用いられてきたが、外見の問題の複雑さを把握するには妥当でなく、不適切であることが多い。多様な情報源を評価・吟味し、有意義な根拠を得るためには、また臨床に応用できるような明瞭なガ

イダンスを作成していくためには、より強力な概念的基礎が必要となる。そのためには統合的な、事後経過を予測しうるような、そして検証可能な（モデルと理論の）枠組みが必要となる。
- 直面するかもしれない困難とジレンマにもかかわらず、外見の心理学の研究は刺激的であり、示唆に富む、やってみる価値のあるテーマである。

論 点

◆ 可視的差異を持つことの心理社会的影響が理解できることを目的とした研究をデザインすること。研究に参加してくれる参加者を募集する際に直面するだろう問題とは何か？ そしてどのようにしてこうした問題を解決していけるのだろうか？

◆ 健康心理学研究における定性的研究法を、外見の研究に導入する場合の長所と短所について議論すること。

◆ 健康心理学研究において、なぜ外見というテーマが扱われることが少なかったのか？

◆ 健康心理学の他の研究領域において広く使用されている社会的認知モデルは、外見に関する個人の体験を説明することにおいては適当でない、という考えについて議論すること。

参考文献

Thompson, J.K. (2004) The (mis)measurement of body image: ten strategies to improve assessment for applied and research purposes. *Body Image*, 1: 7-14.

Thompson, J.K., Heinberg, L.J., Altabe, M. and Tantleff-Dunn, S. (1999) *Exacting Beauty: Theory, Assessment and Treatment of Body Image Disturbance*. Washington, DC: American Psychological Association.

第 3 章

可視的差異を持たない人々にとっての外見とイメージの問題

外見への不安

　西ヨーロッパ諸国においては、外見にまつわる不安は伝染病の流行のごとき様相を呈している。自分がどのように見えているのかについてますます心を奪われ、そして多くの人たちは自分の外見に満足していない。身体への不満足は8歳を超えると急速に増え (Grogan 1999)、それらの人の多くが、(日常の) 行動や健康維持に重大な問題を抱えることとなる。体形を変えるためにダイエットやエクササイズに夢中になったり、社会不安障害や社会的引きこもりに陥ったり、美容商品に多額の金銭をつぎ込んだり、美容手術のリスクと共棲し続けたりする。Rodinら (1985) は、外見に対する不満足が示す近年の過剰なレベルを表現するため、「正常範囲内における不満足 normative discontent」という用語を作った。

　外見におけるどのような側面が、もっとも人々の関心を引くのだろうか？ 1997年に行われた身体イメージに関する心理調査 Psychology Today Body Image Survey では、回答したアメリカ人女性の56％が、自分の体の全体的な見え方ついて満足していないと答えた。主な問題点として挙げられていたのは、腹囲サイズ (71％)、体重 (60％)、体形のしまりなさ (58％) である。また男性の約43％が、自分の外見全体に満足できていないという。1972年と1985年の過去の調査結果と比べると、外見全体に対する不満足は、女性では23％から56％に、男性では15％から43％に増加していた。

　不満足は、顔にまつわる多くのポイントに集中する。そう判断する原因はさまざまであるが、顔への侵襲的な美容手術を検討している、ないしは受けようとしている人々が増えてきている。通常の美容手術や処置に含まれるのは、眼瞼の挙上術、顔のしわ取り手術、耳介の手術、鼻の美容手術、顎先の強調 (訳者注：骨移植やシリコン移植により顎先を目立たせる) あるいは骨切り手術 (訳者注：逆に骨を減量して、突出傾向にある顎先を目立たなくさせる)、小じわを目立ちにくくさせるためのコラーゲン (訳者注：皮膚の真皮組織を構成するたんぱく質) やボツリヌス毒素 (訳者注：神経を麻痺させる作用を持ち、表情筋を弛緩させることによりシワを浅くさせる) の注射である (Sarwer and Crerand 2004)。バストのサイズ

に関する悩みも少なくない。1996年、雑誌『セルフ』が4000人の女性を対象に行った調査では、可能であればバストのサイズを変えたい、と過半数が回答した（Grant 1996）。

　Feingold and Mazzella（1998）は222の研究についてメタ分析を行い、女性は男性と比べて、思春期以降の長い生涯にわたって、身体に対する不満足を持ち続けると結論づけた。ところが男性においてもこうした不満足は増加し続けており、最近の調査では50〜75％に達している。国民厚生統計調査に基づいた新聞記事によると（Prynn 2004）、イギリス男性のうち25％は、健康上の関心、そして自分の外見に対する不安感の増大が動機となって、積極的にダイエットをしているという。1980年の調査の16％と比べ、増加している。この2004年の調査では、自尊感情 self-esteem を高めたいという理由で食事制限をしている、と答えた男性は32％であった。アメリカの雑誌『メンズ・ヘルス』の依頼による調査（1000人の読者が回答した）では、75％が自分の体形に満足していなかった。ほとんどの回答が、より筋肉質な体型を望んでいた。また半数の人が加齢に特徴的な外見の変化（脱毛や体重増加を含む）の悩みを訴えていた（Chaudhary 1996）。『メンズ・ヘルス』の読者層には、外見に相当な投資を行う方向へのバイアスがかかっているように思われるものの、こうした知見は、より一般的な調査を行った諸研究においても支持されている。Cash（1992）が認めたのは、毛髪を失った60％の男性が、禿げたことによってもたらされたネガティブな社会的影響あるいは情緒的影響について訴えたことである。Liossi（2003）が報告したのは、男性が持つ外見に対する関心の多くは、メディアにおいて流行しているイメージに関連していたことである（筋肉質のV字型体形に対する好印象、そうなるための筋肉増強への願望、あるいは逆に全身的に細身になりたいという願望）。Demarest and Allen（2000）も同様に、多くの男性が、「女性が理想の男性像に求めているのは筋肉質であり、その程度は自分をはるかに超えている」と信じていると述べた。

　初期の研究の多くはアメリカで行われたが、身体に対する不満足はアメリカだけにとどまらず、多くの国々で顕著な問題となっていることは明らかである。Harris and Carr（2001）は、イギリス南西部の2100名の成人を対象とした質問調査（年齢と社会経済的背景によって階層化された調査）によって、外見へ

の不安のレベルについて報告した。その結果、女性の61％と男性の35％が、外見において不安を持っていた。訴えの多かったのは「鼻」「体重」「さまざまな皮膚疾患（炎症を伴うニキビ、あばた瘢痕、乾癬、湿疹、シミやソバカスなど）」である。女性では「バスト」と「腹回り」も不満足の共通原因として多く、一方、男性では「禿げ」がトップに挙げられた。女性の25％と男性の19％は、日常生活や職務遂行や人間関係が深刻な影響を受ける程度に、重大な心理的苦悩と行動障害の徴候を示していた。共通した困難の中には、「自分の外見のうち特定の点が、他者に嫌悪感を与えている」と感じてしまう、といった社会的状況も含まれている。こうした人たちは社会生活において回避行動をとりがちで、孤立感（自分には身体的魅力がなく、愛される存在ではなく、それゆえに親密な人間関係構築が困難であると思い込む感情）を感じると述べている。こうした人たちが示す心理的苦痛と行動障害のレベルは、形成外科手術を本当に必要としているような、客観的な障害を持った患者が訴えるレベルと比べて、同等あるいはそれ以上の深刻さであった。

　Liossi（2003）は、ウェールズとイングランド南西部の300名の青年を対象に行った外見への不安のレベルについての研究で、79％の男性と82％の女性が、自分の見え方について一つ以上の不満足を指摘していることを見出した。この研究に参加した人たちは、多くの身体的属性に満足していなかった。女性では体重と体形、男性では筋肉質体形でないことを主たる属性として挙げたが、他の身体的な特徴も不満であると述べていた。177名の女性のうち、48％が腰とお尻の形に、40％が太ももに、34％が体重オーバーに不満であった。16％が鼻を、13％が肌を、6％が自分の外見のすべてを嫌いであると回答した。123名の男性では、体形が筋肉質でないことがもっとも多く42％であり、その他の項目を大きく凌駕していた。13％が身長の低さに、12％が性器の大きさに不安を抱えていた。11％が後退する髪の生え際に苦悩しており、9％が耳を嫌いであるとし、7％が肌に不満で、4％が鼻を嫌いとした。Liossiは他の研究者たちの報告結果も加えて、成人における外見への不満足は、もはや当たり前のことになっていると結論づけた。

　こうした知見に対して何人かの評論家は、身体への不満足は、人生において比較的無害な事項であると指摘している。しかしThompsonら（1999）は、

「正常範囲内における不満足 normative discontent」について、害のない不満と同義であると考えてはいけないことを、苦心しながら指摘し続けてきた。こうした深い想いの中から、彼らは著書のタイトルに「Exacting Beauty（過酷な美）」という言葉を選んだ。理由は、近年流行している極端な魅力の基準（彼らの記述では、「挑戦的な」基準であり、「絶え間なく厳しい」基準である）によってもたらされるネガティブな影響を、（正確にタイトルに）反映させるためである。多くの多様な社会の中で、何百年にもわたって美しさへの理想は存在してきた。しかし、ますます非現実的に高まっていく美の基準に合わせようと努力することは、かつてないほどに過酷になってきていることを、彼らは述べようとしているのである。

　外見に関連した苦悩は、情緒的にも行動的にも認知的にも姿を現す。この分野の研究には2つの焦点が存在する。1つは、自己認知への影響である。特に、身体イメージと自己概念についてである。2つ目は、ある人の外見が、他者の認知と行動へ与える影響についてである。意欲的な研究者たちは、この2つの分野の相互関係の中に含まれている複雑さについて、理解しようと試みてきた。

　外見と自己認知に関する研究の主流は、身体イメージに関する研究から派生してきた。文字通り、女性における体重と体形への不満足を主要研究対象として、多くの業績を安定して生み出してきた。長い間、身体イメージはさまざまな方法で定義されてきたが、現在では生理学的・心理学的・社会学的構成要素からなる多次元的構造を持つものであると広く認められている。Cash and Pruzinsky（1990）は、構成要素の多様性を表現するために、「身体イメージ body image」という言葉を、「身体イメージ群 body images」に替えるべきであると提案した。この分野の研究史の概略は第1章にて述べられている。そして身体イメージに関する文献については、最近の優れた総説に当たることができる（Cash and Pruzinsky 2002; Thompson et al. 2002）。また、外見が他者の認知と行動に与える影響力については、Bull and Rumsey（1988）の総説、Eaglyら（1991）およびLangloisら（2000）のメタ分析においてまとめられている（詳細は第1章参照）。研究知見の概略について、発達段階ごとに分けて次節で述べる。

外見と生涯にわたる諸問題

　生涯にわたる諸段階において、外見に関連した自己認知と行動パターンの発達と固定化（内在化）が、影響を受けるのは明らかである。しかし、外見不安に対する年齢層の影響については、今日までの研究の多くが若年成人における外見への不安を扱ってきたため、現在の研究文献においても大きな空白がある。そのため、自己認知と対人相互関係の過程について、もっとも関連している発達要因についての考察は、主に身体イメージの文献に頼らざるをえない。

幼少期

自己形成過程

　社会が持っている理想を自分の内面に取り込んでいく過程が始まるのは、明らかに幼少期からである。美の理想の広汎性とこうした影響が顕著になってくる幼少期を説明するために、Thompson ら（1999）は 2 歳女児の会話を例として引用している。「髪が長くなったら、お母さんみたいな髪になりたい？」と聞かれたその子の答えは、「バービーみたいな髪がいいわ」であった。人形は子供たちにとって、身体について理解しやすいイメージを提供している。赤ちゃんの人形は普通、大きな目と口、長いまつ毛と小さな鼻、そしてきれいな肌に作られている。もっとも有名で広く普及した人形はバービーとケンである。それらは極めてありえない体形になっている。Norton ら（1996）は、人形を実際の成人と比較測定してみた。その結果、バービーの体形をした女性は 10 万人に 1 人もおらず、ケンのような体つきの男性は 100 人に 2 人しかなかった。非現実的な体形をしている人形で遊ぶことによってもたらされる影響については、まだ十分に研究されていない。しかし成人女性において、バービー人形のイメージに近づくことを美容手術に求める例が、少なからず認められている。

　Gilbert and Thompson（2002）は、身体への不満足は、2～3 歳頃に起こった羞恥の初期経験から派生するのであろうと考えている。この時期以降、親の

非難や意地悪な言葉、仲間からの拒絶が、他者からのネガティブな評価に対する恐怖心を増大させる。そして、他者は自分のことを魅力的ではないと見ている、という思い込みを持ち始めることに寄与するのだとしている。

他者からの反応

赤ちゃんは特徴的なかわいい顔（広い額と大きな目）をしており、親の注意を引きつける（Langlois 1986）。大人の目から魅力的であると判断された子供は、そうでない子供よりも、より好ましい存在であると気にかけられるし、より面倒を見てもらえることが期待される（Stephan and Langlois 1984）。確定的なエビデンスはないものの、生まれてからしばらくの間、魅力的な赤ちゃんとそうでない赤ちゃんに対して、差別的な扱い方が行われている可能性は否定できない。

児童期

自己形成過程

Smolak（2004）が総説において述べたことは、思春期前の子供たちに身体イメージの低さが広がっている諸事情を反映して、より低年齢を対象にした研究が増えてきていることである。また同時に、大部分の研究が構成概念の定義や測定に弱点を持っているため、またサンプリングの仕方が適切でなく、長期にわたる追跡研究を欠くため、主流を構成する知見が歪められてしまっていることも指摘している（第2章参照）。

外見に関係した苦悩が、子供たちにも蔓延していると考えられることは恐ろしい。Smolakらが1998年に発表したことは、9～10歳の少女において身体に対する不満足を持つ割合は、40％にも達することである。確かに、身体への不満足が問題となる児童期の段階について、正確に把握することは方法論的に未解決の課題ではある。しかしながら、体重過多の人に対する文化的偏見を、5歳にもなれば持ち始めることを示すエビデンスが存在する。Smolakは、3歳までにはこうした基準についての気づきが起こるようだ、と感じている。Harter（1999）は彼女自身の体験として、身体の外見に対する認知と、4～7

歳の子供における一般的な自尊感情との関係性を確立したと報告している。また身体の魅力についての自己評定は、学年が上がるにつれて順次低下していくと述べている。

多くの子供たちがからかわれ、いじめられる。よくあるのは、外見に対してである。こうしたからかいへの動揺を経験する年齢のピークは7〜8歳である。この発達段階においては、他者からの言葉による攻撃に対して、効果的に対処できるだけの認知スキルをまだ獲得していないからである。少女よりも少年の方が、からかうことに執着しやすい。少女はお互いに「肥満に関する話」をより多くしているものの、女性に比べて思春期の男性の方が、自分の体に対する仲間からのネガティブなコメントをより多く受けていると報告している（Vincent and McCabe 2000）。Harter（1999）は、自己に関する感情（例：プライド、羞恥心、困惑など）は児童期の中期から後期までに明らかになると述べた。そしてこうした感情は、しばしば外見へと関連づけられていく。また、こうした感情の種は、発達段階のかなり早い時期に播かれることも主張している。

身体への不満足に関する性差は、8〜10歳の間にも起きる（Cusumano and Thompson 2001）。そして40〜70％の思春期の女性が、身体にまつわる何らかの不満感を訴えている（Levine and Smolak 2002）。少年に関する調査研究は多くないが、11歳頃まではより筋肉質体型にあこがれる反面、思春期を通して、外見に対する満足感は一般的に高まっていくことが指摘されている。逆に少女においては、この時期に満足度が低下する（Smolak 2004）。

他者からの反応

第1章でまとめた研究が示していたことは、他者から見て魅力的な子供は、魅力的ではない子供よりも、大人からより積極的に期待される存在となることだった。例えば、Langloisら（2000）が魅力についての研究のメタ分析で結論づけたことは、魅力的な子供はより社会的アピール力を持ち、より学術的な能力を持ち、より適応が良く、より対人関係についてのコンピテンスを持つと判断されるということである（第1章参照）。大半の研究は、子供たちの写真に基づいて形成された期待に関連している。より現実的な場面において、類似の効果がいかなる範囲と普遍性を持つのかについては、まだこれから明らかにされ

なければならない。しかし Langlois らは、既存研究が少ない状況ながら、魅力的な子供はネガティブではなくポジティブな相互作用を受けやすく、周囲の子供よりもより注目され、コンピテンスにおいても高い期待を受けやすいと主張している。Smith（1999）は、思春期前の少年少女の75%が、仲間から習慣的に外見に関係したトラブル（例：余計なコメント、凝視、罵り）を経験していたことを報告している。魅力的な少女は周囲の者から助けられ、励まされ、賞賛されやすく、魅力的でない少女は叩かれたり、押しのけられたり、蹴られたりしやすい。しかし少年に関しては、そのような行動パターンは報告されていない。

親の影響

　児童期において、外見と自尊感情との関係への親の影響力は、何人かの研究者たちは重要であると考えた。一般的に親が述べることは、幼少期の外見は好きだが、小児期になると不満足が大きくなってくることである。この分野における研究エビデンスの大半は、摂食障害の進行に与える親の影響に関連しており、体重以外の外見を扱った研究は、現在のところ欠けている。しかし、Liossi（2003）が行った若年成人との質的面接では、まだ予備的な指摘段階ではあるが、（不具合が生じてくる）過程は同様でありそうなことが示された。この面接から実例となる抜粋を、この節で示す。そこでは、親は意識的にまたは無意識に、幼少期から子供に影響を与えていることが示唆される。（子供たちは）親自身の外見に関連した不安や行動を模倣することを通じて、あるいは、（子孫である）子供の外見に対する親の態度を通して、影響を与えられる。非常にありきたりな言葉によるやりとりの中でも（例：他人の外見に関する議論）、外見に重要性を置いたコミュニケーションがなされている。そして、家族の構成員の身体イメージに対する不安を作り出したり、悪化させたりしている。また家庭環境によっても違ってくることが明らかにされている。外見は非常に重要で、子供たちは公衆の目にスマートに映らねばならないという両親もいれば、外見に対して自由放任主義といったやり方の両親もいる。

　私の両親は外見と体重のことで頭がいっぱいでした。彼らはいつもダイ

エットとエクササイズをしており、自分たちの体形に不満を言い続けていました。

Liossi（2003）の面接では、外見に強い苦悩を持つ人々は、小児期と思春期を通じて、自分たちの欠陥のある外見に関して、増大し続ける傷心と苦悩の感情について語っていた。そして一般的に社会が持っている、外見に対する暗黙の偏見に圧倒されている感情について語った。

「スリムに見えることが、男性を見つけ、幸せになれる唯一の方法よ！」と母にしみじみ言われた。

外見に強く満足している参加者が語る両親からの影響は、著しく異なっている。

両親が教えてくれたことは、重要なのはその人の内面にあることであり、外面にあることではないということだった。私は人をあるがままに、外見によってではなく受け容れるようになれた。そして両親がそのような私に誇りを感じていたと思っている。

両親が分かりやすく説明してくれたのは、人々は皆、形や大きさが違って生まれてくること、そしてあるがままにすべての人を受け容れる必要があることだった……
学校では友人の中に、肥満になることを恐れる者もいた。そんな彼らはメディアからに限らず、両親からもそのように学んでいたのだ。彼らの母親たちは常にダイエットとエクササイズを行い、痩せたいという願望を口にし続けていた。

Harter（1999）も述べたことは、児童期中期（8～11歳）では、子供たちは自分にとって重要な人物から規範や価値観を吸収し、内面化するようになる。そしてこの段階で、自分を取り囲む大きな社会が持つ価値観に対して、評価す

ることを発達させ始める。Harter は同時に次のように述べている。社会やメディアが持つ価値観に対して、そして化粧、ファッション、ダイエット、デートに過度に心を奪われることに対して、軽蔑する親がいることは事実である。しかしはるかに多くの人々は、流布している（暗黙の）基準を受け入れている。外見にまつわる苦悩や障害のリスクにもっともさらされているのは、こうした社会基準を受け入れてしまっている両親を持つ子供たちである。Liossi の研究において、外見に強い不安を持っている別の参加者の言葉を示す。

　　子供は小さなうちからすでに、社会が持っている、到達しがたい「理想の」身体イメージを得ようとして、奮闘し始めているのである。きっと好きな人形はバービーで……バービーを見て、すべての女性はバービーのようであるべきだ、と感じるのである。

社会の影響
　これらの過程におけるメディアの影響について、多くの研究者たちは重大であると考えている。Liossi（2003）は、中学生になる頃には多くの子供が累計1万 5000 時間のテレビを見るようになると述べている（学校に通っている時間は 1 万 1000 時間）。そして 35 万回 CM を見るが、その半分は「スリムであること、美しくあること」の重要性を強調したものである。思春期前や思春期の少女をターゲットにした雑誌は、どのようにしたら「外見を改善できる」のかを大々的に扱った記事を載せている（例えば、ダイエット、エクササイズ、イメージチェンジなど）。事例的エビデンスからは、少女たちは雑誌類を多く読むこと（Smolak 2004）、そしてテレビで「メロドラマの類い」をよく見ることが示唆される。こうした「メロドラマの類い」は、その他の番組と比較して、少女に対して魅力と体形について、より堅固で近視眼的な考えを植え付けるのである。Tiggerman and Pennington（1990）が結論づけたことは、子供たちは早い年齢時期から、特にテレビなどの視覚的メディアを通じて、身体イメージに関して成人が持っている信念を心に刻んでいくということである。つまり外見について、望ましい側面と望ましくない側面に関わる信念を決定することにおいて、影響を受けやすいのである。Smolak（2004）は、少女たちは少年と比べて、メ

ディアのイメージにより重大かつ直接的に影響されやすいと考えている。しかし、この過程の起こる理由とメカニズムはまだ解明されていない。

外見の不安の結果

　Smolak（2004）は、自己認知におけるネガティブな身体イメージの影響について、また外見に関連した行動の変化（例：ダイエットやエクササイズ）が急速な広がりを見せていること、そして、より若い年齢層の子供たちに形成外科手術への幻想が存在することに光を当てた研究についてまとめた。また彼女は同時に、多くの研究者たちが、こうした過程が子供たちと若者に対して、成人における身体イメージ障害や摂食障害をもたらす危険性があるという仮説を持っていると述べた。

思春期

　19世紀以来、ライフステージとしての思春期の意義は、徐々に増してきている。生涯においてもっとも課題が多いライフステージの一つとして位置づけられるか否かという最近の議論にかかわらず、思春期の体の急成長から訪れる劇的な体形の変化は、外見への不安感を多数生む可能性がある。
　集団に溶け込むこと、そして「正常」と認められることへの願望は、思春期においてうまくやっていく上での中心的問題となろう（Liossi 2003）。そして身体の外見は、仲間集団に溶け込んでいけるかどうかが評価される場合に、主要な焦点となる。他者から見える外見は、友情やデートのための最初の関門として認知されることが多く、さらには思春期において自己呈示が担う重要性に悪い影響を与える。外見への不安が、多くの10代の若者の日常での経験に、（強く）影響を与えているというエビデンスがある（Lovegrove 2002）。

自己形成過程

　アメリカで行われた7年にわたるコホート研究においてProkhorovら（1993）が報告したことは、2406名の若者にとって、自分たちの生活の中でもっとも価値を置く特徴が、外見であったことである（比較対象：学校生活、家族、食事、

お金、エクササイズ、友人、テレビ観賞)。外見はそうした要素の中でも、時を経てますますその価値を増していく唯一の要因であったと、Prokhorov らは同時に述べている。

　Lovegrove（2002）および Lovegrove and Rumsey（2005）は、671 名の中学生において、外見への不安と外見に関連した「からかい」や「いじめ」を調べる研究プログラムをデザインした。「あなたの外見は、自分自身に対する感じ方にどのように影響しますか？」という質問への回答は、外見に対する認知と自己に対する感情の間に緊密なつながりがあることについて、さまざまな例を示してくれた。44％の回答者が、外見は自信を支えていると答えている。

　　人から良く見られれば、周囲の人たちに対してもっと自信が持てるようになる。　　　　　　　　　　　　　　　　　　　　　　　　　　（14 歳女性）

　　鏡を覗き込んだら、自分の外見が嫌になる。取り乱し、怒りの気持ちが湧き、自分が嫌いになる。　　　　　　　　　　　　　　　　（11 歳男性）

　　自分の外見が嫌いなので、自分のことが嫌いになる。なぜならば、他人は外見で私のことを判断すると感じるからだ。そう考えると自尊感情は低下し、すべてが悪い方へ向いてしまう。　　　　　　　　　　（15 歳女性）

　最初に引用した意見は全体の 40％であったが、自分のことがもっと魅力的に感じられたら、自分自身のことをもっとポジティブに感じるだろうとも述べていた。

　自尊感情と外見の評価との関係を解明するために、Harter（1999）は若者に質問をしている。何が他者に影響すると思うか？　60％の若者が、自己評価が第一であると答え、それは自己価値よりも先行するものであり、自己価値を決定するものであると考えていた。こうした見方を持っている少女らは、外見はより重要なものであることを、外見のことで頭がいっぱいになっていることを、そして他者に対して自分がどのように見えているかについて心配していることを述べている。そうでないグループの少女（Harter の研究対象の 40％）は、

自己価値の方が、外見に対する自己認知のあり方を決定していると感じていた。そうした少女らと比較して、前出の少女らは自分の外見のありようを悪く感じており、自尊感情が低く、より抑うつ的な感情を持っていた。Lovegroveは研究において、自分のどこが嫌いであるかを尋ねているが、26％が痩せたいと答え、15％がきれいな肌になりたいと答え、8％が鼻や耳の形を変えたいと答えた。逆に、どこが好きかとの質問には、目がトップで（28％）、髪が続き（22％）、顔の外見（10％）となった。しかし、18％はまったく好きなところがないと答え、そして9％が自分の着る服しか好きなものはないと答えた。Lovegrove（2002）の研究において51％が、自分たちの今の不安が、思春期や成人期前期に限定されたものであること（つまり長くは続かないこと）を期待していた。

> 変わりたいと願っている。25歳までに、もっと性格に磨きをかけるつもりだ。　　　　　　　　　　　　　　　　　　　　　　　　　（14歳男性）

> 結婚したら、もう気を遣わずに済むだろう。　　　　　　　（12歳女性）

> 今は斑点や吹き出物のせいでいつも悩んでいる。でも、年をとったら三段腹としわに悩むだろう。　　　　　　　　　　　　　　　　（16歳男性）

他者からの反応

Thompsonら（2002）は、からかいは思春期おける身体への不満足やその他さまざまな苦悩に関連している、という無視できないエビデンスを述べている。例としてFabian and Thompson（1989）の研究を引用しており、からかいの回数とその結果としての苦悩の大きさの程度は、身体への不満足、摂食障害、抑うつ、低い自尊感情と、高い相関関係があったという。Wardle and Collins（1998）は、ダブリンとロンドンに住む12歳から16歳までの766名を対象とした研究を行い、からかいと身体への不満足が関係していること、そして学校でのからかいよりも、家族からのからかいの方がより重要な予測因子となることを見出した。Garner（1997）は雑誌『Psychology Today』の調査にお

いて、女性の 44％と男性の 35％が、「他人にからかわれた」ことが身体イメージの形成の一因となったと述べている。Rieves and Cash（1996）は 111 名の大学生（女性）を対象に、外見のどのような点がからかいの対象にされたのかや、からかいの加害者のことについても尋ねた。すると、45％が顔や頭部に関して、36％が体重に関してからかわれたという。もっとも頻回にからかいを行ったのは兄弟（79％）であり、仲間（62％）がそれに続いていた。Thomas ら（1998）は、ネガティブに外見を評価されることへの恐怖感は、身体への不満足と有意な相関があり、からかわれたことがある人たちにおいて、こうした恐怖心が高いことも見出した。Crozier and Dimmock（1999）は、学校でもっとも広がっているいじめの形態として、名前の呼び方やニックネームのつけ方といった言葉によるハラスメントを引用し、45 名の児童・生徒において、50％を超える外見に関するいじめを報告した。

　Lovegrove の研究では 51％の若者が、学校における外見に関連したからかいといじめが怖いと回答した。しかし、この頻度は 10 代前半がもっとも多く（11 〜 14 歳までのサンプルの 75％）、その後、19 歳まで徐々に低下していた。

　　スリムで美しければ、人気者になるだろう。もしそうでなければ、私みたいにいじめられる。
　　　　　　　　　　　　　　　　　　　　　　　　　　　　　　（12 歳女性）

　Lovegrove は、男子校に通う生徒よりも、共学校に通う男子生徒の方が、外見の問題に不安を持っていたことも報告した。

家族の影響
　身体イメージに関する文献では、中学生の少女における体重減少行動について、母親によるモデル化 modeling が共通して報告されている（例：Tiggemann 2004 参照）。しかし、研究は少ないものの、青年期において家族がオープンで支持的であるか、あるいは子供の外見に対してどの程度批判的であるかによって、大変な差があるように思われる。Lovegrove の研究において回答者の多数は、彼らの身体の外見は、家庭生活に対して過度の影響を及ぼしていないと感じていた。12 歳のうちの 27％が、両親は「標準的な外見を期待していた」と

述べたが、19％は、家族は総じて外見についてはポジティブであったと述べている。年齢が進むにつれて、外見に対する親からの積極的な否定の頻度が増え、17歳と18歳では27％とピークに達していた。この親からの否定が、苦悩であったと述べている者もいた。

　　　母親から悪く言われると、ひどく傷ついた。　　　　　　　　（17歳女性）

　Lovegroveの研究対象の29％が、外見への不安を持つ時に、それを母親に話している。これは少女において多く（37％）、少年では下がる（20％）。さらに両親に話すというのが16％あり、父親に言うのは2％だけであった。52％が友人に打ち明けることを好むと答えている。

社会の影響
　思春期前の子供たちと同様に、多くの思春期の若者がメディア、特に雑誌、テレビの「メロドラマ」、映画に夢中になる。Levine and Smolak（1996）は、10代の少女の83％が雑誌を読むことに毎週平均4.3時間を費やしており、70％がそれらを美容やフィットネスに関する重要な情報源として評価していた。10代の若者は自分たちがどのように見えるのか、他人からのどのように評価されるのかについて関心が高いので、彼らはメディアが映し出す外見のメッセージに対して、特に無抵抗であると述べている研究たちもいる（Smolak 2004）。彼らは「正常」と見なされたいという矛盾にとらわれている。しかし「正常」を望んでいても、身体的な魅力という連続体の頂点に向かって強力に歪められたイメージ群に強くさらされている。Harter（1999）は、メディアによって描かれている外見のステレオタイプはよりいっそう極端となり、合わせることが難しいものになっていることを最初に述べている。2番目に述べていることは、雑誌においては、コンピューターによって「強調された」、ありえない特徴を組み合わせて持っているモデルの画像を載せていることである（例：大きな胸とスリムなお尻）。それらは人工的に組み合わされたものであるが、そこでは望ましいものとして掲載されている（第8章参照）。

10代の若者における外見への不安の結果

　青年期において外見に関連した不安感が持つ潜在的影響力は大きく、さらなる研究を必要としている分野の一つである。Lovegrove の研究は、中学校の生徒において外見への不安が浸透している状況と、その研究の参加者らの多数の日常生活への影響について、分かりやすいメッセージを与えている。44％が、「良く見えること」は社会に対する自信に大きく貢献すると感じていた。年齢とともにこの影響力は増え、11 歳では 18％でしかないが、18 歳では 78％にも増える。40％が外見と自尊感情は関連すると考え、もし自分の外見が良いと感じることができたら、自分のことを良く感じることができると言っている。自分の外見に満足していない多くの人々は、自分たちの社会的生活はその悪影響を受けていると感じていた。さらに驚くべきことは、31％が学校での自信にも影響していると感じており、外見に注目されることを恐れるあまりに、クラスの中で発言しないとも主張した。

　　発言するなんて考えられない。皆が僕の大きな尻を笑おうとしていることを知っているから。
　　　　　　　　　　　　　　　　　　　　　　　　　　　　　（15 歳男性）

　加えて、Lovegrove の研究対象のうち、15 歳の 20％が外見のことが原因でずる休みをしたという。そうした多くの者が、からかいに対して効果的に対処するための自信やスキルを欠いていた。

　　もし外出したら、皆は私を指さして笑う。だから家にいる。　（14 歳女性）

　　私は細くてかわいくなりたくて頑張った。皆が私のことを好きになってくれて、いじめなくなるように。
　　　　　　　　　　　　　　　　　　　　　　　　　　　　　（13 歳女性）

　青年期のダイエットは広まっており、時にやり過ぎの場合もある。食欲を抑えるためにタバコを吸うことは、特に少女において普通に行われている。多くの 10 代の若者が美容手術を真剣に考え、また実際に受けるようになってきている（Sawer and Crerand 2004）。Haste（2004）は、外見を良くしたい、また体

重を落としたいという願望は、特に少女において、エクササイズをする動機に強く結び付いていると報告している。また、外見に対する不安感はエクササイズの妨げをすることもある。例えば、筋肉が発達するのを嫌がるとか、気に入った服を着てみたいという自己意識からである（第2章参照）。ウエイト・トレーニングを行う10代の少年が増えている。際立って逞しい筋肉は、学校や集団でのメンバーシップを得るには欠くことができないものとなりつつある。しかし、エクササイズのやり過ぎによるリスクも伴っている。望みの筋肉量に達するために、少年たちはタンパク質のサプリメントを摂取し、場合によっては筋肉増強ステロイドを若年から使用する（Santrock 2001）。これらには重大な副作用の可能性があり、それには外見に影響するものも含まれる。例えば、ひどいニキビ、睾丸の萎縮、精子数の減少、若禿、前立腺の肥大、乳房組織の増殖、排尿時の痛みや困難、そして肝臓癌のリスクを高めてしまうことすらある。

成人期

外見と自己認知

　自己形成過程に対する関心は1990年代に社会心理学と発達心理学において急速に高まったが、この当時の研究としては、外見の役割を扱ったものはほとんどなかった。しかし外見の研究者たちにとって、Harter（1999）と彼女の共同研究者による研究は、この分野の指針として際立っている。その理由としては、自己という用語の多様性について整理を試みたというだけではなく、自己形成過程を構成する要素として、人々が身体的外見に深く関わっていることに注目したからである。Harterが、自己について全体と特定の領域とを区別したことは有益であった。全体的な見方とは、包括的な自尊感情と自尊心への評価に関わっている。そして個々の領域よりも、変化しにくい。彼女自身の研究と他の関連研究の総説に基づいて、Harterは、特定領域には学業コンピテンス、社会による受容、身体的外見、行動指針、運動コンピテンスが含まれると考えた。この研究結果では、すべての領域の中で、身体的外見が全体的な自尊心ともっとも強く関係していた。青年期と若年成人において相関係数は0.52

〜 0.80 であり、アメリカにおいては平均値が 0.65、他国においては 0.62 と報告した。その他の領域の相関係数は 0.30 〜 0.48 であった。Harter らは、中年期までのどの年齢階層においても、自分の外見への評価が自尊心の主要な予測因子として、その他の領域に勝っていた。しかし、すべての研究者がそのように確信しているわけではなかった。Langlois ら（2000）は、他者から魅力的である、あるいは魅力的でないと判断された人々は、自己について異なる見方をしているという（Harter の）主張には、弱い証拠しかないことを見出した。加えて、魅力的な成人はそうでない者に比べて、自分のことをより競争力があり、精神的にもより健康であると認知すると指摘している研究があるものの、他者の認知や行動に与える外見の影響力を探索した研究に比べると、その効果の大きさはさほどでもなかった。

　自己認知で外見に関連している構成要素について、身体イメージに関する文献からより多くのアイデアがもたらされた。例えば Thompson（1990）は、身体イメージについて3つの主成分で定義した。一番目は「認知的」成分であり、自分自身の外見に関する見方を反映している。2番目は「評価的」成分であり、身体に対する態度を構成している。こうした態度は、価値観（身体に対する満足または不満足の程度）とバランス（自尊感情に対する身体イメージの重要度の測定）の両方から成り立っているという。最近、自己と自己価値の感覚に対して、外見に関連した信念や認知が持つ心理学的重要性の詳細と測定について、そして、外見に積極的に重きを置く考え方や行動の程度について、研究者たちはさらに磨きをかけてきた（Cash et al. 2004）。Thompson にとって、3番目は「行動的」成分であり、身体に関する認知や感情によって、個人の行動が受ける影響の程度に関係している。

　認知された外見の評価と客観的な評価には関係性がないことは、この分野の研究者たちにとって非常に興味深いテーマであった。Feingold（1992）が行った魅力に関する研究のメタ分析では、魅力に関する主観的評価（自己評価）と客観的評価との相対的弁別性について、エビデンスが述べられた。彼の結果では、男性において相関係数は 0.24 であり、女性において 0.25 であった。結論づけられたことは、外見に対する自己評価のうち、他者によって評価された実際の魅力によって説明できたのは、たったの 6％でしかなかったことである。

Feingold は、魅力に関する自己評価は、包括的な自尊感情と有意に関連していることを見出したものの、客観的評価との一致性は見出せなかった。

同時に明らかになったことは、自己認知とは変動しうるということである。自己とは流動的で揺らいでおり、短期的にも長期的にも、個人的理想と文化的理想に近づいたり遠ざかったりしている。徐々にしか起こらない変化もある。例えば、加齢に伴うものである。しかし、もっと劇的な変化もある。妊娠の経験は間違いなく、成人期において普通に起こりうる、身体の理想からもっとも大きく変化してしまう出来事の一つである。Johnson ら（2004）は、6名の妊婦とのインタビューを分析した。妊娠に伴う身体的変化においては、喜びよりも、むしろ圧倒されるような経験であり、「太った」「不格好な」、そして魅力的でないといった感情であった（例外は、胸が大きくなったことに対してであった）。一人の参加者の経験により——その人は自称「アジア系イギリス人」の女性であったが——異なる人種の集団において、伝統と慣習が自己認知と外見への不安に与える影響力について、光が当てられることになった。この参加者はインドの文化儀礼に則って、妊娠の最初の7か月間は髪を洗わなかった。そして、他の妊婦たちと比較して、（他者への）自分の見え方にどのように感じるかについて、有害な影響力があったと述べた。

Melynk ら（2004）は、6日間にわたって身体イメージの評価の流動性について検討した。ネガティブな身体イメージ評価を持っている参加者や、外見を装う戦略に積極的に投資している参加者らは、身体イメージの状態の評価において、より変動しやすいことが分かった。Langlois ら（2000）は、安定性と変化の程度を明らかにするには、より長期わたる研究が必要であると述べている。しかし、もしもそのような研究を行ったとしても、短期的な変動と長期的な変動の複雑性の全体を捉えることはできそうにない。さらに事態を複雑にするのは、人がさまざまな異なるアイデンティティに関わりながら思考し、行動することである。複数の異なるアイデンティティとは、ある時点において、個人レベルでも、そして小集団あるいは大集団レベルでも、あるいは、レベルの組み合わせでも定義されうるということである。このことは、人はそれぞれ多数のペルソナを持つというように、容易に概念化されうる。ペルソナとは、われわれが向き合うことになる場面設定の文脈の中で、例えば、職場、家庭、さまざ

まな社会的状況など、外界に向かってわれわれが提示しているものである。これらの提示に関連しているのはイメージの表示である。いくつかのアイデンティティについては、自己呈示の詳細は似通っているかもしれない。一方、他のアイデンティティでは大きく異なっている。外的イメージから得られる情報は、私たちとはいかなる者かという「単なる断片」にすぎない。とはいえ、人々は、私たちが呈示する振る舞いから、パーソナリティ全体を読み取ろうとする。他者によるステレオタイプ化については、社会心理学者によってよく研究されてきた。しかし、同時に明らかにされていることは、自分自身を型にはめて見る（自己ステレオタイプ化 self-stereotype）人々がいることである（Levine 1999）。異なるアイデンティティに関連した自分自身の規範や価値観を、それぞれが（自分において）顕著なものと考える。この過程において外見に求められる重要性には、非常に大きな多様性がある。Harter（1999）は、自己が認知的構成体であるとともに、社会的構成体であることを指摘している。2つは異なるが、お互いに絡み合った様相も呈している。それぞれの個人の価値観が、外見の文化的基準を満たすことに関連しているように、より広い社会文化的文脈は、人々の自己呈示において外見に付随した内容 content と誘意性 valence に影響を与えるだろう（訳者注：個人は外見や行動を社会的規範に合わせようとするし、同時に社会的規範の方も、個人の外見や行動に影響を与え続けるように存続していくだろう）（第5章、これらの問題に関する包括的考察を参照）。

外見が他者に与える影響

　Garner（1997）は、外見は個人に関する広告板であると述べた。つまり外見は、他者にとって第一印象（それは時に唯一印象であるのだが）のための基礎情報となるからである。こうした推論は、社会心理学者によって1970年代から80年代にかけて精力的に研究された（第1章参照）。身体イメージの文献においては、体形や体重が強調されることが当たり前となっているが、多くの研究者たちは、ほとんどの初対面の相手が優先して注意する身体部位は顔である、と考えている。したがって、他者に与える顔の影響力こそが、この分野の研究者たちにとって主たる関心事項であり続けた。

　1970年代から80年代にかけてのこの研究分野の主流は、身体的（訳者注：

ここで身体的とは、写真のように情報が静的であること、すなわち行動面に関する情報がない設定であることを表している）に魅力のある顔の外見がもたらしている、広く浸透している利益についてであった。この分野における 2 つの注目すべきメタ分析は、こうした研究を統合し、後続する研究にとって興味深い指針となった。Eagly ら（1991）は、14 歳以上の参加者が知らない人の写真から人物の属性を推測するという、76 の研究をまとめた。彼らが結論したことは、身体の魅力に関するステレオタイプは、以前の研究者たちによって推測されたほど強くもなく、一般的でもないとうことで、その影響力はせいぜい中程度であることである。ステレオタイプの過程は、参加者が回答するように求められている「推測の形式」によって影響を受けており、そしてその影響力は社会的コンピテンスを表す指標において最大であったと述べている。中間的な影響力が認められたのは適応力と知的コンピテンスの評価においてであり、誠実さや他者への関心においての影響力はほぼゼロであった。そこで彼らは、身体的魅力に関するステレオタイプの核心は、社会性と人気に関わっていると結論づけた（訳者注：魅力の評価においては、集団的合意がある場合には、それに従ってしまうこと。また、集団的合意は、社会性や〈その結果としての〉人気などの外的に分かりやすい特徴に集中しやすく、誠実さや温かさなどの内的特徴には確立されにくいということ）。重要な付加的知見として見出されたことは、写真に付け加えた有用な情報が多いほど、外見に与えられていた重要性は低下したということだった。Eagly らは、見知らぬ人に対するよりも、友人、家族、僚友に対する認知において、外見は重要ではなくなるだろうと予測した。

Langlois ら（2000）は、写真での魅力の評価について、成人に対しても（r=0.90）小児に対しても（r=0.85）高い一致率が見られることを見出した。また同時に、驚くべきことに人種間でも（r=0.88）異文化間でも（0.94）一致率が高かったのである。より魅力的な成人は、より良く職業を選べ、社会的アピールができ、対人的コンピテンスにおいても社会的適応においても有利であると考えられた。より注目され、多くのポジティブな相互関係が与えられ、ネガティブな関係については少なく、そしてより多くの援助が与えられると見られた。Eagly と異なり、Langlois らは、回帰方程式に「その人物との親しさ」という変数を含めたのであるが、その効果は認められなかった。特に性別や年齢

にも、明らかな効果は見られなかった。

彼らは、魅力的な成人はそうでない場合よりもポジティブに判断され、扱われ、それはたとえその人を知っている人によってもそうであり、第一印象と実際の相互関係を含めて、顔の魅力の影響力が「堅固で蔓延している」と結論づけた。この研究グループによると、生涯の多くの局面において、魅力とは成人にとっての重大な利点も持つものと考えられるという。彼らは、他者による扱いと、魅力的な人とそうでない人が示す行動の違いとの関係において、推測される因果関係について検討した研究はほとんどなかったことを強調した。

外見と社会的相互関係における相互性

他者の認知と行動と、その対象となる人の認知と行動の間の関係性を解明することは難しい。自己認知の文献の複雑さにもかかわらず、他者の反応に関する研究は、印象形成、他者による対象となる人に対する判断、そして対象となる人に対する他者の行動といった研究分野に断片化しているのみである（Langlois et al. 2000）。こうした分野を統合しようとする試みはほとんどなく、こうした研究をつなごうとする概念も残念なほど欠けている。

エビデンスにおいていくらかのギャップがあることを認める一方で、Langloisら（2000）は、社会化と社会的期待における理論の説明部分を用いて、メタ分析から得られた知見を結び付けようと試みた。これらには、説明の枠組みとして以前に好まれていた、行動確認の過程 processes of behavioural confirmation と自己充足的予言の理論 self-fulfilling prophecy theory を含んでいる（Bull and Rumsey 1988; Rumsey 1997）。さらに Langlois らは、進化論 evolutionary theory によって発展した考え方が研究対象に値すると考えた。

社会化と社会的期待の理論は、もっともらしく、直感的にも正しく感じられるという利点を持っている。こうした見方が最初に前提としていることは、文化的基準と経験が、相互関係において両方のグループに影響を与えるということである。次に、社会的ステレオタイプがその現実性を作り出すということである。Langloisら（2000）は、他者の行動は相手の外見によって影響を受ける、という重大なエビデンスがあると結論づけた。魅力的な人々は魅力的ではない人々とは異なった期待を導き出すこと、そして、こうした期待感は違った作用

を受けるというエビデンスを自らの論文に引用した。しかし、こうした理論におけるその他の仮説についての研究は比較的少ない。すなわち、これらの過程は対象となる人に対して特異な行動を生み出させ、そして対象となる人はこうした判断を内部に取り込むようになり、違った行動パターンと自分に対する見方を発達させ（内在化させ）るようになる。自己認知に関する文献は、この説明に対して支持的である。しかし明らかに、これらの過程が適用される範囲は、人によってかなり異なっている。例えば、社会の中での出会いにおける認知上の注意メカニズムが挙げられる。他者からの承認や非承認のサインに対して強く同調していると思われるような人もいれば、一方には、堅固な自己を持ち、この種のフィードバックに関わっていくことにあまり関心がない人もいる (Heinrichs and Hofmann 2001)。

　身体的魅力が他者の行動に与える効果について、進化論者はその説明とメカニズムを提唱している。それらの理論は興味深い読み物を提供してくれるが、支持するエビデンスはほとんどない。さまざまな進化論的見方に共通しているのは、魅力的な顔は生物学的な「装飾」であって、他者に対して価値のある情報を伝える信号の役割をしていることである。Penton-Voak and Perrett (2000a) は、魅力的な顔はある種の「健康の証」として作用し、有望な伴侶として、その人の価値を示していると主張した。男性は魅力的な女性を探し出そうとして、魅力的な女性に対してより積極的に行動しようとするだろう。そうする理由は、その対象がもっともふさわしく、健康的で、ともに子孫を残す上で「高品質の」遺伝子を提供できると信じるからである。しかし女性の方は、可能性を秘めた自分の子孫を、財力のある男性はよく養えるとの期待から、将来の伴侶選びにおいては、外見よりもむしろ「財力」を重視する。

　進化論者から提唱される外見研究には、特に身体的魅力への判断に関して、興味深い「ねじれ」を見ることができる。男性におけるテストステロン（訳者注：主にオスの睾丸から分泌される性ホルモンで、筋肉や骨格の発育を促す）の値の高さは、強さと攻撃性を示すと考えられることから、進化論的には望ましいことになる。高い値の結果、眉毛部の前方への突出が起こり、顎の骨格や顔の下半分や頬骨が大きくなる。女性におけるエストロゲン（訳者注：主にメスの卵巣から分泌される性ホルモンで、乳腺の増殖や排卵のコントロールをしている）の値とそ

れに関連する子孫の残しやすさは、見る者からは顔面骨の特徴的構造と唇のふくよかさとして観察される。男性に対する女性の判断は、好みが周期的に変化することによって、さらに複雑化している。Penton-Voak and Perrett（2000b）は、月経周期の濾胞期（訳者注：排卵に向けて卵子を成熟させるために、卵巣内で卵胞を作っている時期。卵胞期とも言う）においてはより筋肉質の顔を好み、他の時期にはより「女性的な」男性の顔を好む、ということが確かめられたと主張した。加えて、これらの選択は、求められている関係のタイプによっても影響を受ける。長期にわたる伴侶として選択する場合には、月経周期による明らかな変化は見出せず、短期的な関係が考えられる場合にのみ、前述したような好みが当てはまる。さらに Frost（1994）は、排卵期の前後に、女性は比較的肌の黒い男性を好むようになることを見出した（明らかに筋肉質の徴候でもある）。

　進化論の研究者たちが出した追加的理論は、鳥類に共通して見られる刷り込みのメカニズムと似た方法で、幼少期の経験や学習が後の魅力や性的好みに影響を与えるのであろう、というということであった。こうしたメカニズムによって、人々は自分の家族と似たところがある相手をパートナーにしたがると言われている。伴侶に関する研究では、（自分との）類似性や家族の誰かと似ていることに関するエビデンスが少しある（第1章参照）。しかしこの種の理論は、パーティでの会話を盛り上げはするだろうが、この考え方を支持する最新のエビデンスはほとんどない。

　Eagly ら（1991）は、彼らが行ったメタ分析における知見を説明するための理論的枠組みとして、暗黙の性格理論 implicit personality theory を採用した。この見地からすると、ステレオタイプの数々は、他者の行動の意味を汲み取ることを助ける知識構造として作用する。ステレオタイプは認知構造として解釈されるが、その主要な構成要素は個人的特性（パーソナリティ属性）と推理上の諸関係である。この推理上の諸関係では、諸属性が共存・共変動する程度を特定している（この場合、推理上の諸関係は身体的魅力と個人的属性を結び付けている）。これらの「暗黙の性格理論」は、2つの主たる入力作用に基づいて発達してきた。第一には、社会的環境の中で、魅力的な人とそうでない人における気質と行動を直接観察することを通してである。そして第二には、魅力的な人とそうでない人に対する文化的表現を見せつけられることを通してである。Eagly

らはこの創造的な方法を、Dion (1973) によって提出された、魅力はポジティブな特徴群と強固に結び付いていると推測する「美しいものは良い what is beautiful is good」仮説における包括的アプローチよりも、より役に立つと理解した。その理由として、暗黙の性格理論は、なぜいくつかの属性が他の属性に比べて、より強固に外見に結び付いているかを説明しやすいからである。

身体的外見に帰することができるような、気質や行動に実際的な違いがあるのか？ Feingold (1992) は、魅力と精神的な健康、社会的不安、人気、性的活動性に関する測度との間に、有意な相関関係があることを報告した。しかし、魅力と社会性のレベル、内的なローカス・オブ・コントロール internal locus of control（訳者注：行動や評価の原因を、自己や他人のどこに求めるのか）のレベル、あるいは自己陶酔のレベルには相関がなかった。Langlois ら (2000) は、Feingold の研究が実際の行動観察に基づくものではなく、主として心理測定テストによる結果を用いていると指摘している。

Langlois ら (2000) はメタ分析の結果から、周囲の魅力的ではない仲間らに比べて、魅力的な子供はよりポジティブに行動し、よりポジティブな特性を持つと結論づけた（第１章参照）。こうした子供たちは人気があり、心理学的適応能力に優れ、優れた学業成績を示した。しかし、こうした違いが現れる年齢については明らかではなく、年少の子供を含めたさらなる研究が必要である。職業的に成功した魅力的な成人は、他者から好かれやすく、デートもそつなくこなし、性的経験も多い。より外向的であり、自信と自尊感情に満ちており、何らかの優れたソーシャルスキルを持ち、心の健康も少しは良い。

外見研究において使用されてきた方法論が持つ制約にもかかわらず、多くの人の自己認知と行動に対して、身体的外見が広く影響を与えているのは明らかである。Rosen ら (1997) は、適応における外見の影響力の多因子性について、学生や患者によって提示された、生涯における多くの重大な出来事・経験・過程をまとめ上げながら描写した。身体イメージの混乱の予測因子としては、19のカテゴリーを設けた。これらに含まれるのは、認知過程（例：自尊感情と社会的比較の発達）、情動的反応（例：受容の感情や拒絶への恐怖感）、そして生活スタイル上の要因（例：エクササイズへの参加、家族や同僚の価値観や態度の影響、他者からのフィードバック、実際の体格）である。こうした過程は、孤立した関係

の中では起こらない。これらは社会的・文化的文脈によって、ライフ・イベントによって、そして発達段階によっても影響を受ける。

社会的影響

マスメディアが登場する前は、美のイメージはアート、音楽、文学を通じて表現された（Thompson et al. 2002）。Freedman（1986）は、歴史的に見れば美の理想はロマンチックなものとされ、手の届かないものとして解釈されていたというエビデンスを検討した。しかし現代のメディアは、現実的でない虚構と現実との間の境界線をあやふやにしてしまった。注意深く操作された画像とコンピューターによる複数のモデルの「最良の」特徴を合成したものは、読者や見る者に向けて、現実的で適切な比較基準として提示される（Lakoff and Scherr 1984）。こうしたイメージにさらされている人々は、製作所のプロたちから送られてくる大量の情報に対して、その適否を判断するための思考を、ほとんど持ち合わせていない。そして、その最良の外見を実現しようとしても、時間やお金や専門家の治療への投資によって獲得されることはめったにない（第8章参照）。

多くの研究者たちは、西洋文化社会において身体イメージの混乱が増大し、軽減されていく様子が見えないことについて、社会的要因の影響が強いと述べている（Thompson et al. 2002）。1997年の『*Psychology Today*』の調査では、3452名の女性のうちの23％が、若い頃に見た映画やテレビに登場する有名人たちが身体イメージへの野心に影響を与えたことを、そして22％が雑誌に描かれていたファッションモデルの影響を受けていたことを述べている（Garner 1997）。

決して達成できることのできないイメージと基準を、出版社が繰り返し推奨していることは、印刷メディア（特に女性ファッション雑誌）をちょっと見るだけで確かめられる。多くの人々が定期的に雑誌を購買し、さらに多くの人々が友人から借りたり、図書館、待合室、美容室、カフェで雑誌を手に取る。Levine and Smolak（1992）は、女子学生の68％が、女性雑誌を読んだ後は、自分の外見の「悪さ」をより強く感じると報告している。33％がファッション広告を見ると自分の外見に満足できなくなると答え、50％が化粧品の

広告のモデルのように見られるようになりたいと望んでいるという。皮肉なことに、大多数の女性雑誌と近年の多くの男性雑誌の広告案内欄に載っている美容手術の広告においても、ソフトフォーカスレンズで写された、あまりに完璧過ぎるモデルを使用することが広まっている。同じくらいに外見の良いパートナーを描いているものや、背景にエキゾチックな場所を使用しているものすらある。こうした広告が意味していることは、形成外科手術とは、（モデルと）同じような歪みのない外見を達成し、より良い生活とより幸福な未来をも手に入れるための（入り口となる）方法である、ということである。

　Garner（1997）は、女性の27％と男性の12％が、常に、あるいは頻回に、雑誌に登場するモデルと自分を比較してしまうこと、そして女性の28％と男性の19％が、モデルの体形を注意深く調べてしまうことを見出した。身体イメージの混乱を抱える参加者に絞って見た場合、自分に満足できない43％の女性が、モデルの体形と自分を比較している。極端に満足できないという女性のうちの67％が、細身のモデルによって自分の体重に関する不安を感じてしまい、減量をしなければと思うようになり、そして45％がそのような対象について怒りを覚え、腹が立つと述べている。

　魅力の基準についての情報の伝達について、テレビは一般に使われる普及している媒体である。しかし、単にテレビにさらされることよりも、見る番組のタイプの方が明らかに重要である。Heinberg and Thompson（1995）は、女子学生に10分間のCMビデオを見せる実験を行った。一方には細身と魅力の理想を強調する刺激要素を含んだものを見せ、もう一方には対照群として、表現において偏りのない、外見とは関連性のない内容のものを見せた。その結果、対象群の人たちに比べて、外見の重要性を強調しているビデオを見た人たちは、抑うつ感、怒り、体重と全体的な外見に関する不満足感のレベルが高まっていたことを報告した。しかし、この効果はすべての人で同じではなかった。身体イメージについて高いレベルの不満足感を持っていた人は、さらにその不満足感が高まった。一方、逆にもともと低かった人たちでは、見た後にむしろ不満足感のレベルが低下した。内容に偏りのないビデオを見たすべての参加者らは、不満足のレベルが低下した。Groeszら（2002）は、理想化されたメディアのイメージを見た後の、少女および若い女性における身体への満足感と不満

足感を検討した研究について、メタ分析を行った。そして、見た後では身体イメージは有意にネガティブなものになっており、いくつかの研究において、抑うつ感と不安感のレベルが高まっていたと結論づけた。

　メディアのメッセージに対する感受性の違いに関連して、Thompson ら（2002）は、（外見に対する）社会的圧力に気づいたり、単にさらされたりするだけでは、身体イメージの混乱を説明するには十分ではないだろうと述べた。そして、メディアが広めている理想を受容したり、「しぶしぶながらも従う」といったレベルによって人々が異なることを議論した。Humphreys and Paxton（2004）は 14 歳から 16 歳の 106 名の少年に対して、引き締まった逞しい筋肉質の身体を描いた広告と、そのような姿を描いていない広告のどちらかを見せた。理想的なイメージが見る者に対して与える全体的な影響力は認められなかったが、実験前の身体への不満足感のレベルによって、不安感と体形の評価に対するネガティブな反応がよく予測されていた。理想的な男性というイメージが内在化されているレベルが高いほど、身体イメージのネガティブな方向へのシフトと抑うつ感の増加が予測されていた。女性の参加者を用いた Halliwell and Dittmar（2004）も、広告を見た後では、社会文化的理想の内在化が、身体イメージの混乱の強力な予測因子になっていることを見出した。彼らの研究では、描かれている女性モデルの体のサイズをいろいろと変化させた。（普通のサイズよりもむしろ）細いモデルを見せた場合、細いことが良いことだという社会文化的理想を強く内在化している女性に、身体に焦点化したより強い不安感が引き起こされたことを見出した。

　Thompson ら（2002）は、こうした（メディアの）メッセージに対する場合に、よりうまく振る舞える人たちの特徴を探索するには、さらに研究が必要であると述べている。そしてメディアの影響力における因果関係の方向は、依然として明確ではないとも指摘した。身体イメージの不満足や混乱において、（メディアが人々に与えるイメージに）さらされることは原因的要因であるのか、あるいは（身体への不満足について）潜在的に高いレベルにある者が、そうでない者に比べて高頻度でそうしたイメージに向かって自分をさらしてしまうのか、まだよく分かっていない。広まっている社会的背景を非難することはたやすいが、それでは十分な説明にはなっていない。仲間や家族の影響力、内面化などの認

知過程、そして社会的比較傾向を含めて、現在の社会文化的圧力と他の要因との間の相互関係も、同時に説明されなければならない（第6章参照）。

成人期における外見への不安の結果

　300名の成人に関する不安感の調査研究において Liossi（2003）は、外見への不満足感は、魅力がないことへの軽度の不満感から、外見にまつわって広まっている強迫観念に至るまで、さまざまな形をとりうることを明らかにした。臨床心理学者の視点から、ある人の認知・態度・行動が問題となる、あるいは病的なものとなる、その境界点を決定することの難しさを述べている。正常範囲内での不満足 normative discontent と病的な不満足 pathological dissatisfaction の間の境界線をどこに引くか、という現時点では答えようのない問題を提起した。

　Liossi はまた、参加者のうち外見への不安感が高い者は、さまざまな方法（ダイエット、エクササイズ、美容整形）によって、外見を変えようと積極的に試みると述べた。Ogden（1992）は、95％の女性が生涯のある時期にダイエットを経験し、40％が常に行っていると推計した。女性に比べると男性の方がダイエットを行う者が有意に少ないものの、最近の報告では25％の男性が常にダイエットをしているという（Prynn 2004）。

　Wilcox（1997）は、40歳以下の女性の50％は何らかのエクササイズをしていると見積もっており、積極的にエクササイズをする女性と比べて、しない女性は身体への不満足感がより大きいと報告している。Donaldson（1996）は、男性の65％は特に体形を筋肉質にするためにスポーツをしていると報告した。Fawkner の研究（私信より）では、身体イメージへの不満足は、男性おいては外見を維持するための危険な行為（過剰なエクササイズや筋肉量を増やすためのステロイド使用を含む）の主因となる。Fawkner はまた、身体への高い不満足感を持つ男性は、満足感の高い男性に比べて、より危険な性行動をとる傾向があることを見出した（第5章参照）。

　また、外見への不安感は、多くの人々に、外見を良くする目的の美容用品や他の「助けとなるもの」に、収入のうちの大きな割合を費やす行動をとらせる。真偽のほどは別として、女性にも男性にも奇跡（「加齢の徴候を回復させる」

など）を起こすものとして多くのローションや化粧水があり、それに加えて、下着売り場は成人女性やティーンエイジャーにとって誘惑的であり、途方に暮れるくらい多くの商品が並ぶ陳列棚の中から、伸縮性のある下着を選んで買わせようとする。これらのすべてが、身体の異なる部分（下肢、太もも、お尻、お腹、胸を含む）の外見を、「改善する」ことを約束しているのである。

1990年代から、外見を改善するために美容整形を受けようとする女性や男性が急速に増えている（第6章参照）。Hall（1995）は、民族的な顔の特徴——例えば突出した鼻や目の形など——に、不満を表す成人が増えていると述べている。Hari（2003）は、西洋文化的「正常基準」に合わせて顔を変えようとすることが、アメリカのユダヤ系、アジア系、黒人に、「ほとんど伝染病（疫病）」のように広まっていると報告した。困ったことに、メディアに描かれているスターへの崇拝が、極端な次元を呈し始めているようであり、スターのようになりたくて美容整形を希望する者が大勢いる。2人のアメリカ人形成外科医 Fleming and Mayer は、仕事をやりやすくするために、もっとも頻繁に患者からリクエストのあったスターの特徴と実際に「その特徴」を持つスターの顔写真を集めて 1998 年に出版した。人気の MTV 番組「*I Want a Famous Face*（有名な顔が欲しい）」では、コンテストの参加者らは、好みの有名人により似せようとして、競って大規模な手術を受けている。

高齢者

近年、加齢に伴う身体徴候は主要な論点となっているが、ポジティブな論評はほとんどなかった。髪は白くなり、薄くなる。皮膚は弛み、乾燥する。顎はだぶつき、耳介は大きくなり、鼻は幅広く長くなる。シワは進行的に深くなっていく。加えて、人生晩年に自然にもたらされる脅威と変化が蓄積していく。高齢者は外見が変化していく慢性的な状態が与える影響（例えば、関節、体重、姿勢や皮膚に対してなど）に対処しなければならないだろう。老眼鏡や歩行杖など、歓迎せざる、しかも人から見える補助具を使用することを避けられない人もいるだろう(Tiggemann 2004)。こうした外見への広汎な変化にもかかわらず、高齢者における不安に関連した研究は、今も非常に限られている。

成人期にわたって苦悩のレベルを比較検討した研究は少ないが、その一つにおいて Montepare（1996）は、17歳から85歳までの女性における身体への不満足の程度は、一貫して高いことを見出した。しかし Harris and Carr（2001）は、高齢者においては外見への不安感は低いと報告した。女性にとっては18歳から30歳に不安のピークがあり、参加者の69％に影響していた。この程度は少しずつ減少し、51歳から60歳において60％になり、61歳以上では最低となった（33％）。男性においては、最高レベルはやはり18歳から21歳で（56％）、51歳から60歳では24％に減少し、61歳以上では21％となった。

　他の評論家たちも、外見に付随する重要性は年齢とともに減少することを示唆している。Tiggemann（2004）は、身体への不満足と自尊感情の関係は、若者（20～35歳）と中年（35～50歳）よりも、50～60歳の方が弱いと思われると述べている。しかしこの効果のメカニズムは不明確であり、今のところ想像の域にとどまっている。可能性として、いくつかの例においては、不安感の対象が、外見に関してより機能的な面へ移るからだろう（例えば、眼の機能へ。あるいはおそらく、アイデンティティに関する認知と広い意味での自尊感情に与えていた外見に対する自己認知の影響力が、以前よりも少なくなる）。Grogan（1999）は、年齢の進行に伴って、人々の比較の対象がメディアの理想から年齢相応の仲間へ移っていくからであろう、と指摘している。Tiggemann（2004）は、高齢者も外見を操作する戦略を使い続けると述べているが、おそらくそれは、メディアにおいて描かれているような理想像に自分を合わせることではなくて、より簡単に操作できる身づくろい（髪、衣服、宝石など）に関心を持つようになるのであろう。そのことは、Halliwell and Dittmar（2003）によって報告された定性的インタビュー研究の中で、60歳の女性参加者が語った言葉に示されている。

　　良く見られようとし続けるとしても、年をとったらグラマーな人であり続ける必要なんかないのよ。

　Tiggemann は、おそらく人生の晩年という段階になると、大人たちは外見に対する多様性を尊重するようになる、という希望の持てる考えを述べている。こうしたさまざまな過程の結果として、加齢に伴う社会的に好ましくな

い、一般的に制御不可能な身体的変化が、その他の場合とは違って、苦悩に関連づけされにくいのであろう。Tunalcy ら（1999）は、63 歳から 75 歳までの 12 名のイギリス人女性との深みのあるインタビューを行った。すべての参加者らがスリムな体型であることを好むと答えたが、加齢に伴う不可避的な生物学的結果に原因を帰することによって、体重増加に対する個人的な責任感や罪悪感を減少させていた。美に対する社会文化的理想に対して抵抗的であると思われた女性は、パートナーや他者に対して身体が魅力的に見えなければならないというプレッシャーを、あまり感じていなかった。そして、年齢の進行に伴う自分の外見の変化に困惑せず受容していった。

生涯の年齢期の移行に伴う外見への不安は、生物学的・社会的・心理学的変化が複雑に組み合わさったものである。加えて、それぞれの発達段階において大きな個人的変動が存在する。こうした過程を解明するには長期にわたる研究が必要である。これまでのところ、生涯にわたって個人に起こる変化に対する研究よりも、年齢グループ間における前向きの横断的研究に頼っている。

結　論

西洋社会において、外見に対する不安は生涯にわたって広く見られるものとなっており、多くの研究者や有識者が正常範囲内と考えることに対してまで不満足が及んでいる。重大な影響を受けている人々は、不安と苦悩を感じ、生涯にわたってさまざまな取り組みから離れられなくなる。これらの行動のうち、例えば適度のエクササイズといった、有益であると考えられるものもある。しかし他方、良くないこともある。体重コントロールのための過度で不健康なダイエット、行き過ぎたエクササイズや減量を目的とした喫煙など。若年層におけるリスクのある行動がますます増えていることには、特に注意を要する。しかし、外見への不安という現代の流行病が、健康心理学者や保健推進者たちによって見逃されてきことも事実である。

第3章のまとめ

- 西洋化した社会では、自分の不安に強くとらわれる人が非常に増えており、ほとんど伝染病の流行のような状況になっている。Rodin ら (1985) はその現象を記述するにあたり、「正常範囲内における不満足 normative discontent」という言葉を用いた。
- 外見への関心に関する研究は、主に外見が自己認知に与える影響力について、さらには外見が他者の行動に与える影響力について焦点を当ててきた。
- 幼少期以来、さまざまな因子が外見への不安を増大させ、維持させてきた。これには次のことが含まれる。認知過程、情動的反応、家庭環境、生活様式における因子、仲間の価値観、他者の反応、社会的・文化的な文脈、実際の外見と発達段階。

論 点

- ◆外見に対する「正常範囲内における不満足」は、人間にとって生得的なものだろうか？ それとも現代の産物なのだろうか？
- ◆他者の反応と外見に関連する自己認知は、どのようにして相互に影響し合うのだろうか？
- ◆自分自身の外見をどのように感じるのかについて、もっとも強い影響を与えるものは何か？
- ◆あなたの健康行動に対して外見の問題は、どの程度の影響を与えているか？

参考文献

Grogan, S. (1999) *Body Image: Understanding Body Dissatisfaction in Men, Women and Children.* London: Routledge.

Langlois, J.H., Kalakanis, L., Rubenstein, A.J., Larson, A., Hallam, M. and Smoot, M. (2000) Maxims or myths of beauty? A meta-analytic and theoretical review. *Psychological Bulletin*, 126: 390-423.

Thompson, J.K., Heinberg, L.J., Altabe, M. and Tantleff-Dunn, S. (1999) *Exacting Beauty: Theory, Assessment and Treatment of Body Image Disturbance*. Washington, DC: American Psychological Association.

第 4 章

可視的差異に伴う心理的困難

先天的なものであれ後天的なものであれ、可視的差異はそれを持つ人々に深刻な影響を与える。MacGregor（1979）は、可視的差異は「社会的障害」の原因になると主張した。その人の考え方・感情・行動に影響することに加えて、他者の行動にも影響しやすいからである。しかし、最近の研究で明らかになってきていることは、社会的障害に至る可視的差異の程度には、さまざまな社会的かつ個人的な要因の複雑な相互関係が関与しているということである（Rumsey and Harcourt 2004; Thompson and Kent 2001）。

変形の定義

　外見の変形について、変形を構成するものとそうでないものとの間に境界線を引くことは簡単でない。変形を持つ人たちが持つ見方や考え方は、その変形を見る他者のそれとは異なっている。そして両者の見方は、過去の経験・態度・価値観によって影響されるであろうし、浸透している社会的・文化的環境によっても影響されるであろう。これまで外見を客観的に計測しようとする試みは成功しておらず（Roberts-Harry 1997）、外見における「正常」と「異常」の範囲は定義できない。例えば、どうした点において、いったいどのようにして、大きな鼻は変形と見なされるのか（Harris 1997）？　何人かの研究者たちに採用されてきた定義としては、「文化的に決められた、他者から見た基準から外れていること」がある。「他者から見た場合の」ということを含んでいる意義は、まず醜形恐怖症 body dysmorphic disorder を除外することにある。醜形恐怖症では、可視的差異がないにもかかわらずそれを自覚したり、非常に誇張したりする（Veale 2004）。第二には、その可視性の結果として、その差異が他者との相互関係に大きく影響する可能性があるからである。

可視的差異をもたらす原因

　イギリスに拠点を置く慈善団体「Changing Faces」は、およそ7人に1人

が何らかの可視的差異を持っていると概算している。しかしこの概数は 1988 年のイギリス国勢調査に基づいており、極めて漠としたものである。可視的差異は驚くほどにさまざまな原因で生じ、先天性形成障害、リウマチ性関節炎のような慢性疾患、脳卒中の後遺症、怪我の後遺症、手術治療に伴う術後後遺症などが原因となる。それゆえに実数は分からない。しかし、最近の予測は控えめなものが多そうである。一つの指標として皮膚疾患の疫学結果を用いると、イギリスにおける初期治療相談の 15 ～ 20％は皮膚科的異常に関するものだった。65 歳以上の多くの人々は、医学的注意が必要な程度の皮膚の異常状態をいくつか抱えている。そしてその多くは、他人に見えるものである（Kligman 1989）。ニキビは 16 歳の少女の 95％を、少年の 83％を悩ませている（Kellett 2002）。そのうち約 20％の人たちがヘルスサービスでの治療を必要としている。

先天性の変形

　先天性の原因のうち、いくつかは出生時に明らかに現れるが（例：口唇裂）、後に明らかとなってくるものもある（例：神経線維腫症〈訳者注：遺伝子異常に伴って神経に腫瘍が生じる。生後のいろいろな時期から発症し、全身の皮膚に腫瘍が発生するケースもある〉）。Harris（1997）が主張したことは、「先天性の変形」に分類されるものは、「記憶前」から存在するものに限られるべきであり、つまり、その人が全生涯において、変形のない生活を送った記憶がないことに限られるべきである。

　頭頸部の形成異常は、もっとも多い先天性の「異常 defect」である。口唇かつ／または口蓋裂（ないしは離開）（訳者注：口蓋部は鼻腔と口腔を遮断している組織で、このおかげで発声や嚥下がうまくいく。やはり胎生期に癒合してできるが、それが障害されると裂が生じる）は、800 出生に 1 人の割合で誕生する。顔面の正中部において、片側あるいは両側に見られる。その他の稀な顔面形成異常として、耳介の欠損、頬骨・下顎骨の成長障害（トリーチャー・コリンズ Treacher-Collins 症候群など）、頭蓋骨の早期癒合症（クルーゾン Cruzon 症候群〈訳者注：頭蓋骨早期癒合症や上顎の低形成を認める。やはり顔面の変形が著しい〉）やアペール Apert 症候群（訳者注：頭蓋骨早期癒合症に加えて、四肢の変形などを伴う）などがある。た

いていの顔面の異常は、脳機能障害を伴わないが、いくつかの症候群は身体的特徴と学習障害などの脳機能障害を併せ持っている（例：ダウン症候群〈訳者注：遺伝子異常で発症し、精神発達遅滞や、小さくつり上がった目といった特有の顔面変形を伴う〉）。

Harris（1997）は、血管の成熟の遅れに関連したもの（皮膚血管腫）、血管奇形（赤いアザ）、四肢の発達障害などを合併する先天性疾患について要約した。合指（趾）症は、指や趾（あしゆび）の分離障害であり、多指（趾）症は手や足に余剰指（趾）を認めるものである。

後天性の障害

これに含まれる可視的差異の原因としては、外傷（例：交通事故、熱傷、咬傷）、手術後後遺症（例：瘢痕、腫瘍や周囲組織の切除・摘出に伴う変形、抗癌剤治療〈化学療法〉や放射線治療による影響、美容手術による副作用）、疾患（例：ニキビとその後の瘢痕〈俗称：アバタ〉）、後年になってから発症してくる遺伝子的体質（白斑症）、あるいは正常発達過程からの逸脱（例：乳房の発育不良や非対称的発育）がある。

可視的差異にはどのような困難が伴うのか？

さまざまな学問的背景を持つ研究者たちが、このような人々への研究に携わってきた。過去の研究のレビューは第1章で述べた。社会文化的な見地からは、変形に対する定義とそれへの反応が、流布している社会的な文脈によって影響されるかどうかが強調されてきた。一方、心理学的な展望では、自己認知について、可視的差異を持つ人々における認知と行動について、そして可視的差異が他者の認知と行動に影響する仕方について焦点が当てられてきた。こうした研究は、可視的差異を持つ人々によって語られた、非常に明瞭な心動かされる個人体験的な説明によって肉付けされてきたのである（Grealy 1994, Partridge 1990）。

第4章　可視的差異に伴う心理的困難

　先天的であれ後天的であれ、外見の問題についての詳細を理解するためには、多種多様な要素を考慮に入れる必要があり、複雑な仕事とならざるをえない（多様なタイプと身体部位、重症度と見え方の多様さ、発達段階とともに自己認知と適応能力に影響するだろう多様な個人的・社会的・状況的特徴について）（Rumsey 2002b, 第2章参照）。しかし、含まれる変数の複雑さについて、そしてこの分野の研究者や執筆者の見解が異なっているにもかかわらず、主たる問題と困難については、驚くほどにコンセンサスが得られている。このレビューでは最初にさまざまな発達段階での課題について検討し、その後に、成人が報告する困難さについて、より詳細に探求してみる。こうした困難については、不安や抑うつといったネガティブな情動経験に、自己認知や自尊感情への有害な影響に、また社会的不安や社会的回避のように関連した情動と行動が結び付いた他者との出会いに伴う困難に、大きく分類することができる。近年、研究者たちの関心は、ハンディキャップにポジティブに適応できた人々から学ぶ方向へ変わってきている。第5章では、この分野に急速に現れてきているリジリエンスについて考察する。

発達段階に関連した諸問題

　可視的差異をきたす状態が、発達段階と適応能力に与える影響力について、多くの研究は口唇口蓋裂患者の出生時・小児期・青年期に焦点を当ててきた。これには2つの理由がある。第一には、口唇裂は変形をこうむる先天性の障害としてはもっとも多いからである。第二には、この分野で質の高い研究をしている臨床心理学者のグループが存在することである。この分野の研究に興味を持つ人には、Endriga and Kapp-Simon（1999）の優れた総説を紹介する。この総説が述べることは、頭蓋顔面領域の障害（多くは口唇口蓋裂）を有する子供たちの多くは、年齢に応じた発達を遂げ、かつ重大な心理的問題を伴わないということである。しかしその30～40％が、臨床心理学的に問題であると考えられる困難を経験している。こうした困難は、シャイネス、引きこもり、社会的コンピテンスの欠如、行動上の問題（例：反抗や衝動性）、認知的機能の障害などが組み合わさっていることが多い。

可視的な先天性疾患の診断

　出生前診断における近年の進歩により、出生前に、自分の子供に変形をきたす可能性のある疾患が存在するか否かについて、診断を受ける親が増えてきている。Farrimond and Morris（2004）は（出版はされていない）卒業論文において、口唇裂患児の20％が出生前に診断されていると見積もっている。そして限られた研究しか、出生前診断が持つ影響力を扱っていない。Matthewsら（1998）は郵便による調査研究で、大多数の親が出生前診断によってわが子の出生に対して心の準備が可能であったし、出生前に口唇裂治療チームのメンバーに会い、話をする機会が与えられたことを評価していたことを見出した。多くの親は、（出生前診断による）妊娠中のストレスや不安という不利益よりも、準備を行い、関連する知識を得ることのメリットの方が大きいと感じていた。Davalbhakta and Hill（2000）が見出したことは、85％の親が出生前診断により出産に対して心理的に備えができたと感じていたことであり、92％が診断後に情報を得られたことに満足していたことだった。

　しかし、出生前診断には困難が伴う。ほとんどの場合、口唇裂の程度や、例えば口蓋裂があるか否か、神経学的ないしはその他の障害など、関連した異常を伴っているかなどは診断できない（訳者注：超音波検査の画像精度は向上してきており、その診断力はいまだ完全ではないものの、かなり多くの疾患を捉えることができるようになってきている。それに伴い、どの疾患までを人工中絶の対象とするかが、政策的にも親の意思決定においても、大きな倫理的問題となってきている）。親は最悪の事態を想定するものである。Farrimondが出生前と出生後に診断を受けた8組の親子に対して、インタビューによる定性調査を行った。それによると、診断のタイミングにかかわらず、子供が口唇裂を持つことが分かった時が、すべての親にとって危機の瞬間であった。出生前診断には、以前に示唆されていたほど、明確な有益性は認められていない。妊娠中に付加されるストレスは、大きな不利益として認識されている。そして親たちは折に触れ、出産に先立って専門家から葛藤を引き起こす情報と助言を提供されるのである。さまざまな裂の状態を写した写真を見せられ、生まれてくる子供に対して最悪の状態が生じる恐れを抱いたままにされる。インターネットで口唇裂の情報を求める人た

ちには、こうした反応が高まる。(インターネットからの) そうした情報のいくつかは痛ましいもので、助けにならない(破滅と憂うつでしかない)。こうした欠点にもかかわらず、すべての親が語るのは、出生前診断が生まれる子供の外見に対して準備することを助けてくれるし、早くから食事の困難に対処することができたということである(口唇裂は哺乳の妨げになる)。総合的に言うと、誕生時に初めて口唇裂を知るよりも、事前に知る方が良いということだった。しかし興味あることは、口唇裂患児の誕生に準備ができていなかったすべての親が、事前に障害の存在を知っておくことに大きな関心を持っていなかったことである。

　出生前診断を受けていない親は、可視的差異を持つ先天性疾患を有する子供が生まれたことに大きなショックを受け落胆することが多い (Bradbury and Hewison 1994; Farrimond and Morris 2004)。無事に子供が生まれてきたことを大喜びする親もいるが、可視的差異の存在は赤ちゃんの正常な部分を覆い隠すかもしれない。Farrimond の研究では、さまざまなネガティブな情動反応(不信、否定、怒り、罪悪感、涙にくれる悲嘆)について親たちは詳しく語った。多くの親が、障害が生じた理由を知りたがり、特に口唇裂の発生について何らかの個人的責任の可能性がないかどうかを知りたがる。子供を愛する気持ちになれるか疑問を持ち、最初の哺乳困難とその後に続く治療計画に対処していくことに自信がなくなる者もいる。これらのことは、以前の研究と一致する。Endriga and Kapp-Simon (1999) が報告したことは、子供に対するさまざまなニーズとこれから必要となる治療に対する反応として、ストレス、混乱、情動的苦痛が、口唇裂を持つ子の出生後あるいは出生前診断後に生じてくることである。親はさらなる障害(例：認知機能障害)が隠されていないかを恐れる。また、直接授乳させることができないことに失望し、(口唇口蓋裂用の乳首を備えた)哺乳瓶による授乳しかできないことが、最初の長くてストレスに満ちた時間を生むだろうことをすぐに悟る。Farrimond の研究では、こうした反応は比較的早くに解決する。何週間かが経過すると、親は口唇裂があることが気にならなくなってくる。そうなってくるほどに、唇を修正する手術に対して迷う気持ちが生じてくる。唇の外見について慣れてくるほどに、その形を変えることを望まなくなり、これから手術が行われようとしていることに対して、罪悪感および

心の傷を感じるようになる。

　出生と診断に関連するヘルスケア専門家の反応は、親たちにとって大きな影響力を持っている。多くの親が、昔は出生前に診断されることがなかった口唇裂に関する診断や、子供の出生に生き生きとした感情溢れる詳細な記憶が、生涯にわたって心に残り続けていると述べている。研究によるエビデンスを欠くものの、口唇裂が存在することを穏やかに受け入れること、患児のポジティブな属性について注目すること、そして予定される治療の効果について概略を示されることは有用である。現在のところ、親が有効な支援を受けられるか否かは運任せのようである。このストレスに満ちた時期を支えるための方法について、ヘルスケアの専門家たちにはより包括的な訓練が必要とされる。

　家族や友人の期待される反応や実際の反応も、変形に適応していくにあたり、重要な要因となる。Farrimondの研究に登場する何人かの親たちは、他者の反応に関する不安について、そして、その赤ちゃんが家族によって受け入れられ、愛されるかどうかについての困惑を語っている。彼らが同時に語ったことは、親戚が最初に赤ちゃんを見たときのショックと失望を見るのが苦しかったこと、そして、（そうした親戚たちのような）他者が示す反応に、どのように対処していいのか分からずに恐怖を感じたということであった。こうした恐怖は、実際の場面のみならず、想像するだけでも感じられた。（両親の）社会的孤立は、特に手術によって口唇裂が閉じられるまでの数週間または数か月の間、起こりうる他者の反応に対する恐怖感がもたらす副産物に他ならない。

　確かな愛着 secure attachment を決定づけるものは、子供に対してケアを主として与える者の感受性と応答性であると考えられる（Crittenden and Ainsworth 1989）。母親は外見にハンディキャップがある赤ちゃんをあまり抱かないかもしれないこと、それに赤ちゃんが訴えかける表情やニーズにあまり反応してやらないかもしれないことが指摘されてきた。Field and Vega-Lahr（1984）は、頭蓋顔面領域の変形 craniofacial anomaly（CFA）を有する子供の母親は、生後3か月の時点において、正常児の母親に比べて、子供との相互関係において、あまり積極的ではなかったと報告している。Bardenら（1989）は、頭蓋顔面領域に可視的差異を有する赤ちゃんに対する母親・患児間の相互関係を調べ、正常児の母親に比べて養育がおろそかになりがちであると言明した。赤ちゃ

んの魅力が減少することに加えて、顔の可視的差異が乳児の表現能力に悪影響を与えているのかもしれない。Speltzら（1994）は、口唇口蓋裂を持つ患児は正常児に比べてコミュニケーションにおけるシグナルが不明確であり、そして同時に、母親は患児に対して感受性と応答性の低い行動を見せることを報告した。しかしSpeltzらが報告したことは、1歳までに母親・子供間の関係が正常なパターンに回復したことである。より最近の研究が明らかにしてきていることは、たとえ愛着行動に違いがあったとしても、それは稀なケースということである。そして研究者たちの結論は、最初の違いが母親・子供間の関係に持続的に影響するケースが少数あるとしても、大多数は確かな愛着を確立し、初期のショックが過ぎ去った後は、児の変形を受け入れるようになるというものである。

小児期における自己概念の発達

長年にわたり研究者の関心の中心だったことは、子供の自己概念に対する変形の影響についてである。初期の研究ではネガティブな影響を与えるというものが多かったが、最近の知見ではさまざまに混在している。いくつかの研究では、可視的差異のあるなしは、自己認知に差を生じないという。頭蓋顔面領域の変形（CFA）に関する論文のレビューにおいて、Endriga and Kapp-Simon（1999）は、研究の結果が食い違うことが多くなった理由について、定義の問題とそれに関連した測定方法の違いによるとした。しかし、見解が一致しているところは、ポジティブな自己認知は自尊感情の高さと重要な相関があること（Pope and Ward 1997）、変形は子供にとって自己認知と自尊感情を低める「リスクになる」ということである。

小児期における社会的相互関係と行動における困難

通常と異なる顔を持つ子供の中には、他の子供たちよりも多くの社会的困難を経験する者がいる、というエビデンスがある。子供は小さい頃から友人の選択を行い、可視的差異は友人関係の構築にも悪影響を与えうる、ということ

を指摘する研究もある。Kapp-Simon and McGuire（1997）は、顔に可視的差異を持つ子供は、そうでない子供よりも社会的アプローチを切り出しにくく、また受け取ることも少ないと報告している。こうした子供の中には、より小さな集団の中だけにいることや、もっと多くの友人を作りたがっていることを述べた者もいた。Endriga and Kapp-Simon（1999）は、仲間からの拒絶の可能性を減らすために社会的引きこもりに陥るかもしれないことを、そして、社会的つながりを減らすことは、社会的相互関係において彼らに固有の不確実さに対処するための一つの方法になりうることを指摘した。Pope and Ward（1997）は、外見に対する大きな不満足は、青年期前における多様なネガティブな徴候（あるいは環境）に関係していると述べている。より孤独であったり、親友が少なかったり、社会的引きこもりであったり、仲間との人間関係に問題を持っていたりする。

　Krueckebergら（1993）は、6～9歳の子供のうち31％が、教師や両親により、行動上の困難を示していると見なされる、と報告している。Speltzら（1993）は、5～7歳の子供において同程度の困難を確認しており、うち18％が臨床的に有意なスコア（つまり治療を要する）であることを見出した。Kapp-Simon and Dawson（1998）は、4～18歳の300名以上における横断的データを報告した。口唇口蓋裂などのような頭蓋顔面領域の疾患を持たないグループでは10％であったのと比較して、20％が臨床的に有意な行動上の問題を示すスコアとなっていた。Richman and Millard（1997）は、希少な長期にわたる研究を残すことに貢献した。口唇裂かつ／または口蓋裂の患児40名以上を毎年診察し、「内在化 internalizing」に関する問題（例：シャイネスや抑うつ）と「外在化 externalizing」に関する問題（例：反社会的あるいは破壊的行動）の両方において、性差があることを示した。4～12歳の少年は、どの年齢においても内在化に強い問題を抱えていた。加えて、6～7歳では、健常児と比較した場合、外在化に問題を抱えていた。しかし同じグループにおいて、11歳、12歳時に調査した結果では、外在化における問題はむしろ低いスコアを示した。少女においては内在化の問題は遅くに現れ（7～12歳）、12歳群だけが健常児と比べて高い外在化の問題を示したと報告されている。

他者からの反応

　他者からのからかい、あざけり、そして外見にまつわるいじめによる苦悩の体験を、可視的差異を持つ子供たちは共通して述べている。Adachi ら（2003）は、可視的差異がないコントロール群において 10％であったのと比較して、頭蓋顔面領域に可視的差異を持つ 20 名の女性の 90％が、学校でのからかいに遭ったことを見出した。

　普通でない可視的・構音的特徴に対する（他者の）判断について探索した研究者たちもいた。Blood and Hyman（1977）（Endriga and Kapp-Simon 1999 において報告されている）が報告したことは、開鼻声（口蓋裂手術後の子供に特有の発語状態）については好感度評価が低かったことである。Tobiasen and Hiebert（1993）が報告したことは、口唇裂を伴う子供の写真に対して好感度評価が低かったことである。身体的に魅力的な子供とそうでない子供の写真を比較して見せて、（回答者に）選択を迫るような研究のように、こうした形式の研究の背景における生態学的妥当性には疑問がある（第1章・第2章参照）。そして外見の影響力は、さまざまな因子（その写真に写っている子供の背景的な魅力や社会的コンピテンスのレベルなどを含めて）によって、明らかに和らげられる。しかし、普通でない外見は、社会的孤立を助長するような他の因子と結び付きうるとする研究も少なからずある。

治療における諸問題

　小児期を通して、治療に伴う諸問題によって、家族全員が（自分の同胞に）可視的差異があるというストレスをこうむり続けるかもしれない。先天性の差異を持つ場合には、前もって治療がよく計画される。定期的診察により、子供も家族も、自分たちは「差異」を抱えているのだということを思い出す。そして、治療にまつわる不快な見通しが、小児期・思春期を通して現れるかもしれない。この治療には、入院生活を送らねばならないことや手術へのストレスが含まれることが多いだろう。治療に対して期待していた結果が、楽観的過ぎたという場合もあるだろう。小児や 10 代の若者の中には、術後の顔が完璧に

「正常」であるといった不可能な現実を期待する者もいるかもしれない。そうであれば、必然的に手術の結果に落胆することになるだろう。一方、両親と子供は、これから慣れていかなければならない外見への変化の影響について、心配するかもしれない。

青年期

多くの研究者たちは、可視的差異が、思春期における自己意識や自尊感情に関連して現れる諸問題の原因となり、悪化させると考えている。ニキビに関しては、ニキビの原因（不清潔、怒りの抑圧、バランスの悪い食事など）に対する、人を蔑むような素人の理屈が、自分の外見に対する自意識や困惑を助長しうる。Kellett（2002）が結論したことは、身体的・心理学的・性的な発達を遂げる重要な青年期において、ニキビは自己イメージと集団への適応に対して大きな課題となりうることである。困ったことに、重症のニキビが原因で、青年期に深刻に自殺を考えることや、10代の乾癬患者の6％に強い自殺願望があったことを、Cotterill and Cunliffe（1997）は報告している。

Love ら（1987）は、10代の患者において熱傷後の瘢痕が、仲間との人間関係や社会的自信に対して、ネガティブな影響力を持つことを報告した。Turner ら（1997）は、15～20歳の口唇裂を持つ患者を対象とした研究において、60％が可視的差異に対するからかいを受けたと報告し、25％がこのからかいによって「深刻に」傷ついたと報告している。73％が口唇裂によって非常に自信を失ったと感じており、全員が初対面の人への会話の切り出しに困難があると述べている。

デート・ゲーム（訳者注：もともとはテレビ番組から始まったもので、デートをする相手と出会う機会が提供され、カップルになることを競い合うゲーム）において外見の問題は影響する。可視的差異を持つ人々にとっては、普通ではない外見が不利に作用するだろうという戸惑いがあるかもしれないし、結果的に、最初の行動を起こすことに自信が持てなくなる。Kapp-Simon and McGuire（1997）は、学校の昼休みの時間に、頭蓋顔面領域の可視的差異を持つ場合と持たない場合について、若者における社会的相互関係のパターンを測定するために標準

化された観察方法を用いた。可視的差異を持つ若者は、比較群に比べて、会話の広がりが少なかった。可視的差異を持たない若者に比べて、社交的アプローチをかけることも、かけられることも少なかった。研究者らは、頭蓋顔面領域の可視的差異を持たない若者たちよりも、周囲の人たちに対する社交方略においてためらいがちで、効果的でもなかったと判定した。

青年期は口唇裂を持つ人たちにとって試練の多いものであることが予想されるものの、未発表データによると、Emerson and Rumsey（2004）は、口唇裂を持つ100名以上の15歳の参加者が、身体の外見においても友情関係においても、可視的差異を持たない仲間らと比べて、同じくらいに満足していることを見出した。口唇裂を持つ人たちは、家族がより支援的であると評価しており、どちらのグループにおいても、顔の外見への満足感は家族の理解とポジティブな関係を示していた。

癌の治療に伴う可視的影響（脱毛、体重変動、手術瘢痕を含む）については、標準的な尺度を用いた研究で、身体イメージにネガティブな影響を与えることが示されてきた（例：Pendley et al. 1997）。最近行われた、癌の治療を受けた若者を含む定性的インタビュー研究において、Wallace（2004）は、外見への不安と身体イメージの問題は、闘病期間中の重要事項であることを見出した。脱毛は特に苦悩に満ちたもので、多くの回答者が治療における最悪の出来事だったと訴えている。

> 「ああ、なんてことだ。私の髪じゃない！」と思った。治療のことは困らなかった。じっと座って、「私の髪じゃない」ということだけが頭を離れなかった。

> 髪を失いつつあるということ以外には、何も考えられなかった……病気であることは嫌だった。体調の悪さなども嫌だった。しかし、髪を失いつつあるということほどに重大なことはなかった。

外見の変化は社会的活動性も制限してしまい、社会的不安に帰結していく。

夜に友人と出かけなくなってしまった。映画などへ行くようになり、彼らと町へ繰り出すことはなくなった。

友人らと、あたりをうろつくようになった。しかし、私は思った。……友人らは何と言いたいのだろう？　私のことをどう思っているのだろう？　話しかけたくなくなってきているのではないだろうか？　普通じゃない奴だと思っているのではないか？

興味深いことに、Wallaceの研究に参加した者のうち何人かは、治療を経験した後に外見を異なったように見て、以前に比べて重要性が減ったと感じた者もいた。

今はものの見方が変わったと思う。見た目がすべてではないと。私が髪を失い、つるつるになってしまった時のことを思い出したからだ。本当におかしな奴になってしまったと感じたのだが、その時よく考えたのだ。もし人々が私の見た目ではなく、本当の私を受け入れてくれなかったら、その時は（私には）何の意味もないだろう。私の人生に対する見方は、外見のことは気にするな、それには何の意味もないということだ。

「違っている」ことへの恐れを克服した者たちもいる。

私の外見については、もはや異なっていることに対する恐怖心はないと思う。ジーンズとTシャツの普通の女の子だったけど、そういう格好をしなくなった。でも、今はどこにでも出かけ、好きになったものなら馬鹿げたものでも買うことができる。私の勝手よ。

外見の変化によってもたらされる興味深い認知的変化に加えて、研究者たちは将来、次のようなテーマに真剣に取り組もうと願うかもしれない。外見に対して青年期に高まった感受性は、可視的差異を持つ人々が経験する困難について、より共感できるのではないかと。青年期とは、多くの問題が可視的差異

に伴うことが多いライフステージであるが、そのような問題は一般人の多くの人々にも同様に経験されるものである、という事実を利用することができるだろうか？　外見に関連したからかいやいじめに対する学校での介入療法について、評価研究を開始することが必要である（Lovegrove and Rumsey 2005, 第7章も参照）。

青年期における治療の問題

　意思決定を行うことに関して困難を経験する若者がいる。特に治療を受けるか否かについての決定や、ヘルスケア専門職との面談において、自分の見方を言うことができると感じることにおいて。Kapp-Simon（1995）は、青年期の患者、親たち、そしてケア提供者の論点の間で起こりうる不一致の例を示した。例えば、若者の見方は、「自分がどのように見えているかに不満はない。今はこれ以上の治療は必要としない」であるのに、親たちの見方は、「医師たちは最良の方法を心得ている。私たちはそれを受け入れるべきである」といったものである。加えて、ヘルスケア提供者らは、注意深くあるいは不注意に、「この治療を受ける最良のタイミングは今です」といった特別な言い回しを好むかもしれない。若者は病院を訪れることを不愉快に感じるかもしれないし、待合室で「見世物」に、診察室で「目に見える標本」になっているという感情から、さらなる困惑を経験するかもしれない（Bradbury and Middleton 1997, 第7章も参照）。

子育てのスタイルと家族における問題

　可視的差異はさまざまな理由で子育ての仕事を複雑にしてしまう。可視的差異を持った子供の誕生について感情を整理することに困難を経験する。あるいは、変形の原因となった子供への外傷について、それに関連している環境に対処することにも困難を経験するだろう（熱傷についての後のセクションを参照）。子供が差異に気づき始めると、親たちは子供を動揺させることを恐れて、本当の会話を避けようとするかもしれない。しかし、差異について知らせなかったり話し合ったりすることを怠ると、子供の孤独感はかえって強まってしまうだろう（Bradbury 1997）。また罹患している子供や若者は同じように、親たちを

動揺させることを恐れて、外見のことや、それに伴うからかいやいじめについて、話し合うことを避けようとするかもしれない。

> 彼女は世話をしてくれ愛してくれた人たちのすべてに対して壁を作ってしまった……数年後、彼女が学校でどれほどひどく、どんなに長くいじめられてきたかを知って、私たち両親はとても困惑し、動揺しました。(Lisaの両親、Lisaは顔面神経麻痺を持って生まれた。Lansdown et al. 1997: 66 より引用)

可視的差異を持つ子供への子育て方法において、なぜ、どれほど、親たちが過保護的になるかを理解することはたやすい (Bradbury 1997)。しかし、この分野の臨床家らのコンセンサスとしては、子供の適応性を伸ばす子育ての仕方とは、可能な限り独立心と自主性を促すということである。

治療のために診察に訪れることは、多くの親たちにさらなる負担を生み出す。仕事を休むこともあり、家を不在にすることもあり、他の家族メンバーに手をかけられないこともあり、そしてさらなる出費も生じる。国からの基金や保険による補償がない人々への財政的負担は、極めて厳しいものとなる。

小児期と青年期を通じて、兄弟に対する影響もありうる。身体障害や学習障害の子供の場合のように、可視的差異を持つ子供との関係のために、兄弟は社会的に差別されるかもしれない。親たちは、罹患した家族メンバーの診察と入院のために、長期にわたって悩んだり仕事などを休んだりするかもしれない。母親たち、父親たち、そして夫婦間の関係も、治療方針の決定や、罹患した子供への困惑によって、さらなる緊張にさらされるだろう。兄弟たちは、自分たちの問題は比較すれば相対的に小さなものに思えるので、不安を口にしながらもしぶしぶ負担を引き受けるかもしれない (Walters 1997)。

この章においてまとめられたような、複雑で時に矛盾するような知見が光を当てる事実とは、青年期における可視的差異の影響をもっと知る必要があること、そして、現在進行している研究の成果に期待することである。

成人期

　成人期の可視的差異を持つ人々が経験する困難については、主に他者との社会的出会いにおける困難さに焦点が当てられる。そしてそれは、ネガティブな自己認知と感情に関連している。

ネガティブな情動

　適応と幸福感について、標準化された測度を用いた研究において一貫して見られた知見は、可視的差異を持つ人々の多くが強い全般的不安 generallized anxiety を示したことである。可視的差異につながるさまざまな疾患を持つ650名の外来患者による最近の研究では、Hospital Anxiety and Depression scale を用いて不安感の程度を測定したところ、「ボーダーライン症例」と「該当症例」を合わせると、驚くべきことに48％に達していた（Rumsey et al. 2004）。疾患分類によってグループ分けをしても、各患者グループ間での有意差は認められなかった。同様に、皮膚の病気を抱える患者は、正常範囲に比べて高いレベルの不安感を持つことが分かった。Thompson, Kent and Smith (2002) は、白斑を持つ人々においてはほとんどの人が不安感を持つと述べた。Jowett and Ryan（1985）は、さまざまな皮膚疾患を持つ100名の外来患者のうち、61％が不安感の症状を示していたことを報告した。

　抑うつ感については、高いレベルを示す頻度は不安感よりも一般的には少ない。Rumsey ら（2004）の研究では、抑うつの「ボーダーライン症例」または「該当症例」と評価されたのは27.5％であった。Jowett and Ryan（1985）は、皮膚科外来患者を参加者とするインタビュー研究において、3分の1の患者が皮膚の状態が情緒の健康に深刻な悪影響を与えており、そして抑うつの症状を訴えていたことが分かった。抑うつ感は多くの患者において主な症状を構成するわけではないのだが、臨床家らは患者集団に対して注意深く調べるべきである。悲しむべきこととして、Herskind ら（1993）は、口唇裂を持つデンマーク人の成人においては、自殺率が2倍であったと報告している。Rapp ら（1997）は、乾癬を持つ317名を調査したが、回答した参加者の25％が、病状を理由に、真剣に自殺を考えたことがあると報告した。その調査では8％の人たちが、

自分は生きるに値しないと考えていた。

自己の見方と自尊感情

　自尊感情、自己概念、身体イメージの構成概念は、その起源、測定、定義に関して広範囲にわたる論争を生み続けている。細かな点に関してコンセンサスを欠くにもかかわらず、文献的には意見が一致していることがある。それは、可視的差異を持つ人々は、自分自身の感情と自分の外見に対する他者の反応によって、ネガティブな自己認知と好ましくないレベルの自尊感情を述べることが多いということである。

　Van der Donk ら (1994) は、脱毛症 alopecia の女性を調べたところ、75％が低い自尊感情を持っていたことを報告した。Moss and Carr (2004) は、外見が変わってしまう状態への心理学的適応能力の多様性は、人々が持っている外見に対する重要性のレベルに、そして、外見の構成概念によって影響される自己システム self-system の局面の数に、関連していることを見出した。可視的差異を持つ 70 名の人々においてエビデンスとして発見されたことは、適応能力の低さは、外見に対する自己認知に対して、そして外見への評価と自尊感情の間の強い関係に対して、より大きな重要性を置いている人に多く見られるということである。また適応能力の低い人においては、外見への評価が、自己システムにおいてより中心的な位置を占めていることが分かった。その理由として、適応能力が高い人に比べて、外見への評価が、より多くの自己の局面に関わりを持っていると考えられるからである。Moss and Carr は、外見への評価が特に優勢な場合、そうした評価が心に浮かび、曖昧で意味の確定していないことについても、その経験を解釈してしまい、心を悩ますであろうと主張した。彼らが出した例は、見知らぬ人が可視的差異を持つ人を見る、あるいは凝視する場合である。もしも可視的差異を持つ人が自分の外見をネガティブに評価しているとしたら、そして、可視的差異を持つ人にとって外見という情報が重要な構成概念 construct であり、この他者の行動（凝視のこと）を解釈する際の準拠点として容易に用いられる状態にあるとしたら、他者の凝視という行為は自分の変形に対するネガティブな反応である、と解釈してしまうことだろう。同様に、外見が自己概念において大きな役割を果たしているのであれば、

そして、外見が不適当であると判断されるならば、仮に他の多くの面が良く評価されていたとしても、外見は自尊感情の全般的なレベルに対して、より大きな影響力を与えるだろう（第2章・第5章参照）。

　先天性ではなく、後になってから可視的差異を持つようになった人々にとって共通して報告されるのは、以前のアイデンティティの喪失感である。これは外傷や（癌などの）手術を受けた人々に特によく経験されることである。自己を自分として認識できないこと、あるいは、外界に向かって出すことが当たり前だった外見に強いられた変化は、個人の自己概念の深刻な崩壊を意味する。何人かの研究者たち（例：Bradbury 1997）は、死別の際に見られる悲嘆の反応と類似した過程を語っている。これには、否認、怒り、苦悩、不安、そして抑うつといった要素が含まれ、徐々に適応に向けて進行していく。重症熱傷を受けてから1年たっても続くアイデンティティの喪失感を、Kwasi Afari-Mintuが雄弁に述べている。

　　昔のKwasi（自分）がそこにいた。僕の心の奥底のどこかに。しかし、それに戻るのは無理だった。時々、友人がやって来る。火事の前からの友人だ。僕は手の瘢痕のことを忘れ、顔を見ることもない……かつて、僕はとてもとても自信に満ちていた……でも今は悲しい。僕の新しいパーソナリティが、僕を悲しくさせるんだ……この火事が僕に何をしたか分かるだろう？　僕からアフリカ人としての何かを奪い去ったんだ。この空白をどうやって埋められるんだろう？
　　　　　　　　　　　　　　　　　　　　　　　（Lansdown et al. 1997: 59）

他者によるネガティブな評価の予想

　可視的差異に対して起こりうる他者の反応に関して、その不安と恐怖から発生するネガティブな情動が訴えられることが多い。さまざまな可視的病変や外傷に対する治療を求める外来患者について調査したRumseyら（2004）の研究では、社会的不安と社会回避の平均値は、文献的正常基準（Carr et al. 2000）よりも有意に高くなっていた。社会に対する苦悩の程度は、不安感と抑うつ感の両方の程度に有意に相関していた。そして、63％の人が（外見の状態が原因で）社会における諸状況を回避せざるをえないと回答したと報告した。こうした状

況とは、面識のない人と会うことや、見知らぬ人に対して自分の外見が非常に見えやすくなってしまうと感じられるような場所である。例えば、共同更衣室や公共の水泳プール、何であれ人前でスピーチすること、写真やビデオ撮影されるような状況である。

　Leary ら（1998）は、乾癬の患者に Brief Fear of Negative Evaluation Scale (FNE)（ネガティブ評価への恐怖尺度短縮版）に答えてもらう研究を行った。それによると、その点数と主観的苦悩との間に相互関係が見られた。点数の低かった患者では、スティグマ形成の認知においても、他者からの否定的反応の頻度においても、主観的な苦悩においても、対人関係上の不具合においても、変形の重症度が与える影響力は比較的少なかった。しかし、点数が上がるに従って重症度の影響力は増大した。そして、もっとも重度の症状を持つ人や、FNE の点数が高かった人が、大きな苦悩を経験していた。別の表現をすれば、変形とその重症度が持つ影響力は、可視的差異を持つ人がどれくらい他者の示すネガティブな評価が気になるのか、その程度によって変化するのである。

　Miles（2002）が報告したことは、乾癬の身体症状（ウロコ状に皮膚が剝離し、赤い炎症を伴う）により、他者からのネガティブな評価への恐怖感が高まり、公共の場で体を露出するような場面を含んだ社会的状況を回避するようになることである。Fortune ら（1998）が結論したことは、乾癬を持つ人々が経験する心理社会的困難は、彼らの症状に対する他者の反応に関する予期的不安感の高さとしばしば関係している。同様に、Jowett and Ryan（1985）が報告したことは、ニキビ・乾癬・湿疹を有する 100 名のうちの 70％が、自分の状態（症状）の外見に対して、羞恥あるいは困惑を経験したと述べたことである。そして 40％が社会生活に悪影響を受けたと述べた。Ginsburg and Link（1989）は、乾癬を持つ人々が、自分は傷者だと感じ、他者に対して羞恥心や隠しておこうという気持ちを経験したと報告した。

羞恥とスティグマの概念

　この分野の研究者たちにおいては、「スティグマ stigma」と「羞恥 shame」の概念の有用性についての評価はさまざまである。Gilbert（2002）は、羞恥とは、ある人がそれまでの地位を失い、他者から低く評価されることを自覚する

ことから生まれる反応として述べている。自己に対するネガティブな見方は、「内的羞恥 internal shame」と定義されている。Coughlan and Clarke (2002) は、熱傷の後遺症として魅力がなくなり、生きる価値がなくなったと感じている人たちの例を出した。他者がある人のことを魅力的でなく、信頼できない者と見る認知は、「外的羞恥 external shame」と定義される。MacGregor (1990) が独創性に富んだ文章の中で感じていたことは、顔の変形の影響力を理解する上で、羞恥は中心的な構成概念であることである。「羞恥とは、特に顔における差異に伴って感じられやすく、経験される問題に対して中心的なものである」(Kent and Thompson 2002 より引用、252 ページ)。最近、編集された身体の羞恥に関する本 (Gilbert and Miles 2002) には、変形と羞恥に関連した寄稿が載録されていた (Kent and Thompson 2002)。そして、より特化した羞恥の原因には、乾癬 (Miles 2002)、ニキビ (Kellett 2002)、熱傷 (Coughlan and Clarke 2002) が含まれている。こうしたエビデンスの集積から分かることは、羞恥は外見に関連した多くの心理学的困難を引き起こしているということである。

この構成概念（羞恥）の有用性について研究者たちの間で起こっている最近の論争は、主として意味論 semantics に、そして羞恥が可視的差異による経験の中で占めているという中心性の程度 degree of centrality に関わっている。われわれにとっては、羞恥とは屈辱感を含んでおり、時に内的羞恥と外的羞恥の両方が可視的差異を持つ人々の経験を構成している。しかし、可視的差異を持つ人々の経験において、羞恥や屈辱が中心的であると見ることが適切または有用として、その妥当性の程度については論争の余地があると感じている。

何人かの研究者たちは、変形を持つ人々はスティグマ化された人であるとも論じてきた (Goffman 1963; Hughes 1998; MacGregor 1990; Newell 2000b)。もともとスティグマとは、奴隷に対して社会における低い地位を示すために押された烙印であったことを考える時、この主張はある種の論理を持つことになる。Goffman は『スティグマの社会学——烙印を押されたアイデンティティ Stigma』(1963) という本を書き、この本はこの種の説を主張する執筆者らによって広く引用されてきた。これが定義するスティグマとは、「当事者の道徳的状態に関して、普通でない、または悪い何か」を意味しており、スティグマ化された人々は、十分に社会的に受け入れられることからふるい落とされてい

ると主張した。彼が研究の対象にしたのは、社会が個人やグループに対して、異質であるとラベルを貼る、そのやり方についてであった。この個人やグループには、犯罪者、特定の宗教や文化のメンバーからスティグマ化された人々、そして障害を持つ人々が含まれている。繰り返すが、われわれは可視的差異に伴う経験に対して、この言葉（スティグマ）を全面的に当てはめることに不安を感じている。変形を持つ人々は、差異のある人として「目立っている」かもしれない。彼らは結果的に、他者に不安と回避を生じさせるかもしれない。しかし、特定の経験では疑いなくスティグマ化されていることが感じられるものの、可視的差異を持つ人々はスティグマ化されているとか、彼らの経験の多くは必然的にスティグマ化されているという一般化は、改めて、「問題の解決に寄与しない」ということを述べておく。

他者との出会い

　可視的差異は、多くの点で社会的相互関係に影響し、他者との出会いをうまくこなせているという手ごたえを損なってしまう。可視的差異を持つ人々が一番多く訴える困難は、見知らぬ人との出会い、初対面の人と面会すること、そして新しい友人を作ることに関連している（Robinson 1997）。何らかの点で異なっているという感覚への嫌悪感、そして、見た目に目立たないこと（Goffmanは「合格」と述べた）によって「正常」の状態になりたいという願望は、可視的差異を持つ人々において強い。凝視されること、ひそひそ話の対象とされること、変形に対する望みもしない質問、そして公共の場での周囲の人の回避行動は、いつも経験することである（Rumsey 2002b）。望まない注目の対象とされることよりも、むしろ、可視的差異を持つ人々はプライバシーが守られ、そっとしておいてくれることを望んでいる。それは、一種の「儀礼的無関心」（訳者注：同じ社会的状況に、単に居合わせているだけの人々の間で行われる礼儀正しい振る舞い方の一つ）であり、多くの人がストレスなく社会生活を過ごせるやり方である（MacGregor 1974）。Jane Richardson は重症のニキビを持つ経験について語っており、「ニキビが私にもたらしたもっとも残酷なことは、私は人とは違っているんだという深刻な確信である」と書いている（Lansdown et al. 1997: 61 の引用）。

違っているという感情は、他者の見せる行動によって着実に補強されていく。Marc Crank はその経験を雄弁に述べている。

> 変形を持つ人は、その「差異」を隠したり装ったりできない。（着用が決められた）バッジのように、その「差異」を他者の眼前に出さねばならない。まったく見知らぬ人が可視的差異を持つ人を見る時、その人に歩み寄っていき、変形について突っ込んだ詳細を聞くことができるサインであると見なすことは、残念ながらしょっちゅうあることである。そうした人々は、あなたのことを知っていようといまいと、個人的な質問を聞く権利があると信じているかのようである。　　　　　　　　　(Lansdown et al. 1997: 28)

彼はロンドン塔を訪れた時の、特に癪に障る経験を思い出して語ってくれた。その時、見知らぬ人たちが彼に聞こえるような声で、彼のことを話し始めたのだった。「その見知らぬ人たちは僕に好奇心を持ったみたいで、仲間や親類や興味を持った誰かをグループに加わるように掻き集め、僕のことを凝視し、指さし、話し合いを続けた」。MacGregor (1974) はこうした行動を、誰からも見える形をとった、あるいは言葉を用いた「暴力」であると述べている。可視的差異を持つ人々は、他者が身体的外見から判断する自己（当事者）に関連した情報を操作する能力を奪われていると感じるだろうし、相手がどのような人物であるかについて、他者が持つ先入観や間違った考えをコントロールすることができないと感じるかもしれない。

プライバシーに対する招かれざる侵害に加えて、可視的差異を持つ人々に出会う時に他者がとる行動には、明らかな差があることが研究で分かった (Newell 2000b; Bull and Rumsey 1988 によるこうした研究のより包括的な総説を参照)。Rumsey ら (1982) は、見知らぬ人々というのは、たとえ相手が同じ人であったとしても、可視的差異を持たない人よりも、可視的差異を持つ人に対して大きな物理的距離をとるということを立証した。地下鉄での座席取りの研究において Houston and Bull (1994) は、顔にアザのある人の隣の座席は、同じ人が可視的差異を持たないようにした場合と比べて、空席になることが有意に多いことを示した。顔に変形を持つ「市場調査員」が近づいて来る時は、同じ人

が顔の変形をなくして通行人に近づく場合と比べて、質問に回答しようとする人の数は少なかった（Rumsey et al. 1986）。しかし、利他的行為の研究結果からは興味深いことが分かる。なぜならば、面と向かっての接触がないような研究では（例えば、「失くしてしまった」応募申請書を、パスポート用写真を付けて完成させることなど）、困っている人に可視的差異があるかないかにかかわらず、平等に援助的であったからである。面と向かっての相互関係から始めねばならない時、顔にアザのある人との出会いを切り出そうとする人は少ないものの、いったん関わりができれば、その後は、同じ人に対して可視的差異を見えなくした場合よりも、見える時の方がより援助的になったのである（Rumsey et al. 1986）。

　他者のとる行動については多くの多様な説明がなされてきた。それらに通底している考えは「公正世界観 beliefs in a just world」（訳者注：「正しい評価を受けるに値する人がそれを受け、罰を受けるに値する人がそれを受ける」公正な世界であるという世界観）であり、それにより人々は、可視的差異を持つ人々が自分の「運命」に値する存在なのであり、ゆえに価値が損なわれ、人から避けられると想像するようになる（Novak and Lerner 1968）。進化論的な見方からは、完全でないことに対する本能的な嫌悪感が提唱されている。Gilbert（1997）の主張によると、他の脊椎動物と同じように、他者に対する私たちの反応は、社会の中での相手の相対的順位に対する認識によって影響を受けるのであり、社会的に魅力があるということはこの過程において非常に強く影響するのであり、人々は社会的に魅力があると認識できるような人と仲良くなりたがり、魅力的でない人は避けたがるだろう。説明の仕方を変えれば、知識が乏しいと、感染する可能性があるものはすべて避けておきたい、という考えになるかもしれない（Bernstein 1976）。あるいは、どのように対応したらいいか分からないがゆえに避ける、ということになるかもしれない（Langer et al. 1976; Bull and Rumsey 1988 のより詳細な総説も参照）。こうした説明は明らかに単純過ぎる。そして研究エビデンスと個人的説明の両方が示唆することは、他者の反応はさまざまな要因の組み合わせによって影響を受けるということである。これらの要素に含まれることは、出会いの段階での印象形成において作用するステレオタイプ、先行する経験がないがゆえの対応の仕方の決定困難、そして、自分に

とって、あるいは可視的差異を持つ人にとって、困惑をもたらす可能性を最小限にしようとして出会いを避ける傾向である。

可視的差異を持つ人々の行動

　顔の可視的差異の物理的原因で、非言語的表現がうまく伝えられないことによって、あるいは可視的差異を持つ人々の行動の他の面によって、街で出会う人たちも戸惑ってしまうかもしれない。通常のように顔の表情筋を使うことができないため（例：顔面神経麻痺の結果や、メビウス症候群〈訳者注：先天性の表情筋の運動神経の障害で、麻痺や誤運動を起こす〉のように顔による情動、表出ができないケースなど）、通常とは異なる顔の表情となってしまい、可視的差異を持つ人々の顔の表現を「読む」ことが、周囲の人々には困難になってしまうのである（MacGregor 1989）。このことにより、周囲の人々は相互関係において躊躇するようになり、ぎこちなくなるのである。周囲の人にとっても、可視的差異を持つ人にとっても、満足するまでには至らない、あるいは簡略化された交流を図るようになるだろう。

　他者が見せる回避的な、あるいは誇張された反応は、以下のようなネガティブな悪循環を引き起こす。嫌悪感に満ちた情動反応、不適応的な思考過程（社会的不安や、他者によるネガティブな社会的評価に対する恐怖感を含む）、好ましくない自己認知（例：低い自尊感情あるいは低い身体イメージ）、当事者の行動パターン（例：過度に社会的接触を避けることと、変形を隠すことに極端にこだわること）。社会的状況の中でのネガティブな経験によって、変形が他者に与える影響力のことで頭がいっぱいになることや、他者のネガティブな反応は多くの社会的状況に及ぶという思い込みを持つようになることは理解できる。MacGregor (1979) は、可視的差異を持つ人々が他者の反応を鋭く感じ取ること、そしてこうした反応に対して膨大な（心的）エネルギーを費やしていることを語っている。結果として、理想的な相互関係ではなくなってしまい、あからさまな社会からの回避、シャイネス、ぎこちなさと、困惑、他者に対する自己防御あるいは敵愾心となって現れる。Kathy Wheatly は自らのこと語っている。「うぬぼれ屋で生意気な者と見なされてきた。過剰適応のせいである。もしもあなたがかわいいのであれば、意思疎通のやり方として、どれほどそのかわいさを使ってい

るかを忘れてしまう。今や、私は性格に頼るしかないのです」(Lansdown et al. 1997: 183 より引用)。

Adachi ら (2003) は、相互的やりとりをビデオに撮影し、口唇口蓋裂を持つ成人女性と持たない成人女性とで、頭と手の動き、および笑顔の回数を検討した。コントロール群と比べて疾患を持つ参加者は、うなずきの回数が有意に少なく、笑顔も少なかった。またコントロール群と比べて、頭と手の動きと笑顔について、同調して生じることが少なかったとも結論づけた。

1986 年に Rumsey の研究グループが発表した実験室ベースの研究によって、他者との相互関係の過程と結果に影響する、(可視的差異を持つ人々の)行動における潜在的パワーが明らかにされた。実験要因のコントロールのために、人工的に施された「顔のアザ」を利用し、参加者へ働きかけるソーシャルスキルに関して、高いレベルと低いレベルが使い分けられるように訓練した。臨床心理学者のインタビュー技術訓練を受ける訓練生のふりをしながら、一群の参加者らとの相互作用がビデオ撮影された (訳者注：インタビューする人は人工的アザの有無とソーシャルスキルの高低を使い分ける仕掛け人であり、インタビューを受ける人が実験の被験者である)。参加者らが示す言語的・非言語的コミュニケーションが分析され、「可視的差異があり、ソーシャルスキルも高い」場合がもっともポジティブに評価され、インタビューをする人に対して参加者が形成した印象は、もっとも好ましいものであった。「差異があり、ソーシャルスキルが低い」が最下位であり、「差異がなく、ソーシャルスキルが高い」が 2 番目で、「差異がなく、ソーシャルスキルが低い」が 3 番目であった。この結果が示していることは、社会的相互関係においてよりポジティブな経験を生み出す効果的な方法を研究するための有望な道筋が見出されたということである。

可視的差異と個人的関係

見知らぬ人との初対面における困難さに加えて、長期にわたる人間関係において、自分たちの外見のネガティブな影響力を訴える人たちもいる。Kent (1999) は、皮膚疾患を持つ人たちから身体接触が奪われることにより発生するだろう問題を議論し、結果的に自尊感情が低められることにつながると予測した。友人や、配偶者からさえも、変形を隠すことを報告した研究がいくつか

ある。例えばLanigan and Cotterill（1989）は、彼らが研究対象とした女性の9％が、配偶者に対してさえもアザを隠すと報告した。すでに確立した人間関係において差異が生じる時には、変形をこうむった人に問題が生じてくる場合が多い。Gambaら（1992）は、頭頸部癌の手術治療を受けた74％の人が、性的関係に悪影響を及ぼしたと答えた。Porterら（1990）は、白斑症の人々における性的関係を調査した。性的関係が減少したと回答した者のうち半分が、パートナーの反応によるのではなくて、自分自身が持つ不安感や不快感が原因であると答えている。Ramsey and O'Reagan（1988）は、乾癬を持つ人々の50％が同様の影響を訴えていることを見出した。

　口唇口蓋裂の患者は、そうでない者よりも結婚年齢が高くなっているかもしれないことが報告されている。さらに彼らはコントロール群に比べて、結婚生活にあまり満足していないかもしれない（Peter and Chinsky 1974）。可視的差異を持った者では、良いパートナーが他に見つからないかもしれないといった怖れから、あまり良いとは感じられないパートナーで妥協してしまうかもしれない、ということが推測されている。著しい顎の変形を持って生まれたJohn Storryは、感動的に次のように書いている。

> 私は知性も感受性もある方だ。だが残念ながら認めねばならないことは、深く、納得のいく、親密な人間関係を持つことができないことだ……愛されることなく、愛することもできず……表面的な外見よりも人格の方がもっと重要だ、と言われる。確かにそれは正しいことだけども、ある重大な事実を見逃している。傷ついた顔を持ちながら、魅力的なパーソナリティを作り上げていくのは不可能だと思う。
> 　　　　　　　　　　　　　　　（Lansdown et al. 1997: 33 より引用）

　主として、満足のいく友情や人間関係を確立し維持していくことに伴う困難に対して、研究が焦点を当ててきたことは事実である。しかしながら、可視的差異を持つ人々において、こうした経験は決して普遍的ではない。社会の中で経験する問題のリスクを、増したり減じたりするように思われる諸要因について、第5章で検討する。

高齢者

　高齢者における変形がもたらす影響力について検討した研究は非常に少ない。平均余命の伸びとヘルスケアの改善が意味することは、ますます多くの高齢者が、可視的差異あるいは外科的・医学的治療に起因する外見への変化を持ちながら生活していることである。研究のエビデンスが乏しい状況の中で、年齢を重ねるということは、多くの人たちからすれば、外見に関する不安にさらされなくなると思われがちである。しかし、出版はされていない学位論文の中でSpicer（2002）は、事態がこれよりもっと複雑であることを示すデータを報告している。皮膚科クリニックに通う65歳以上の70名を対象とした研究で、標準化された測度と半構成的インタビュー（訳者注：質問をあまり厳密に規定せず、回答者が自由に語れるようにしておく方法）が行われた。同じようなクリニックに通っている若年期および中年期の成人の結果と比較して、不安感、社会的不安、社会からの回避の平均値は、高齢者の方が低かった。しかし、データには著しい変動があり、全体の3分の1強の人々が外見に関連した苦悩と不安を強く感じていると述べている。困惑と自意識の感情、社会的活動からの回避、人間関係におけるネガティブな影響力が、このグループの回答者に共通していた。多くの高齢回答者が外見は今もって重要であると感じているのであるが、また次のようにも述べている。不安感の焦点が、魅力的に見えたいという願望から、ある種の「適切さ」に変わってきている。それは清潔に、きれいに、そしてスマートに（如才なく）見られたいという願望である。多くの人が感じていることは、外見の不安感といったことは、医師たちからは十分に理解されていないということである。ケア提供体制の改善を計画する時には（第7章参照）、高齢者の要求は見過ごされるべきではない。

生涯にわたる潜在的なストレッサーとしての変形

　Lansdownら（1997）は、可視的差異を持つ人々の日常生活における潜在的ストレス要因として、変形とその治療について述べた。Middleton（私信より）はその考えをさらに発展させ、それを全生涯にわたるものとした。可視的差異

は持続的なストレス要因として概念化できる。それは持続的に（心的）エネルギーの蓄えとコーピング（ストレス対処）資源を要求する。それが占める時間的割合は、比較的少ない場合から全時間を占める場合まで多様である。人生がうまくいっている時には小さく、最初の受傷のすぐ後や外科治療の時などは大きくなる。他の生活上のストレスや緊張が発生する時（特定のライフステージにおける典型的な出来事であれ、関係の破綻などの重大な出来事の結果であれ）、変形は深刻さを深めるかもしれないし、時には苦悩として心にまとわりついたり、別の困難（苦悩）の原因になるかもしれない。臨床経験から分かることは、可視的差異を持つ人々にとっては、生涯を通して「転機の時」がことさら難しいことがある。特にその転機が、所属する社会的なグループを変える場合など（例：引っ越し、転校、学校や家庭を去ること、大学生活の始まり、新しい職場、転職、人間関係の始まりや終わりなど）。こうした転機における問題点は、効果的な支援と介入療法のための有用な焦点を提供してくれる（第6章・第7章参照）。

状態に固有の影響

多様な可視的差異を持つ人々の経験に共通性があるのは驚くべきことであるが、特定の状態の結果として発生する固有の影響もある。変形の原因は多種多様であるので、すべての状態（症状）に固有の問題を包括的にカバーすることは、この本の目的を超えてしまう。したがって、外見研究が関わっている膨大な範囲の場の雰囲気が分かるように、いくつかの例を選んで紹介することにする。これらを対象とする研究分野では、合理的に信頼できる結論が得られている。先天性の状態に関する膨大な研究は、口唇口蓋裂を扱うことが多かった。この研究は前出の章において、生涯にわたる問題として提出されているので、ここでは重複を避けることにする。

癌

将来的に生命を脅かす疾患である恐怖心に加えて、癌を抱える多くの人々は、疾患やその治療による結果として、外見の大きなダメージと変化によって

深刻に悩まされている。

　癌に関連した外見の変化には一時的なものもあるし（例：脱毛）、また、変わることを受け入れやすいものもある（例：乳房切除後の再建手術に関すること）。また一方、永続的なものもあり（切断）、外見に加えて機能にも影響しうるものもある（White 2002）。外見への変化は、疾患とその治療を生々しく、しつこく思い出させるものとして、そして再発への恐怖として作用するのである。一般的に、癌患者における身体イメージの問題の原因については、あまり述べられてこなかった。外見の変化における個人的な影響は過小評価されてきた。おそらくそうなった理由は、癌患者は癌を克服し、生き延びることに専念すべきである時に、そのような（外見への）不安を口にするのは不適切なことだろうと恐れるからだと思われる（Hopwood and Maguire 1988）。

　頭頸部癌、乳癌、気管切開（訳者注：原文では stoma で、口または孔という意味だが、人工肛門という意味もある。ここでは可視的差異に該当するものとして気管切開とした）における身体イメージと外見に焦点を当てた有用な研究がたくさんある一方で、その他の疾患については比較的注目されてこなかった。癌患者は多様で不均一なグループとなるので（Zabora et al. 2001）、異なる疾患、予後、治療のグループにおける、外見に関連した固有の諸問題について考案する研究が必要である。今日に至るまで、非悪性疾患における外見関連の影響については、ほとんど見逃されてきた。しかし、たとえ非悪性疾患であっても、悪性疾患の患者が経験するのと同様の治療後瘢痕をきたすような治療を受けるのであるから、外見の問題には大きな不安を持つだろう。イギリスにおける NHS の乳腺疾患スクリーニング計画によって、多くの女性が非浸潤性乳管癌（DCIS）と診断されるようになった。これは後に乳癌に変化する可能性もある前浸潤状態である（訳者注：癌とは上皮組織、すなわち表面に原発するもので、そこから深部に向かって浸潤・進展していく）。DCIS と診断された女性には 2 つの治療選択肢がある。1 つ目は、本格的な乳癌になるまで「経過観察する」ことである。2 つ目は、DCIS の部分を外科的に除去するという選択である。その方法は、乳腺切除術や腫瘍摘出術と言われる（放射線治療は行う場合と行わない場合があり、再建手術も同様である）。そうなると、その女性は悪性腫瘍を罹患していないことに安心させられるのではあるが、乳癌の治療と同じ治療を勧められるのであ

り、それにより身体イメージと外見に大きな影響を受ける。この分野において、患者が受ける情報や支援、また実際に提供されるケアに対する満足度に焦点を当てた研究は少ない（Bluman et al. 2001; Brown et al. 2000; De Morgan et al. 2002）一方で、われわれの研究では（Harcourt and Griffiths 2003）、外見への影響力を含めて、こうした現実がもたらす恐怖感とジレンマについて焦点を当てた。

　　私には乳癌になった友人が何人かいて、彼女らは皆、腫瘍摘出術を受けた……私が乳腺切除術を受けなくてはならなくなるなんて、考えてみたこともなかった。だから診断に対して動揺したのではなく、手術に対して動揺したのです。

　癌治療の標準的な方法は（手術、抗癌剤治療、放射線治療、薬剤・ホルモン治療）、すべてが外見に対して影響を与える可能性がある。

手　術

　診断をつけるため、悪性腫瘍を除去するため、多くの患者が一連の外科的治療を受ける。そしてその結果として、手術前の外見や機能を回復させるための再建手術を受ける（第6章参照）。根治的手術は多くの手術瘢痕を残し、加えて、機能障害、リンパ浮腫（むくみ）を引き起こし、プロテーゼや装具・用具（例：ストーマ）が必要となる。より広範囲にわたる手術は、侵襲度の低い手術または手足などの切断手術に比べると、心理的により強い影響を与えるだろうと推測されてきた。例えば、多くの文献が見出してきたことは、乳癌の女性のうち腫瘍摘出術（腫瘍と周囲組織だけを外科的に摘出する方法）を受けた人の方が、乳房切除術（乳房を完全に切除する方法）を受けた人に比べて、自分の体に関して、より好ましい術後の身体イメージと大きな満足感を述べている（King et al. 2000; Moyer 1997 参照）。しかし、腫瘍摘出術にしても瘢痕を残すことになるし、外見と身体イメージに対して明らかな影響を与える（Hall and Fallowfield 1989）。そのため、より小規模の手術の方が乳房の外見に変化をきたさないだろうという思いから、乳房切除術よりも腫瘍摘出術を選択した患者は、がっかりするこ

とになるかもしれない（Fallowfield and Clarke 1991）。

化学療法（抗癌剤治療）

　急速な脱毛は特に傷つく経験となりやすく、多くの人にとって化学療法に伴うもっとも恐ろしい副作用となる（Batchelor 2001）。Rosman（2004）は、化学療法によって脱毛した患者の経験に関する定性的研究を報告した。外見の変化が、癌患者というアイデンティティの感覚と、自分の病気が今や周囲の知るところとなった不安感を、どれほど高めたかを彼は描いて見せた。脱毛はスティグマを与える出来事と見なされていたが、多くの人々は「治るためには支払わなければならない代償」と考えていた（336ページ）。この変化を隠したりカモフラージュするためにカツラを使用したりすることは、スマートな解決法にならないのかもしれない。なぜならば、カツラは不自然に感じられ、違和感をかえって強めてしまうように働く、と述べる患者もいたからである（Williams et al. 1999）。そして、いつ脱毛のことを明かすかという問題も生じてくる（Rosman 2004）。化学療法に伴うこのネガティブな影響は、毛髪が生え始める時には改善するかもしれない（Pendley et al. 1997）。しかし、新しい毛が異なる質感と色になっている場合、以前とは変わってしまった外見に、さらに適応していかねばならないかもしれない。

　化学療法は同時に大きな体重変化ももたらすが、それは隠したり、装いでごまかしたりすることが非常に困難なものである。また、吐き気や嘔吐は、再発や別の癌の発生の兆候として感じられるかもしれない（Price 1992）。加えて、抗癌剤の投与法が（例：Hickmanカテーテルと頻回の静脈内投与）、体の健全性に対して侵襲的で脅威を与えるものと感じるかもしれない。

放射線治療

　放射線治療に伴って極端な疲労感が起こる。日常生活上の機能を害し、身体イメージにも影響が出る。これらの副作用は、癌が進行している症状として感じられるかもしれない。加えて、放射線治療によって皮膚反応を呈する患者もおり、治るには長期間を要し、永久的な瘢痕を残すこともある。

ホルモン療法

　ステロイドホルモンや各種のホルモン療法は、悪性腫瘍の成長を抑制する目的で行われるが、外見に多くの苦悩をもたらす。例えば、乳癌の標準的治療として使用される薬剤の副作用では、閉経期様の症状が起こる場合があり、体重増加や顔面紅潮などが現れる。ホルモン療法を受けている前立腺癌の患者は、外見に対して治療が引き起こす変化が、配偶者との間に、どれほど身体的かつ情動的な隔たりを生み出すかについて述べている（Navon and Morag 2003）。

　まとめると、すべての癌治療が身体の外見・感覚・機能に対して有害に影響する可能性を持っている。こうした過程は、複数の治療法を組み合わせて受ける患者にとっては、いっそうひどいことになるかもしれない。すべての個人に起こりうる正確な影響を予測するのは困難である。多くの患者が、生命を脅かす状態を治療するために支払う代償としては、外見の変化など相対的に小さな問題だと考えている一方で、（外見の変化は）闘病において特に深刻であると捉えている人たちもいる。この分野で働いている研究者や臨床家らは、癌によって影響を受けた身体部位に置かれた個人的価値の重要性について、十分に考えてこなかったと批判されてきた（White 2002、第2章も参照）。治療が身体イメージに与える変化の影響力に関して、そして、それらがどれほど良くなりうるものなのかに関して、もっと学ぶべきことが残されている。

熱傷（執筆協力者：クレア・フィリップス Claire Phillips）

　少数の熱傷は前もって計画されるが（例：自傷行為の一つとして）、ほとんどのものは突然に予期せず発生する。イギリスでは毎年、約17万5000人の熱傷患者が外傷救急科を訪れる。そしてこれらのうち、1万3000人が入院している（National Burns Care Review Committee 2001）。他の形態の外傷と比較して、熱傷は広範囲の損傷、機能障害、変形をきたしやすく、熱傷が引き起こす突然で急速な外見の変化は、多くの特徴的な問題を生み出す。加えて、熱傷を起こすことになった事故は、患者本人、家族の誰か、あるいは現場にいた誰かの行動、または行動しなかったことに、その事故の原因を求めうる場合もある。この外傷の周辺事情にまつわる情動やストレスは、解決することが難しいかもしれない。

熱傷を負った患者は、事故直後から一連の治療段階を通過していく。事故の緊急処置の後の最初の仕事は、皮膚移植手術によって、または自然治癒が可能な創部部分の皮膚再生を促進させることによって、創部を皮膚で閉鎖していくことである。感染と痛みのコントロールの必要性において、また、繰り返し行わなければならないストレスに満ちた創部被覆材の交換において、この時期の治療は際立っている。創部はいかにも生々しく痛々しく、患者や（小児患者の）両親は、見るからに小さな事故でさえ（例：カップに入ったお茶をこぼした）、このようにひどくて広汎な損傷を引き起こしたのだということが信じられないかもしれない。患者や家族は、熱傷後初期には熱傷は重症に見えていても、良くなっていくだろうということを受け入れなくてはならない。腫れが引き、熱傷の激しさが落ち着いてくるまで、患者は顔の熱傷を見て、最初はがっくりすることだろう。この時期、患者はお見舞いに来る親戚や友人の反応から、自分の傷の程度に関して手がかりを探そうとするだろう。「私は必死になって細部を探した。そして髪の毛やいくつかの部分がなくなっていることを発見した。私は周囲の人たちの反応に過敏になった」（22歳女性）。

　熱傷患者は熱傷瘢痕の好ましくない局面（赤く隆起した瘢痕の外見や、瘢痕によって運動が抑制されている状態）を治す、または最小限にするために、瘢痕治療チーム Scar Management Team に紹介されるだろう。こうした状態への治療には、オーダーメイドの強めに圧力がかけられる圧力服を着用することが含まれる。瘢痕が隆起し過ぎたり、縮んで塊のようになったりするのを予防する目的で使用される。圧力服は瘢痕組織の外見の悪化が最小限となるように設計されているのだが、この長期着用による治療自体が、皮肉にも一般の人々の目には好奇心を掻き立てるものとなる。顔面熱傷に対して着用する圧力服はマスクに似ることとなり、周囲の人たちに特別な注目反応を引き起こしてしまう。オーダーメイドされた圧力服の着用順守のレベルは、その見た目へ嫌悪感によって下がってしまうのである。

　長期にわたった入院が終わると患者は家に帰るが、その時、熱傷による外見への不安感が前面に出てくるようになり、変わってしまった外見に対する他者の反応に直面するだろう。

同じことに何度も答え、説明することにうんざりしてしまった。誰かに会う時、事故のことを全部話さなきゃならないと感じるのだ。どうしてかと言えば、結局は事故のことを聞かれて、そのことについて話さなきゃならなくなるからだ。　　　　　　　　　　　　　　　　　　　　　（48歳男性）

事故の後、孫娘は私のそばに寄らなくなったのだ。これには傷ついたよ。彼女は私のありさまを見て、怯えて固まってしまったのだ。　　（53歳男性）

熱傷が伝染するものだと間違って見られることへの不安もありうる。

僕は人々に水泳プールに行く気をなくさせたくないんだ。理由は簡単で……僕が水に飛び込んだ時、周囲の人たちは思っただろう、「ゲーッ！」とね。そんなことを僕は彼から感じ取ったようだ。ご存じのように、人はすぐに誤解するものなのだ。　　　　　　　　　　　　　　　　（39歳男性）

　熱傷患者または熱傷患児の両親は、質問と注目または凝視を受けることを防ぐために、衣服で熱傷を隠そうとするかもしれない。加えて、熱傷部位は日光から守られねばならない。なぜならば、新しい皮膚は極端に脆く、紫外線によってダメージを受けやすいからである。それゆえに、長ズボンや長袖などの季節に合わない衣服によって、あるいは大量の日焼け止めによって、人々の目には目立つものとして感じられるのである。
　熱傷瘢痕の外見は受傷時から18か月〜2年で徐々に変わっていき、やがて瘢痕は成熟し、安定する。色調も落ち着いてきて、瘢痕は軟化し目立ちにくくなる。しかし、この成熟を待つ期間において、最終的な結果に確信が持てず、瘢痕の現在と将来の外見に対して不安感を持つのが普通である。変化の過程において、患者は、治療の最後には瘢痕は目立たなくなるだろうという希望を持って、明るくなれるかもしれない。最終的な結果への期待は非現実的であるかもしれないし、変わってしまった外見への適応は、ふとしたことで進まないかもしれない。加えて瘢痕は、外傷や治療に伴うトラウマを永久に思い出させるものとなるだろう。「彼（の肌）を（直接）見るのは奇妙な時間です。彼が風

呂にいるか何かの時、私が思うことは、それ（瘢痕）が常に思い出させるということ。どんなに彼がきれいな皮膚であればと願っていることか」（2歳男児の患者の母親）。

66名の成人患者を扱ったClaire Phillipsの研究で、社会的機能のレベルは、熱傷受傷後の心理学的機能psychological functioningの（統計学的）分散の76%を説明していた（β=0.6, p＜0.01）。そして、魅力に関する自己評価は、心理学的機能の予測因子としては2番目に強かった（β=0.4, p＜0.01）。外見の不安感のレベルは（Derriford Appearance Scaleによって測定）、一般人と比較して、熱傷患者においてより大きかった（z=2.05, p=0.02）。早期の職場復帰は良好な社会適応の指標とされてきたが、熱傷により可視的差異を持った人は、人前に出る仕事をする意欲が減じたことにより、変わってしまった顔が就労状況に影響するだろうと感じるかもしれない。昇進のチャンスを逃したり、あるいはすでに自分のことを知ってくれている、慣れ親しんだ職場（仕事）にとどまったりするようになる。

> 私には自信をもってインタビューに答え、理解されることがとても大変なことに思えるのです……ああ……なぜなら、私がどんなふうに見えているのかをとても意識するからです。そうやって、私を邪魔するのです。それだけじゃなくて……ああ……人々は私を見て、見た目の通りに判断し、だから仕事を与えることなど嫌がるでしょう……会社を変える気持ちは起こりません。なぜなら、私が知っている人たち、私に何が起こったか知っている人たちと一緒にいることで安心できるからです。　　　　　　（22歳女性）

こうした問題にもかかわらず、多くの患者が以前の仕事に戻っていき、以前の生活へさまざまなレベルで適応していくことが研究報告されている(Blakeney et al. 1988; Meyers-Paal et al. 2000)。熱傷患者にとって社会適応とは、多面的で複雑な過程である。それらは時が経過しても起こり続ける。また社会的要因の組み合わせ、個人に備わった特徴（例：パーソナリティ、リジリエンス、見識、楽観性）、熱傷の個別的特徴（例：部位、可視性、受傷時の周囲環境）、他者から見ての熱傷の重症度と目立ちやすさについて受傷者が持つ認知（Kleve and Robinson

1999)、そして必要とされる外科的治療の程度または範囲（第5章参照）などを含んでいる。

皮膚疾患

　皮膚は人体における最大の器官である。その状態は全身的な健康状態を反映し、情動的ストレス、アレルギー反応、睡眠不足、低栄養状態、食習慣を含めたさまざまな問題点を表すこともできる。Papadopoulos らは皮膚のことを、「身体的かつ心理的な問題と過程へのドア」と述べている（1999b: 108）。皮膚とは、他者を判断する際の、またわれわれが判断される際の可視的測定器である。変形した皮膚の状態は先天性のことも後天性のこともある。また一般人の持つステレオタイプに反して、若者に限定された問題ではない。年齢の上昇とともに皮膚疾患の頻度は増加し、70歳以上の10％が10～15の皮膚の問題を同時に抱えていると報告されている（Kligman 1989）。

　皮膚の状態は（白斑症のように）進行性であったり、不安定であったりする。ほとんどの皮膚科的疾患では経過を予測することが困難であり、そのことが多くの人々にとって問題となる。なぜならば、罹患している人たちにとって、いつ悪化したり再発したりするか分からないので、常に備えていなければならないからである。しかし、多くの皮膚疾患は生命を脅かすものではないので（Papadopoulos et al. 1999a）、ヘルスケア専門職からも、おおむね整容的問題と見なされている。そのため、罹患者らへの心理的影響は十分に検討されておらず、しばしば軽視されてきた。Koo（1995）が指摘したことは、ニキビが与える心理的影響は、多くの患者にとってこの疾患が持つ、もっとも苦悩に満ちた局面であることである。そしてこのことは他の多くの皮膚疾患にも等しく当てはまる、ということを指摘しておくことは当然であろう。

　いくつかの心理社会的諸問題（例：社会的不安と社会からの回避）は皮膚疾患の多くに共通して関係している一方、同時に重要なことは、付加的な状態固有の問題（例：皮膚の脆弱性と水疱を形成する原因となる接触の問題。表皮水疱症 Epidermolysis bullosa=EB）も関与していることである。皮膚の状態のうち湿疹や乾癬のように、水疱、表皮剝離や魚鱗癬を呈するものは、その状態を隠すた

めにメイキャップを行うことが困難である。一番確実な方法は衣服で隠すことであるが、それにも問題がある（例：夏に腕や脚を覆うこと、Porter et al. 1986, 第6章におけるカモフラージュ・サービスも参照）。

皮膚疾患の進行とストレスとの関連性については、近年の研究において大きな関心の対象となっている。Papadopoulos ら（1998）は後ろ向きかつ横断的研究を行い、成人においてライフ・イベントが白斑症の発症に与える影響力を検討した。前年に発生したストレスに満ちたライフ・イベントの件数について、外見を変化させるその他の疾患（栄養障害型表皮水疱症 dystrophic epidermolysis bullosa and naevi）で構成されるコントロール群と比較した。これがコントロール群として選ばれた理由は、この疾患（の発生）にはストレスが関与しないと考えられたからである。白斑症を持つ人々は、対照群と比べて、（ストレスのある）ライフ・イベントを経験している割合が有意に高かった。このことから彼らが結論づけたことは、これらの人々は、ストレスに満ちたライフ・イベントによるトラウマによって誘発されやすい疾患状態への遺伝的素質を持ちながら、生まれてきているということである。この解釈では、特別なライフ・イベントを経験した人のすべてが、それをストレスに満ちたものと感じていることが前提となっており、ストレスへの評価と対処についての個人差が考慮されていないのであるが、このことは、いかなる包括的なケア提供体制においても、ストレス管理を含めなければならないことを支持している（第7章参照）。

関節リウマチ

関節リウマチ（RA）は痛み、運動能力の低下、進行における不確実性、腫れた関節を含めた外見の変化を特徴とする。しかし、この慢性疾患に罹患した人の身体イメージと外見の問題については、他疾患と比較すると、あまり注意が払われてこなかった。例外的に Rumsey ら（2002）の研究で、57名の関節リウマチの外来患者における外見の問題が調査された。彼らは、可視的差異を持つ多くの他の疾患（熱傷、頭頸部癌、眼疾患）よりも、不安感と抑うつ感の程度は大きかったと報告している。苦悩について強く訴えている人々は、関節部の外

見と皮膚の病変と変色に関する当惑について語った。自分の状態は非常に他者の目につきやすいと感じられ、結果的に自意識が過敏になった。72％がさまざまな活動（水泳、共用の更衣室で服を着替えること）を避け、社会的行動をできる限り制限するようになったと述べている。

Vamos（1990）は 80 名の関節リウマチの女性外来患者において、手の外見に関連した身体イメージの不安感の重要性を調査した。この研究には、手の外見が他者の反応を喚起することが述べられている。それは例えば、顔の差異を持つ人々が述べるネガティブな経験に似た、憐みの一瞥などである。結果として、羞恥心や怒りの感情が起こったことが思い起こされた。リウマチの手の外見に対するネガティブな感情は、年齢、罹患期間、握力、客観的に評価される手の外見とは無関係に、手術に向けた願望に関する重要な予測因子となっていた。顔の差異に関する研究が強調されてきたこととは対照的に、手における問題はあまり注目されてこなかった（Rumsey et al. 2003b 参照）。しかし、顔と同様、手は社会生活において非常に目につく部位であり、その外見は気づかれないように隠すことが困難である。

Ben-Tovim and Walker（1995）は、身体の外見や機能に影響を与える、長期わたる後天性疾患や先天性疾患を持った女性の身体に関連した態度について調査した。この研究には、リウマチ（「変形あり、かつ機能障害あり」と分類）、それに皮膚疾患（「変形あり、しかし機能障害なし」と分類）、さらに単純性血管腫を含む可視的な血管腫のグループと糖尿病のグループが含まれていた。参加者全員は女性であったが、その理由は、この研究で用いられた Body Attitudes Questionnaire（BAQ：身体やその形状に対するこだわり度の評価）が女性を対象に作られたものだったからである。比較対象グループはランダムに選ばれたオーストラリア南部地域に住む女性で構成され、年齢、身長・体重を釣り合わせており、臨床グループの参加者らのような重度の変形や機能障害を持たない人々であった。コントロール群と比較して、すべての疾患グループが異性に対して（自分たちは）魅力に乏しいと感じていたが、統計学的に有意差があったのは糖尿病のグループだけであった。関節リウマチのグループでは、比較的若くして発症した患者は、身体に対する落胆と体重・体形に関する不安感に有意に相関を示した。身体に対する態度を決定する第一要因としては、疾患の罹患期間

よりも、発症年齢の方が重要である。青年期の早期に疾患が現れたケースが、より強くネガティブな身体評価を訴えていた。若年性関節リウマチ juvenile onset rheumatoid arthritis（JRA）と診断された参加者らは、同じ体重を持つ同地域の者に比べて、主観的に（自分は）太っているのだと感じていた。そして、自分たちの身体に対してネガティブな評価を広範に示していた。外見の不安への支援を含めた適切な心理学的介入療法は、こうした関節リウマチを持つ人々、その中でも特に青年期に診断された人たちにとって有用であると、著者は示唆している。

刺青（タトゥ）

古来、身体を個別化する方法として永久的な皮膚のマーキングが行われてきたが、この言葉（タトゥ）が使用され始めたのは 18 世紀になってからである（MacLachlan 2004）。かつては反抗的態度に伴うものとして、そしてグループの所属を示す行為として、社会経済的な地位を示すものとしてタトゥは使用されてきたが、今や（世間に）広く受け入れられてきているように思われる（MacLachlan 2004）。イギリスではタトゥを行う店舗が、20 年前の 100 店から、2004 年には 1500 に増えた。今やバービー人形ですら腹部の刺青を見せびらかしている。刺青を入れる動機は複雑であり、身体の改造、自己表現、創造性への願望を含んでもいる。しかし、刺青を入れることは健康へのリスクを伴う行為である。毒性があり、微量ではあるが血液を介してそれを取り込む危険がある。また感染の可能性もあり、場合によっては致死的な状態に至る恐れもある（例：HIV や C 型肝炎など）（Armstrong and Murphy 1997）。後日、刺青を入れたことを後悔し、除去したいと強く願う人の割合は高い。レーザー治療、皮膚剝削術、皮膚切除による刺青の除去は長期にわたり、痛みを伴い、しかも高価である。そして、そうした治療は必ずしも刺青を根こそぎ跡形もなく消せるわけではなく、タトゥが瘢痕と入れ替わることになるだけである。

Rumsey ら（2004）の民間の刺青除去クリニックの患者 25 名を対象とした研究では、高いレベルの外見に関連した苦悩と後悔が見出された。回答者らは驚くほど高いレベルの全般性不安、社会からの回避、社会的不安を訴えていた。

それらは熱傷、頭頸部癌、皮膚疾患の患者たちよりも有意に高かった。自己意識と困惑の感情が共通して見られ、大多数の人たちが、刺青によって他者からネガティブに見なされると感じていた。

結 論

　要約すると、可視的差異はさまざまな深刻な問題をもたらす。可視的差異は多くの原因で生じうるが、当事者においては原因とは関わりなく、原因の違いにもかかわらず、彼らの経験には差異よりもむしろ共通性の方が多い。こうした問題が客観的に見える変形の結果であるか否かにかかわらず、外見に不安を抱えている人々すべての体験に、共通性があることも驚くべきことである。そして社会的相互関係において、ネガティブな自己認知と困難にまつわる問題が訴えられることがもっとも多い。一般人における外見への不安を扱ってきた研究者たちと、実際に可視的差異を持つ人々を扱ってきた研究者たちは、過去においてはこの２つの領域を別々のものとして扱ってきた。しかし、将来的にはより広範で多様な人口構成の中で、外見の問題を横断的に検討していくべきであるということに強く同意している。
　可視的差異が与える影響を扱ってきた過去の文献によれば、そうした人々は身体イメージへの不安、自尊感情の低下、社会的相互関係における問題といったリスクにさらされている、ということが示されている。しかし、すべての人が同じように影響されるわけではない。深刻な心理的困難を経験する人の割合は、研究への参加者の構成によっても（積極的に治療を求めている人たちであるか、あるいは、地域ベースに無作為的に集められた人たちであるかなど）、母集団の大きさによっても（たいていは母集団が小さくならざるをえない）、使用された測度によっても変わってしまうのである（第２章参照、Newell 2000a）。それでも、ほとんどの研究で、病院での治療を受けている人のうち 30～50％が、外見に関係した苦悩を深刻なレベルで経験している点は一致している。しかし、同時に別の研究が示していることは、可視的差異にうまく対処し、それを脇役へと変えていけることである。また別の人たちは、自分たちの違いをむしろ利点

として利用できるという確信を発展させている（Partridge 1990; Rumsey 2002a）。質的研究において、四肢切断者の46％が、自分たちを襲った切断という現実がもたらした結果として、何らかの良いこともあったと信じていた（Gallagher and MacLachlan 2000）。この良いことには、その体験が人生に対する姿勢を変えたこと、自信・忍耐力・満足感のレベルにおいて向上させてくれたこと、そして、より効果的なコーピング能力を伸ばしてくれたという確信が含まれる。そうした体験が「人間形成 character building」の機会を与えてくれたという人々もいる。乾癬罹患者が訴える多くのネガティブな表現の中においてさえ、Ginsburg and Link（1989）は、ポジティブな姿勢を持ち続ける人々の存在を伝えた。同様の状況にある人とは対照的に、こうした人たちは自分の皮膚の状態が悪いからといって、社会的相互関係の中で他人から拒絶されるという考えには同意しない。そして、人生の多くの局面において、全体的には楽観的な感覚で対処できると考えているという特徴がある。

　研究の困難さを和らげるために、可視的差異を持つ人々を「ポジティブに対処する人」と「ネガティブに対処する人」とに大まかに二分しようとしがちである。しかし、経験の複雑な相互作用が、日々の中での多くの経験を特徴づけていくことは間違いない。Andrews（1998）が唱えたことは、人間とはポジティブな姿勢とネガティブな姿勢の両方を持つことができる存在であること、そして、自尊感情は時によって状況によって変動しうる、ということである。人が相対的に適応する時と苦悩する時の変動の幅については、研究が待たれるところである。こうした研究の知見が得られるには、まだ数年待たねばならないだろう。研究者たちは、苦悩を悪化させる要因について、そして外見に関連した不安を和らげる要因について、解明しようとし始めている。これについては第5章において詳しく述べられる。

第4章のまとめ

- 変形を構成するものとそうでないものを、区別することは非常に困難である。
- 可視的差異はさまざまな原因から生じる（先天性や後天性の異常、外傷、疾患、

手術の影響など)。
- 可視的差異を持つ人々が経験する問題のうちもっとも多いのが、ネガティブな自己認知、他者によって否定的に見られることへの恐怖感、そして社会的相互関係の構築困難に関するものである。
- 外見の問題に対する治療を受けるために医療機関を訪れる人々のうち、30～50％が外見に関連して重大な心理的困難を経験している。
- 諸問題は発達段階によっても、状態固有の効果によっても影響を受けうる。しかし、原因や状況は多様であっても、諸問題には違いよりも、むしろ共通点の方が多い。

論 点

◆変形とは、どのように定義されうるだろうか？
◆もしあなたが目立つ差異を持っているとしたら、初対面の人と出会う時に、どのように対処するだろうか？
◆客観的な変形を持つ人と持たない人において、外見への不安の性質と影響力について、類似点と相違点は何か？

参考文献

Endriga, M.C. and Kapp-Simon, K.A. (1999) Psychological issues in craniofacial care: state of the art. *Cleft Palate-Craniofacial Journal*, 36: 3-9.

Lansdown, R., Rumsey, N., Bradbury, E., Carr, T. and Partridge, J. (1997) *Visibly Different: Coping with Disfigurement*. Oxford: Butterworth-Heinemann.

Newell, R.J. (2000a) *Body Image and Disfigurement Care*. London: Routledge.

Rumsey, N. and Harcourt, D. (2004) Body image and disfigurement: issues and interventions. *Body Image*, 1: 83-97.

第 5 章

脆弱性とリジリエンスに関する心理学的予測因子

外見への不安に関する研究では、可視的差異を持つ人々によって経験される不安と、より広く一般人によって経験される不安と、主としてネガティブな経験に焦点が当てられてきた。ネガティブに経験されてきた諸問題が持つ、生きる活力を失わせるような性質について詳しく述べられてきた。しかし、こうした事態も、大きな物語の一部でしかないことが明らかとなってきている。イギリスの口唇口蓋裂学会が行った調査に回答した70％の人が、口唇裂または口蓋裂を罹患したことによってもたらされた、ポジティブな面について述べている（Cochrane and Slade 1999）。文献に見るように多くの課題と問題があるにもかかわらず、頭蓋顔面領域の疾患を抱える人たちの多くが、生産的で、献身的で、幸福で、かつ満ち足りた人間となれるのはなぜなのか？　Strauss（2001）が提示した疑問である。変形はその人の生涯を支配してしまう可能性が高いにもかかわらず、多くの人たちがうまく克服している。近年、ポジティブな体験について研究することを目指そうという機運が高まってきている。その勢いはさまざまな分野から集まってきているが、とりわけ、自ら変形を持っている人々の明確な主張の比重が大きい。問題や困難における排他的なテーマは、変形というものを救いのないものとして見ることを助長してしまう、と彼らは感じている。なぜならば、そうしたアプローチは外見と疾患とを関連づけるやり方であり、同時にネガティブなやり方でもあるからである。加えて、イギリスやアメリカにおける最近の外見の研究者は、社会適応に寄与する諸要因のもつれを解きほぐしていくことに取り組んできた。

疾患へ関連づけるアプローチに替わるもの

　適応能力の個人差を説明する上で重要なことは、人を弱らせるような過度の外見への不安に対して、緩衝的に作用する保護要因を明らかにすることである。そして、外見に関連した社会的・文化的な圧力に対して、傷つきやすくさせる素因を明らかにすることである。適応能力の構成の複雑さを理解することがなければ、より積極的なコーピングやより良いヘルスケアの提供において、レベルの低い援助しかできないのである。Eiserman（2001）は、可視的差異を

第5章　脆弱性とリジリエンスに関する心理学的予測因子

持つ人々の生活の中でのポジティブな面について検討することは、研究者らにとって倫理的な義務であると確信している。また彼は、福祉政策やケア体制の決定については、そうした人々の諸問題に基づくのではなく、変形を負った人の人生においてバランスのとれた生活のあり方に基づくべきであると論じている。研究において使用される測度の問題について、特に興味を引く議論がある（第2章参照）。現在使われている尺度のほとんどは、心理学的な病的状態と機能不全に焦点を当てながら、ネガティブなものとして解釈されうる。われわれの施設（CAR）の多くの研究者は、こうした尺度を使用することにためらいを感じている。もし参加者が質問に答える前に、自分は抑うつ的であると感じていなかったとしたら、ほとんど何も回答が得られないだろうと予想されるからである。ネガティブな経験と同様に、ポジティブな経験も研究の焦点として扱うために、新しくて、よりバランスのとれた測度が開発される必要がある。

　可視的差異を持つ人と持たない人との間に共通性が大きいということを考えれば（第3章・第4章参照）、両方の人々にとってのリジリエンスと苦悩に影響する諸要因を、この章では許される範囲で合わせて考察したい。この方法による注目すべき副産物は、一般人における不満と外見への不安の源泉となる「正常基準」という文脈の中で、可視的差異を持つ人々の不安について考えてみることができることにある。これは従来のやり方、すなわち可視的差異を持つ人々を分離された「異常」群として分類するやり方とは異なっている。

リジリエンス

　可視的差異を持ちながらも、そのストレスと負担に対処できていると思われる過程を説明するために、「リジリエンス resilience」という属性が何人かの外見研究者によって注目されてきた。Cooper（2000）は、可視的差異という文脈の中でリジリエンスについて、「社会的かつ心理的圧力に対して、耐えられる自信を身に付けていける能力」、ないしは別の表現として、「困難な目に遭っても、困難を切り抜け、たとえ何が起ころうとも自分の価値を見失わない能力」と定義した。Bradbury（私信より）はリジリエンスを、人の周辺に存在す

る一種の力の場にたとえて説明した。その力の場とは、他者からのネガティブな反応を、そして美による利益を賞揚する偏ったメディア・メッセージを、差し障りなく跳ね返せるようなバリアのような層である。

　共通した一般的なテーマが浮かび上がっているものの、リジリエンスの構成要素についてはさまざまな方法で記述されてきた。Mouradian (2001) はリジリエンスの「本質的」構成要素について、ポジティブな自己信念を持つこと、効果的な社会的支援とソーシャルスキルを持つこと、とその輪郭を示している。彼女の見解によると、頭蓋顔面領域の先天疾患を持つ人々において、落ち込むような問題を経験する人と、うまく対処していける人との違いは、こうした要素によるのである。顔面神経麻痺をこうむる18名との電話インタビューにおいて Meyerson (2001) は、家族の支援、信念、ユーモア、自己意識、特別なスキル、決断力、そして人間関係をリジリエンスに影響する因子としている。Wright (2002) は8名を対象とした質的インタビュー（未発表）において、ポジティブなコーピングを特徴づける3つの大きなテーマを明らかにした。「リジリエンス・パーソナリティ」（自信、高い社会性、センスの良いユーモア、挑戦を楽しめる素質、などを含む）、家族や友人からの質の高い社会的支援（差異よりも、むしろ正常である部分を強調してくれること）、そして最後は、効果的なソーシャルスキルである。先天的変形であれ後天的変形であれ、そうした人々に有効に作用していたテーマには差がなかったことが見出されている。

　身体イメージに関連して、個人差を説明すると思われる諸要素に関してThompsonら (2002) が信頼できる総説を記した。それに含まれるのは、実に広範囲の社会的要素、仲間からの影響を含めた相互関係の影響力、親たち、そして面識のない人と、その人との出会いにおける行動的・認知的自己過程である。

　一般人におけるサンプルデータを用いて Carr (2004) は、外見への不安をあまり持たない自己システム、すなわち強い自尊感情に貢献する4つの面を提唱した。自己効力感 self-efficacy、「実用的な」コーピング戦略 'functional' coping strategies（Carrによれば、楽天的な帰属スタイル、有効な社会的支援、瞑想やリラクゼーションの有効活用、エクササイズ、そして問題解決のための認知戦略、思考の再構築や気晴らし）、「適応力のある防衛 adaptive defenses」、そして人生に

対する未来志向の考え方 future-oriented perspective である。Carr（2004）は特性論 trait theory にも触れ、すべての NEO5 要因に基づく積極的な適応能力によって特徴づけられる高いリジリエンス性格のプロフィールを、この研究は明らかにしてきたと主張した。NEO5 要因とは、外向性（良好な社会適応と対人関係の達成）、高い情緒安定性（心身ともに健康であること）、（創造性や没頭に関連した）経験の開放性、（利他主義と良好な人間関係に伴った）感じの良さ、誠実性（学術的あるいは職業的な優秀さの予測）である。Carr はこうしたパーソナリティのタイプと関連する、神経生物学的な要因の存在を予想している。また、主観的幸福感との関連にも触れている。

　この分野における仕事は、まだ始まったばかりである。初心者にとっては当惑を感じずにいられないであろう。例えば、解決されねばならない問題の中には、「リジリエンスとは性格上の特性として見るべきか、それとも対処戦略や資源として見るべきか」といった問題がある。それは生得的なものだろうか？リジリエンスのうち、どういった面を、教えたり獲得できたりするだろうか？この将来有望な分野では、さらなる研究の拡大が必要である。多くの研究者が、少なくともいくつかの関連性のあるスキルは学習されうるものであり、さらに発展させられるものであると信じているので、理解の増大は実りのあるものとなる。例えば、イギリスに拠点を置く慈善団体の Changing Faces は、自らの成果を伝えるために、研究についても熱心である。この慈善団体の狙いは、支援を必要としている人々に対して、次の3つのタイプのリジリエンスを提供することである。

◆ 行動的リジリエンス（他者と良好な人間関係を構築し、可視的差異に対する他者の反応に対処する能力）
◆ 認知的リジリエンス（支持的かつポジティブなやり方で自己会話 self-talk を行い、自分が可視的差異によって二等席の存在であるという思い込みに対して、持続的に取り組む能力）
◆ 情緒的リジリエンス（自分自身を良いものと感じる能力と困難にうまく対処する能力）

しかし、リジリエンスという流行に飛びつく前に、別の側面も考えておく必要がある。ある種のリジリエンスが持つ、特別な種類の万能的望ましさに対して、大きな期待をかけ過ぎることに危険は潜んでいないだろうか？　こうしたアプローチの仕方は、うまく変容し適応できた人々によって説教のごとく説かれる価値判断の一形式になってしまい、そしてその価値判断は人々に対して、ある特定のやり方で対処するようにプレッシャーをかけるかもしれない。もしこの特別なタイプのポジティブな適応が達成されない場合は、努力が足りないと非難することになるかもしれない。

苦悩を悪化させる因子と緩和する因子

　以上のような注意点を意識しながら、苦悩を悪化させる因子、緩和する因子、そしてポジティブなコーピング能力を育む要因を明らかにしていきたい。次節では、これらは大まかに次のようにグループ分けされる。

- ◆ 身体かつ治療に関連した要因（可視的差異の原因・程度・タイプ・重症度、そして治療歴を含む）
- ◆ 人口構成的かつ社会文化的要因（両親・友人・メディアの影響とともに、年齢・発達段階・性別・人種・社会階層・文化環境を含む）
- ◆ 心理学的要因と過程（自尊感情・自己イメージ、〈当事者が〉認知した他者の意見に対する重みづけ、認知過程、そして社会的支援への認知レベルを含む）

可視的差異の原因と身体的特徴

　一般の人々や多くのヘルスケア提供者たちの期待に反して、研究・臨床経験・個人的説明の大部分が示してきたことは、変形の範囲・タイプ・重症度によっては、適応能力を予測することはできなかった（Rumsey and Harcourt 2004）ということである。他者にとってその差異がどれほど目につくものであるか、そのことに対する個人の主観的な認知の方が、冷静な観察者や臨床家のアセス

メントよりも、心理的かつ身体イメージに関する混乱をよく予測できる（Harris 1997）。

　身体イメージへの苦悩と心理社会的適応において、可視的差異の原因が及ぼす影響を扱った文献では、ずっと論争が続いてきた。先天的変形と後天的変形による影響力について、一般化しようとした研究者も何人かいた。Newell（2000a）は関連する研究に関して有用な総説を書き、方法論的な批評を行ってきたが、（原因について）簡単に割り切り過ぎるような区別を避けた。彼の主張では、生まれつき、あるいは事故の外傷によって変形をこうむった人々における困難の方が、皮膚の疾患や手術によって変形をこうむった人々の困難よりも、一貫してその程度が軽かったという。しかしながら、方法・測定・結果に対して直接的な比較が行えるような関連研究はほとんどない。

　ほとんどの研究者たちが同意していることは、「先天性」と「後天性」といった大雑把な分類に基づいた一般化は有用性が乏しく、改められるべきであるということである。Newellらが指摘したように、先天性の可視的差異を持つ人々には、通常とは異なる自分の外見を身体イメージに組み込み、他者の反応に慣れ、そして有効なコーピング戦略を身に付けることができる機会がより多くあるだろう。しかし、実際はもっと複雑である。出生時には明らかであっても、その後の外科的治療に伴って目立たなくなる疾患（例：口唇裂、頭蓋骨早期癒合症）がある一方で、生涯にわたって差異の顕在化が進行していく疾患もある（例：神経線維腫症〈訳者注：先天性だが、出生後に皮膚・皮下の腫瘍が多発してくる〉）。後天的に変形をこうむった人たちは、身に起こった変化について（自分なりに）まとめ直し、身体イメージ（の変更）に取り込んでいく一方で、発症（または事故の発生）および以前の外見を失ったことにまつわる周辺事情によって起こってくる気分や感情に対処しなければならない。Bradbury（1997）は、予期しなかった外見の変化に伴う諸問題について議論した。外見の様変わりは、誰にとっても深刻な身体イメージの崩壊をきたし、多くの人にとって大きな危機となりうる。癌のように生命を脅かすような疾患の結果としてこうむった可視的差異の場合は、病巣を取り除こうとする手術を受ける必要性から、外見に関連した心配事は抑制されるか複雑化する。頭頸部癌の場合、患者は摂食障害や構音障害といった術後障害にも苦しむかもしれないし、将来の再発の

恐怖もある。こうした事項は、外見にまつわる不安を悪化させるかもしれないし、逆に軽減させるのかもしれない。

しかし「皮膚疾患」など、特異的なカテゴリー化においては、重要な違いを隠してしまうかもしれない。Porter ら（1986）は、白斑または乾癬を罹患するグループと、正常者（コントロール）グループの比較を行った。両群（白斑または乾癬）とも、正常群と比べて自尊感情が低下していた。しかし、白斑を持つ人に比べて、乾癬を持つ人の方が、自分たちはより強い偏見を受けていると述べた。それには、凝視されたり、職場において差別されたりした経験が含まれていた。また彼らは病気に対する適応能力の測度においても、低い点数にとどまっていた。乾癬はより目につきやすい疾患であるため、乾癬グループでは困難さが増大したのであろうと推測された。加えて、乾癬など増悪と軽快を繰り返す疾患は、可視的な徴候の予想しがたさという点において、特有の困難を呈するらしいことも明らかとなった。他者の反応には首尾一貫性がないため、罹患者はさまざまな他者の反応に対処するよう、（常に注意を怠らず）備えなければならないだろう。

特定の状態を持つ 2～3 群を比較検討した研究は少ない。Rumsey ら（2004）は、さまざまな可視的差異を持つ多くの外来患者を調査し、外見に関する苦悩と満足感のレベルについて研究したが、原因と苦悩の間に明らかな相関は見出せなかった。代わりに、この研究が光を当てたのは、それぞれのグループの社会適応における個人差の程度であった。

初心者に広く認められている憶測では、可視的差異の原因や程度が深刻に苦悩に関係していると思われるが、（実際の）エビデンスは異なった様相を見せている。特定の状態により、さまざまな課題に直面するであろう（第 4 章参照）。しかしその一方で、こうした課題は予測できる苦悩や適応のパターンを超えて、あらゆる種類の反応を引き起こしうるのである。

差異のカモフラージュにおける重症度、可視性、服従

変形が重症であればあるほど、その人は社会適応しにくくなる、ということは直感的に正しそうに思われる。しかし、多くのエビデンスが示すことは、客観的な重症度は、その人の苦悩のレベルと必ずしも相関しないということであ

る（Moss 2005; Rumsey et al. 2004）。逆に、変形の重症度に関する自己認知、および他者に対して目につくと感じるその程度の方が、適応に関しては優れた予測因子となる（Rumsey et al. 2004）。重症度と苦悩の間の詳細な関係を明らかにすることは、その測定が困難なため（例：第2章の定義と重症度の評価を参照）にうまく行われてこなかった。Moss（2005）が最近報告したことによると、形成再建手術を受ける前の400名以上の患者において、認知された重症度に関する自己評価は、有意に適応能力と関連していた（分散の20％を説明した）。（医師が評価した）客観的な重症度が示したことは、重症および軽症の変形よりも、中程度のレベルの方が、外見に関係してより強い苦悩を伴っていた。しかしこれらの評定は、分散のたったの5％を説明していただけである。

（客観的であれ主観的であれ）重症度の判定は、その変形が他者に見える程度によって影響を受けるようである。そして変形の可視性が、当事者が経験するストレスに直接関与しているだろうと、多くの評論家が想像している。顔における可視的な状態は（特にそれが目や口であれば）、特に悩み深いものとなることが認められている。社会的相互関係の中で、他者の注意が集中する部位だからである（Bull and Rumsey 1988; MacGregor 1970）。もし顔の大部分が変形していたら、出会う人のすべてが即座に気づくだろう。一方、他部位では（例：手の外傷）、即座に注目されることは少なく、見つけられることも少ないだろう。しかし、われわれが持っている直感に反して、ある状況でしか差異が見えない人よりも、明らかな（常に人目につく）可視的差異を持つ人々への影響の方が予測可能であり、そのため対処しやすいと述べる人もいる。Lansdown（1976）が述べたことは、変形が重度ではなく軽度であっても不安感を引き起こし、他者との反応においてさまざまな変化をもたらすということである。この予測困難性のためにコントロールが難しくなり、不安のレベルを高めることになる。同様にMacGregor（1970）が述べたことは、明らかな変形を持つ人々は、軽度の人と比べると、他者からのネガティブな反応をよりコンスタントに経験するため、より一貫性のある効果的なコーピング・スタイルを身に付けることが可能になるということである。

可視的差異は、化粧・プロテーゼ・衣服・髪型によってカモフラージュすることができるだろう。しかし、人によってはカモフラージュすることで、自己

呈示とアイデンティティに関連する問題をもたらすかもしれない（「他人は本当の自分に応えてくれているのだろうか？」）。また、社会的相互関係において、カモフラージュされたイメージに過度の信頼を置くようになってしまうかもしれないし、自分の「真実」はいつか発見されるだろうという恐れをもたらすかもしれない（第6章参照）。

背景（あるいは周辺情報）による見え方

　多くの研究者たちは、身体イメージに対する問題以外には、外見の影響力という興味深い問題を避けてきた。それは、可視的差異に関して付加的な外見関連要因であった。ポジティブな影響力が研究対象として残されている。そうなった大きな理由は、測定の困難さにある。他者の反応に関連して、「もしも魅力的ではない場合」と比べて、「ハンディキャップを持つ人が別の点で身体的魅力を持つ場合」には、差異は大なり小なり同様の影響力を持つものであろうか？　Shaw (1981) は、5種類の顎顔面疾患のうちの一つを持つ子供の写真を用いた研究を行い、魅力の有無について判定した。そして背景の影響力が、有効性や社会性についての判断に影響することを発見した。Tobiasen and Hiebert (1993) は、背景の魅力が強い場合、軽度の可視的な先天的差異を代償することができ、全体的な外見を魅力的なものとして認知させると述べた。直観的には、外見的要因は諸要因の一つであるが、この提案はさらなる研究を必要とする。

　そして自己認知についてはどうか？　可視的差異を持つ人が、可視的差異以外の点で自分のことを魅力的であると認知するならば、可視的差異の影響力は軽減されるだろうか？　Starr (1980) が口唇裂患児について調査した結果では、有意差を見出せなかった。しかし Newell (2000a) は、その研究には多くの方法論的弱点があると述べている。この分野において、他者にとって目につく差異を持つ人々に関連する研究が散見されるが、外見に対する自己認知は、大多数の人々が持つ外見への客観的判断よりも、苦悩をより鋭敏に予測できる要因でもあるという徴候がある (Feingold 1992)。しかし、適応能力に影響する可能性がある因子の多様さを見れば、可視的な、あるいは「異常」と認知されるような身体的特徴だけでは、個人差を説明することは難しいだろう。社会文

化的かつ心理学的諸因子に関する考察も含まねばならない。

社会文化的かつ人口統計的な諸要因

　この分野における研究者にとって多くの課題の一つは、他者によって、どのように身体的外見と可視的差異が見られ経験されるのかという点において、その差異を説明することである。それらの差異は、人種・文化・性別・社会階層・年齢階層など、社会文化的な諸要因がもたらす結果として存在する。研究者にとって解決しなければならない問題は、人種の違いによって説明できるような適応能力の差違を、理解し説明することである。体重への関心について、民族間の違いに関する研究が少数ある（例：Duncan et al. 2004 参照）。しかし、外見の他の面に関連した研究はない。社会文化的違いについては示唆的な研究が少数存在する。例えば Rucker and Cash (1992) は、白人系アメリカ人はアフリカ系アメリカ人と比べた場合、全身的な外見について、よりネガティブな身体認知と評価をしていたことを見出した。加えて Strauss (1985) は、イスラエルでは、ヨーロッパ系、オリエント系、アラブ系のユダヤ人の間で、先天性奇形の発生原因についての説明において、そして、リハビリテーションや共同体への受け入れの仕方においても、違いがあることを述べた。現在の理解において大きな隔たりがあることを認めるとしても、可視的な先天性奇形、後天性差異、一般人が持ちうる外見への不安における文化的・社会的差異の意味合い nuances は、ほとんど研究されていないし、さらなる研究が必要とされている。

年齢と性別

　外見に関連した適応能力において、発達段階と性別との相互関係は、第3章・第4章において議論されている。諸知見は対立的である。外見に関連した苦悩は、青年期と若年成人期の女性にもっとも見られるものである、という普通に持たれている思い込みを支持してはいるものの、高いレベルの苦悩は、すべての年齢層と両方の性別に認められてきた。性別に関しては、明快な結論を出すことは特に難しい。260名の熱傷患者を対象にした Brown ら (1988) の

研究は、適応能力に含まれる要素の複雑性を、そしてこの複雑性における性別の役割をも、暗に示唆した。回帰分析が示唆したことは、機能障害の少なさ、娯楽的な活動、多大な社会的支援、社会的回避が少ないこと、問題解決的なコーピング・スタイルは適応能力において分散の55％を説明したことである。男性においてもっとも強力な予測因子だったのは、機能障害の少なさであった。一方、女性では問題解決的コーピングの使用であった。レビューによるとNewell (2000a) は、可視的差異に対する適応能力における性別の役割を検討する研究知見が矛盾していたとも結論づけた。彼はまた、女性と比べて男性においては、異なる諸変数がより良い心理社会的適応に関連していると推測した。

社会経済的生活状態

身体への不満足のレベルにおける違いが、社会階層に帰することができるような研究は限られており、そして対立的な結果を生み出している。社会経済的に高い水準の地域にある学校の生徒では、体重に対する高いレベルの不安感が認められてきた (Wardle and Marsland 1990)。しかし、他の研究ではこうした結果は認められなかった。Robinson (1997) は、体形に対する理想は、雑誌・広告・映画・テレビを通じて極めて広範囲に浸透しているので、この点においては社会階層間の差異がほとんどないのだろうと指摘している。Harris and Carr (2001) の一般人を対象にした外見への不安の研究では、社会経済的レベル、生活状態のどちらにも、関連性は認められなかった。

Rumsey (1997) は、外見において「欠陥」と認知されたものを治すために、美容手術や歯列矯正治療を受け入れることに対する差率を検討した。イギリスではNHSが、すべての後天性の変形と大部分の先天性の変形を修正する治療を提供することができるだろう。ただし例外的な場合には、客観的な変形 (いわば、傍観者に対して可視的な「異常」) がない人たちにも美容手術が提供されるだろう。アメリカでは、多くの治療が健康保険や国政によるヘルスケア計画ではカバーされておらず、また費用は非常に高い。それゆえに、低収入の人々にとって可視的変形は経済的状態と深刻に関係しており (Strauss 2001)、治療は「エリート」たちにだけ許される選択肢となっている。異なるヘルスケア体制

のもとでの治療の利用可能性または配給可能性の影響については、まだこれから研究されるべきである。しかし、評論家らが指摘してきたことは、美容手術が広く宣伝されればされるほど、また、それに手が届く人たちが利用すればするほど、自分の外見に不満な人々も、また、変形をより受け入れている人々にも、ますます同じ行為を促す圧力が及ぼされるようになることである。

社会的支援と家族環境

さまざまな状況の中でポジティブなサービス資源として、社会的支援の有効性が広く認められている。そして優れた内容の社会的支援は、危機的状況において、ストレスへの緩衝役として作用するために動員されるべき有用な資源として一般に見なされている。

Liossi（2003）は、外見への不安を持つ人々のうち、高いレベルの社会的支援が受けられたことを報告している人々は、社会的不安と社会からの回避に対して好ましい（すなわち軽症の）レベルになっていることを見出した。社会的支援のレベルの低さ（支援的関係の数においても、受けた支援への満足度においても）は、外見への不満足に対する重要な予測因子であった。質の高い社会的支援とは、外見の持つ機能が失われるような状況になった時ですら、苦悩から人々を守るために、望ましいレベルの自尊感情と結び付きながら作用するだろう、と彼女のデータは示唆している。

外見への不安という文脈において、いかにして社会的支援による保護効果は実現されるのだろうか？　Baumeister and Leary（1995）は、社会的支援は、自分には価値があるという感覚を増強するので、援助に有効であるだろうと推測している。Liossi は、良い社会的支援は効果的なコーピング戦略を推進すると提唱してきた（例えば、恐怖を感じる状況や場面に、あえて出て行くことを容易にするなど）。個人的な説明によると、親しい人と一緒にいる時の安らぎの利点が語られる。そうした人たちは、表面的な外見を通して、その奥の「本当の」人物を見てくれていると感じている。しかし皮肉なことに、社会からの回避や引きこもりが苦悩から生じるのは通常のことなので、外見への不安は、有効な社会的支援のネットワークの発展や維持を制限してしまうのである。Baker（1992）は、ポジティブな社会的支援は、頭頸部癌患者の治療後半年のリハビ

リテーションの結果を改善することを見出した。熱傷を罹患した小児と青年期の若者でも、同じような知見が報告されている（Blakeney et al. 1990）。Orrら（1989）は、家族や友人から受けた社会的支援が、熱傷を受けた青年期と若年成人における身体イメージ、自尊感情、抑うつ感に与える影響を検討した。そして、友人から受けた支援が、ポジティブな適応能力において、もっとも重大な決定力があったことを見出した。Browneら（1985）の研究では、受傷した熱傷にうまく適応できなかった人たちは、友人や家族や同僚などからの支援を受けることが少なかったと認知していた。

　外見への不安を持つ人々にとって、支援の主たる提供者はパートナーや家族だろう。しかし、特に小児期や青年期では、外見に関連した苦悩の発達や維持において、彼らが大きな（時に悪い）影響を与えることもある（第3章・第4章参照）。MacGregorら（1953）は、顔に変形を持つ子供に対して、美や外見の重要性に大きな価値を置く親たちが招く有害な結果について議論している。このコメントは、身体イメージに関する文献において、ずっと問題視されてきたことである。Kearney-Cooke（2002）は、子供の体形と身体的属性に対して親が示す肯定的な反応の重要性に光を当てており、子供たちが自分の外見に対する親からの批判的なアプローチを内在化する上での危険性を議論している。彼女は、外見に対して正常範囲内での不満足が蔓延している現状においては、多くの子供たちが母親によって問題を引き起こされていると指摘している（その母親自身が自らの体に批判的で不満足である）（第3章参照）。Smolakら（1999）は、母親からの言葉による批判は、青年期と若年成人における身体イメージの障害と関連が深く、この傾向は男性よりも女性において強力であると見出した。

　特別な研究エビデンスはないものの、それぞれの家族は外見に関連した苦悩または適応に影響を与えるが、そうした家族間での育児行為の多くにおいて、著しい多様性があることは間違いない。これらに含まれるのは、身体的外見よりも努力の点において子供への価値と尊重が築かれる程度、各家族が身体的外見に対する態度をいかに形成するか（例えば、社会的状況の中で「外見を低下させないようにすること」に付加される価値の程度や、メディアに描かれるような身体的外見のイメージに自分を合わせることに対する強調）、そして家族内で大目に見られる外見に対するからかいの程度である。同様に、可視的差異を持つ子供や10代

の若者の家族が、その変形に対してどのように対処するかはそれぞれ非常に違っている。例えば、その差異や関連するあらゆる問題に対して、オープンに話し合うことができるか否かなどである（第4章参照）。治療が行われる方法もまた影響力があるだろう。親たちは子供に対して治療の必要性をどのように説明するのだろうか？　外見を良くする治療への動機については、どのように話し合うだろうか（Hearst and Middleton 1997）？

　臨床経験に基づいてPope（1999）は、先天的に頭蓋顔面領域の差異を持つ子供の親たちは、（その子の）適応能力を最大限に引き出すためにしなければならない重要な課題が多数あると感じている。これらには次のようなことが含まれる。可視的差異を持つ子供の出生をポジティブに受け入れること、親と子供と強い関係を築くこと、親戚・友人・見知らぬ人に対して可視的差異について説明する効果的な方法を決めておくこと、子供に対して過保護とならぬように配慮すること、治療に伴うストレスに対処すること、治療の前の外見も後の外見も受け入れること、子供を新しい社会的環境（例えば、新しい学校や社会的グループへの所属など）に備えさせること（例えば、クラスメートからの質問への対処の仕方、からかいへの対処の仕方、友人関係を築くための方略など）、子供が自己危機に陥るような場合には自尊感情を増強してやること、年齢が進めば子供・若者の治療への関与の度合いを増やすこと。Popeの思慮深いリストに、われわれはすべての子供の親に対する次の課題を加えてほしいと考えている。それは、その子が可視的差異を持っていようといまいと、「自尊感情に対する身体的外見の影響力は、決して大きいものではない」ということを確信させることである。

適応における認知過程の役割

　今のところ研究エビデンスを欠いているものの、身体イメージと外見に関する多くの研究者たちは、たくさんの認知過程が外見への不安に対する脆弱性とリジリエンスに関わっているという仮定を共有している。例えばLiossi（2003）は、若い成人との質的インタビューによって、多くの認知方法（からの多くの情報）によって、外見のことで頭がいっぱいになるという状態が持続し

たり悪化したりする、というエビデンスを見出した。こうしたことに含まれるのは、他者の行動に対して過剰に用心深くなる傾向、可視的差異を持つ人々にとって結果的に劣等感や疎外感を感じさせる社会的比較をすること、出来事をネガティブな方向に解釈することなどである。例えば、ある参加者が述べたことは、「……人々は困惑させるために注意深く見つめるんだ。彼らは言う、『彼を見ろ！　少しも筋肉がないじゃないか。とても弱そうだ。女の子よりもひどい』」(101ページ)。

Liossiは、極端に一般化してしまうことを含めて、別の認知的歪みの例を挙げている。「身体的に魅力のある人々は全部持っている……女性、お金……世界のすべてを手にしている」(97ページ)。ネガティブな点をあえて選びつつ、破滅的になっていく。身体への満足度が高い人々とは、自分の身体の外見について、その差異も長所も含めて、受容的であり尊重することができる点において特徴づけられる。美を好む社会的偏見に積極的に挑んでいる。

> 不幸なことに、今の世の中では、人間は中身が重要で外見ではない、ということを人々は忘れてしまっている。もし人々が自分たちを愛し受け入れようとするならば、体のサイズや形や色にかかわらず、自分の体も愛し始めるだろう……

> 女性は、社会が設定している基準に合わせて生きる努力をやめる必要がある……ダイエットが何かいいことをしてくれるわけではないし、体重を減らしても本当の幸福が訪れるわけでもないだろう。

諸認知過程とその相互関係を明らかにしたいという希望を持つことは当然である。なぜならば理解の深まりにより、認知過程を狙った介入療法が、もっと効果的になりうるチャンスが広がるかもしれないからである。

自尊感情

自尊感情は、他者と比較した時に持つ、重要性、価値、コンピテンス、成功に関する自己評価として定義されてきた (Coopersmith 1967)。Liossi (2003)

は、自尊感情は 3 つの主要な方法で研究されてきたと述べている。第一に、自尊感情を抑制したり推進したりする諸過程の結果として、第二に、自己の動機（自己に対するポジティブな評価を維持したり、増加させたりする方法で行動する傾向）として、第三に、緩衝役として（有害な経験から自分を保護するために）。3 つのすべての局面が、外見研究と潜在的に関連がある。自尊感情のレベルは、特に女性において、身体への不満足と高い相関関係が認められている（Ben-Tovim and Walker 1995）。Mintz and Betz（1986）は、Liossi（2003）の結果と同じように、男性と女性の両方に相関関係を認めたが、（先述の Ben-Tovim and Walker の研究では）男性においてはエビデンスは明確なものではなかった。外見への満足・不満足と自尊感情との因果関係については、もっと研究が必要である。自分の外見に満足していない人は、自己の他の局面においてもこの不満足を広げるかもしれない。そして、よりネガティブに評価し、全体的に低い自尊感情を経験するだろう。もう一方のあり方としては、ポジティブな自尊感情が外見へのより大きな満足につながるか、あるいは自己の他の局面を自尊感情における重要な決定因子と考えるだろう。Harter（1999）は、外見が自己価値を決定すると信じているような 10 代の若者は、自己価値が外見に対する感情を決定すると信じているような若者に比べて、自尊感情が低く、抑うつ感のレベルが高いと報告した。

　緩衝作用に関連して何人かの研究者らは（Baumeister 1997）、自尊感情は、利己的なやり方でフィードバック過程に影響することによって、ポジティブな自己見解を維持するように働いていると主張している。高い自尊感情を持っている人はそうでない人と比べて、外見に関連した（その他のものも含めて）フィードバックをポジティブな自己見解に一致するものとして認知しようとし、ネガティブなフィードバックの情報を打ち消そうとし、そして、ネガティブな見方を打ち消すように自己の他の重要な局面に対処しようとする。Liossi（2003）によると、高い自尊感情を持っている人はそうでない人と比べて、自己に対する安定した感覚を持ち、感情的な不安定性が少ない。こうした要素が感情的に安定したアンカーとなって、人生の課題を解決していく。同時に指摘されてきたことは、高い自尊感情を持っている人は、自由に加工できる、より適応力のある「認知上の資源 cognitive resources」を有しており、それによっ

て困難な環境や外的圧力に対してより効果的に対処できるということである。Grogan (1999) は、好ましい身体イメージは、社会的状況の中での自信と力の感情とともに、自己に対するポジティブな感情と結び付いていると指摘している。Liossi の研究参加者のうち何人かは、外見に関する情報が扱われている方法に対して、個人が担ってしまっている媒介作用について語っている。「ダイエットやファッション産業は、痩せていることへの社会的脅迫に対して、全面的に非難される筋合いはない。私たちがそれらを仕事として成立させているのであって……雑誌やダイエット本や運動用具を買うのだ」(2003: 105)。

外見への投資のレベル

　自己認知において外見に関連した構成要素を理解することは、なぜ外見への苦悩に屈しやすい人とそうでない人がいるのかを明らかにするために重要である、と考える研究者らがいる。自己概念において、そして人々が自分の外見をポジティブにもネガティブにも評価する程度において、外見についての相対的重要性が最近の興味の対象となっている（第2章の誘意性に関するセクションを参照）。個人は外見というものを、自らが内在化した文化的理想に近いものと、あるいははるかに遠いものと判断しているのかもしれない (Altabe and Thompson 1996)。自己表現における外見という局面は、多かれ少なかれ常に重要なものだろうし、自己概念の働きに大なり小なり影響している (Higgins and Brendl 1995)。そのため、社会的環境における活動に参加したり、賞賛される活動をしたり、そして社会の中での出会いにおいて派生してくる記憶を解釈したりすることにおいて、どれくらい自分の外見に対する認知が関与するのか、その程度には多様性があるだろう (Moss and Carr 2004)。外見が概して重要であり、負の誘意性があり、理想からほど遠い時には、適応能力は低くなりがちであると理論家は推測している。外見がより重要と感じられ、ネガティブな評価に陥りがちな認知行動過程には、社会的出会いにおけるポジティブな経験やネガティブな経験が含まれ（第3章・第4章参照）、認知された重症度および（他者に対して）目立つ程度に対する主観的な認知（情報）が含まれ、そして社会的比較過程が含まれる (Green and Sedikides 2001)。

　身体への満足あるいは不満足をさらに説明しようと試みて、何人かの研究者

たち——特に Cash（1996; Cash et al. 2004）——は、顕著性 salience と誘意性 valence の概念を推し進めた。彼らは、外見に関するコメントへの敏感な注意を生むような、外見に関連した認知図式が存在し、他者からのフィードバックの過程において解釈上のバイアスが存在することを主張した。Markus（1977）は自己図式のことを、「自己図式とは、自己に対する認知上の一般化である。それは過去の経験から出てくるものである。それは、個人の社会的経験に含まれている、自己に関した情報の過程を体系化して誘導する」と述べている。スキーマは構造（関連するネットワーク）と内容（信念あるいは主義）の両方から成り立っている（そして様相〈次元〉dimension を形成している）。もしも人々が、ある様相（次元）を自己概念の中心的で顕著な特徴と見なすのであれば、人々はある様相（次元）において図式的であると言える。もし次元をそのように見なさないのであれば、非図式的であると言える。したがって、もし子供の外見がネガティブな批判の的であるとしたら、ネガティブな面を特徴としたスキーマを発達させ始めるだろう。これらは繰り返すことによって、自分自身のことを受け入れられない存在として、すばやく、かつ頻繁に見なすようになる。そしてこうしたことが、状況の多様性に対して反応する際に、自動的な思考パターンとなっていく。スキーマを構成する情報のタイプを通して（例えば、機能不全に陥った態度やネガティブな自動的思考）、それが体系化される方法を通じて（例えば、情報ノード間の結合の強さ）、そしてスキーマによって情報が処理される方法を通じて（例えば、過度の一般化や、選択的抽象化など）、病的過程が発達し維持される。

　Cash（1996）の身体への不満足に関する認知行動的モデルにおいて、彼は、人は過去の経験から得られた身体の外見についてのスキーマを持ち、それは性格や身体的属性によって影響を受けると提唱した。さまざまな情報源から生じてくる外見に関する環境的刺激は、この外見に関連づけられているスキーマや身体イメージのスキーマを活性化することができ、またそれに続いて、情動や行動に影響することもできる。そのようなスキーマを持つ人々においては、Cash and Labarge（1996）は、自尊感情は身体的外見に関する感情と密接に結び付いていると考えた。全体の過程に関する包括的検証はこれからの課題であるが、研究知見はおおむね Cash のモデルにおける多様な構成要素を支持

している(第2章参照)。体重のことに没頭している無症状な女性に関して、外見への解釈と健康に関連した発言を調査した研究においてJackmanら(1995)は、体重のことに没頭している女性は、情報処理におけるバイアス(一貫して自分の体に対してネガティブな見方をする)を示すことを見出した。同様の結果はCooper(1997)により、対人関係の中で発生する曖昧な状況に対する解釈においても見出された。Tantleff-Dunn and Thompson(1998)の「情報への選択的注意と想起」、Woodら(1998)やAltabe and Thompson(1996)の「不明瞭な外見と外見に関連しない文章の完成」についても同様である。Liossi(2003)は、外見の不安を持つ人々は、外見にあまりこだわらない人と比べて、外見についてスキーマを持ち、心理的苦悩を持ち、自尊感情と社会的支援のレベルが低かったことを見出した。彼女の回帰分析において、外見に対するスキーマの存在が、外見への不満足に関してもっとも重要な予測因子であった。この結果が示していることは、外見に対してより認知的重要性を置いている若者は(彼らは高度に外見にスキーマ的である)、ネガティブな感情に対してより脆弱であり、低い自尊感情を持ち、より心理的苦悩を経験し、外見に対して不満足であるということである。外見に関連した思考機能の悪さには、外見が個人の価値を決めるという信念が含まれていると主張する点で、彼女の知見は認知理論家たち(例えば、Cooper 1997)の主張と一致している。

他者との比較

適応・外見・可視的差異に興味を持っている研究者らは、社会的比較という一連の対処法について注目している。社会的比較理論 Social Comparison Theory(Festinger 1954)は、社会的環境の中での自分の相対的な位置を確かめるために、特徴・長所・短所について、他者との比較を持続的に行っていると主張している。この過程は自発的で、努力を必要とせず、無意識的で日常的なものである。そして、不確定であることは不快であるがゆえに、他者との比較においてどうなのかを知りたいという欲求は、ストレスを増やすのである。下との比較(満足を与える比較)とは、自分より悪い状態の他者との比較となる(「癌で顔の一部を失ったのだけど、まだましだよ、クリニックではもっと悪い人も見かけたのだ」)。上との比較(不都合な比較)は、うまくやっていると思われる他者

との比較で、あまり適応的でない傾向にある。研究により、例えば、以下のような明確なエビデンスが得られている。すなわちメディアのイメージは、女性が自分の体をどのように感じるかにおいて重要な役割を果たすこと（Grogan 1999）、そして、もし人々が、比較のための関連対象として理想化されたモデルや映画・テレビのアイドルの外見を拾い上げるなら、自分の外見に対してより大きい不満足を持つようになるだろう。

　人々が社会的比較に熱中する程度において、そして上向きあるいは下向きの比較を好む傾向において、研究者たちは差異を明らかにしてきた。Gibbons (1999) による研究で、下向きの比較を行う程度について参加者が語った内容は、ポジティブな情動と幸福感に強く相関していた。Stormer and Thompson (1996) は 162 名の大学生の調査において、外見の比較の頻度は、その他の潜在的な予測因子（からかいの経験や魅力に関連した社会文化的な圧力を内在化するレベルを含めて）よりも、身体への満足のレベルについて分散をより説明していた。この比較の頻度は、自尊感情や体重と共変動して、分散の 32% を説明している。Beebe ら (1996) は、外見の不安に強くこだわる女性は、他人も同じような問題を抱えており、他者を評価する場合にはこうしたことを強調すると思い込んでいることを見出した。そうした女性は、そうでもない女性と比べると、社会的比較に熱中しやすい。そして社会的比較を、自己評価にとって重要なものとして考えている。これらの知見が示すことは、社会的比較の過程において人々が関わる方法の違いは、外見への満足や不満足における多様性を説明しているということである。Thompson (2004) は、特に適応に関して頻繁に上向きの比較を行うことの効果に関して、もっと学ぶ必要があると述べている。

楽観主義

　健康心理学の最近のコンセンサスでは、楽観主義は逆境に直面した場合、適応的に作用するという。例えば、楽観的に説明するスタイルを身に付けている人々は、重大な出来事に直面する時でも健康を害することが少なく、また抑うつ的になりにくい（Carr 2004）。外見という文脈の中で特に楽観主義を検討した研究は現在のところないが、変形に関連した適応能力に関する評論家からの

逸話風の報告によると、人生において楽観的な見通しをする人は、(自分の)差異が他者に見える場合でも、その結果に対してうまく対処するということである。この分野の研究を推進したくなるさらなる理由は、楽観主義は教えることができると主張する研究者たちがいることである。例えばSeligman (1998) は、成人と子供に対して、人生について悲観主義的見方から楽観主義的見方に変えていくことを助けるプログラムを確立した。それゆえに、楽観主義と外見に関連した適応能力との間の特別なつながりについては、まだ結論は出せないものの、関連する分野から十分なエビデンスが現れてきているように思われる。それらが示すことは、リジリエンスを推進し、適応における個人差をある程度説明するであろう諸因子のリストから、この構成概念（楽観主義）を外すことはできないということである。

コーピング・スタイル

多くのエビデンスが逸話的なレベルでしかないが、良好なコーピング・スタイルと不良なそれについては、変形を持つ人々における身体イメージへの不安と適応に関して調べられてきた（Moss 1997の概説を参照）。つい最近まで、拒否的あるいは回避的コーピング・スタイルは、変形を持つという文脈の中では勧められないものとされてきた。なぜならば、こうしたネガティブな方法は、特定の状況に関連した恐怖感をさらに悪化させ、より効果的な方略を発達させるのを遅らせてしまうと考えられてきたからである。しかしPillemer and Cook (1989) は、顔に可視的差異を持つ子供にとっては、拒否は自尊感情を守るための防衛機制として作用する場合もあるかもしれないと指摘している。Robinsonら (1996) や他の研究者は、回避（例えば、潜在的に困惑させる可能性のある状況を避ける場合）は、コーピング方略を拡大させた場合のレパートリーの一つとして有効でありうると述べた。彼らが指摘したことは、特定の不良適応コーピング方略と考えられるものを除くよりは、むしろ自由に扱えるコーピング・スキルの数と多様さを広げることに、介入の焦点を当てるべきだということである。それらのコーピング拡大の方向性には、自分自身の気分における多様性に対しても、また社会的状況において変化し、時として予想しがたい要求に対しても、反応できるような柔軟性を広げていくという視点がある。

特定のコーピング・スタイルが多少とも適応的であると明言することの有用性については、研究者たちは懐疑的である。にもかかわらず、コーピングに関する文献において、有用な洞察が生まれ続けている。4項目のサブスケールを持つCOPE（訳者注：コーピング尺度として開発された。短縮版 Brief COPE もある）は「ポジティブな再解釈と成長 positive re-interpretative and growth」について計測するものであるが、95名の乾癬を持つ人々における前向き研究において、Fortuneら（2005）が使用した。「逆境における成長 adversarial growth」、ネガティブな出来事からでも生じてくる利点を解釈できる能力として定義されているが、COPEはそのように名づけられた構成概念に関して、予測因子を調べるためにデザインされている。6か月の追跡調査を行い、サンプルの18％がこの構成概念の徴候を示していることが明らかにされた。このグループの特徴は、乾癬の発症後間もない人々で、この状態に対する実感（状態の中でも特に、この状態は慢性疾患であり、再発しやすく、治りきらないということを認めること）についてもまだ早い段階にあった。最近の研究エビデンスにおける重点に一致して、臨床的重症度は強力な予測因子ではなく、不安感や抑うつ感の測度についても、性別や社会経済的状態についても同様であった。繰り返すが、このエビデンスは、リジリエンスと苦悩における認知過程の主要な役割を表している。

社会的相互関係スキルの役割

可視的差異を持つ人々によって経験される困難の多くは、社会的相互関係に集中する。それゆえに、可視的差異を持つ人々の社会的行動が、多くの研究の焦点となってきたのである（第4章参照）。他者からのネガティブな評価に対する恐怖感と社会的状況からの回避は、他者の現実の行動とは関わりなく、身体イメージに対する脅威に関連した社会的困難さにおいて、中心的役割を果たしていると思われる（Newell 2000a）。そして有効なソーシャルスキルは、他者の行動と反応に対して責任を負うという要素を含んでいる。

Partridge（1990: 123）は、「じろじろと見られるだろうし、外見と性格について、人々は自動的な思い込みを持つだろう。こうした結び付きはうれしい方向に働くことはほとんどなく、自分から働きかけなければずっと続くだろう」

と説明している。

可視的差異を持つ人々においては、良好なソーシャルスキルは社会的相互関係においてポジティブな経験を生み、より良い適応をもたらすという説得力のある主張が提出されてきた（Rumsey et al. 1986, 第4章も参照）。Partridge（私信より）は、熱傷受傷後に自意識と怖れが高まっていた状態から、どのようにして自信を取り戻していったかを述べている。

> もし、強くポジティブな態度をとったならば、……それは非常に勇気のいる仮定であったが……自分の行動で、私に対する他人の行動を操作できた、特に、人と出会う最初の瞬間において。アイ・コンタクト、握手、発語の勢い、身振りをさまざまなレベルで試してみて、ついに他者との出会い方を習得したのである。

可視的差異を持つ人々に対する社会的相互関係スキル訓練の有効性についても、研究者らは証明してきた（Kapp-Simon et al. 1992; Robinson et al. 1996; Rumsey et al. 1986）。他種の外見への不安によって活力を失っている人々に対しても、同様の介入が有効であるか否かはさらに検討されなければならない。しかし、シャイネスから社会的回避やネガティブな自己認知をしている人々に対して、同様のアプローチで取り組んだことで有望な結果が得られたことが報告されている（Crozier 2001）。

結 論

研究者たちが近年力を注いできた関心テーマは、外見に関連したリジリエンスに貢献したり、外見に関連した苦悩を悪化させたりする要因や過程を明らかにすることである。この章では適応に関して、もっとも関連があると予想される事項について、最近の考えを整理した。しかし、いくつかの変数の間には直接的関係があるという確信や予想は単純であり、解釈を間違うことにすらつながる。適応能力に関する多様な要因について、その原因・効果・相対的な影響

力に関する基本的な疑問は、まだ解明されていない。養育、過去の経験、自己イメージ、他者が自分をどう思っているかについての思い、そして他者の示す反応などに関連した認知過程は、循環的であり、非常に複雑で、目が眩むほどである。関与している諸過程の完全な解明となるとかなり先のことになるが、外見研究をしている者にとってだけでなく、広い意味で適応や幸福感について興味を持つ者にとって、そうした研究は啓発的なものとなるだろう。

第5章のまとめ

- 多くの研究は、可視的差異と外見への不安に伴う困難に焦点を当ててきた。しかし、個人差は大きく、ポジティブに社会適応を達成していく人たちもいる。
- 可視的差異に伴う諸問題を強調していた初期の頃とは対照的に、現在、研究者たちは、介入を伝える情報を使用することを視野に入れながら、ポジティブに困難を克服していくことに寄与する諸因子を明らかにすることに重きを置いている。
- 可視的差異が諸問題を悪化させることはありうるが、社会適応においては、変形の身体的特徴（原因、重症度）は相対的に重要ではない。
- 社会適応において、人口構成上の違いはほとんど影響しない。しかし、個人が持つ文化的背景の影響に関しては、もっと調べなければならない。
- ある人たちにとって、外見は自尊感情において重大なものとなっている。外見が、社会的な情報処理過程を支配しているのである。
- 自分の身体イメージに満足できない人たちは、不適切な比較対象との上向きの比較に固執しようとする傾向がある。
- 質の高い社会的支援とソーシャルスキルは、ポジティブな適応に役立つと思われる。
- 外見と関連した社会適応は、多種多様な要因からなる。いくつかの促進要因は明らかにされているものの、諸要因同士の相互関係や相対的な重要度はまだ解明されていない。

論 点

- ◆ リジリエンスをどう定義するか？
- ◆ 外見への不安に対して、リジリエンスをどのように推進し教育するか？
- ◆ あなたの家族は、あなたの外見にどれくらい重要性を感じているか？
- ◆ あなたの外見は、自尊感情にどれくらい影響しているだろうか？
- ◆ 外見に関連した適応において、多様な認知要素をどのようにして引き出すのか？

参考文献

Cash, T.F. (2002b) Cognitive-behavioral perspectives on body image, in T.F. Cash and T. Pruzinsky (eds) *Body Image: A Handbook of Theory, Research and Clinical Practice*. London: The Guilford Press.

Partridge, J. (1990) *Changing Faces*. London: Penguin.

第6章

外見に関連する不安への支援・介入の現状

執筆協力者
アレックス・クラーク（Alex Clarke）

前章において、可視的差異を持つ人も持たない人も含め、外見に関連した不安の性質について詳しく述べた。そして、それらは注意深く見れば、すべての人に該当する連続体continuumとして捉えることができる。しかし、こうした諸問題に対して、どのように切り込めるのだろうか？　これらの不安を抱えた人々に、いかなる種類の介入や支援が利用可能であるのか？　イギリスにおける支援と介入の提供体制の現状について、批判的に考察することにする。そして次の第7章では、あえて「理想的な体制」について考えてみたい。いかなるケア提供体制が最良であるかについて示唆する。
　この章では最初に、多くの人々が外見への不満足に対処している方法について考察する。そうした方法は、外見を変えるか、外見の強調の仕方（見せ方）を変えるか、外見を評価する認知過程を変えるかのいずれかである。それから、地域内において活用可能な支援は限られていること、そしてその場しのぎの介入治療（例えば、美容目的の手術や非手術的治療など）への高まる人気について詳しく述べ、外見への不安を扱う中でのその効果について検証する。それからセルフヘルプ・グループと慈善事業組織によって提供されるケアと支援に焦点を当て、ヘルスケア・サービスとして提供されている、可視的差異を持つ人々に対する医学的治療についても述べる。医学的治療の有効性と限界を明らかにしつつ、現在の介入のあり方に関する流れの中で、生物・心理・社会的アプローチを用いることの潜在的な有効性について検証する。

一般人を対象とした支援・介入

　可視的差異を持つ人々に見られる外見に関連した苦悩に対する評価とは対照的に、一般人における外見への不安の広がりと生きる活力を失わせるほどの影響力については、あまり認識されてこなかった（第3章参照）。注目すべき例外として、摂食障害eating disordersや醜形恐怖症body dysmorphic disorder（ありそうもない醜形だと思い込んだり、大袈裟に誇張して感じたりする神経症の一種）と診断されてきたような人々に対する専門的ケアや支援がある。そうした人々は、外見への不安を持つ連続的な母集団において、それぞれ極端に位置してい

る。醜形恐怖症については、Phillips（2002）と Veale（2004）による最近の優れたレビューがある。

外見の自己管理

　多くの人々が外見に不満足であると述べている一方で、この点について専門家による援助や支援を求めたり受けたりする人は少ない。ほとんどの人たちは、現実的に認知できる外見と理想の外見との不一致に対処する方法を見出している。例えば、美容商品・服装・髪型・エクササイズなどに多くの時間と金銭を投じている（第1章参照）。あるものは明らかに健康に良いものの（例：健康的なダイエット）、有害なものもある（例：日光曝露や筋肉増強ステロイドの使用）。本質的に、こうした行動に熱心になる人たちは、身体的外見を変えることで、外見によって伝えられる自己の価値についての客観的な情報を変えようとしているのである。こうした行動は外見を変えようとする個人にとっては限界があるかもしれないが、多くの人にとって楽しみであり、時には社会現象にすらなっている。

　しかし、身体的・客観的な外見に焦点を当てることに加えて（あるいは、その代わりに）、自分の外見に対する考え方・評価・信念を変えることによって、不協和を解決しようとする人たちもいる。実際、外見に置いている価値や重要性を変えようとする、あるいは、自身と他者の間で行っている比較のやり方を変えようとする認知過程に取り組むのである（このことは第2章で述べられた枠組みと第5章において示された過程に関与している）。さまざまな資源（資料）がこの過程を進めることに役立つ。それには『Cash's Body Image Workbook』（1997）などの独習教材が含まれる（Box 6-1参照）。

　自己指向的な認知行動プログラム self-directed cognitive behavioural programs は療法士主導の介入 therapist-led interventions と同様に有効であるとの研究がある（Cash and Strachan 2002）一方で、多くの自助資源は体系的に評価されておらず、身体の大きさや体重に対する態度だけに集中する傾向がある。

　さらなる支援や介入を求める人たちもおり、例えば地域の中でのさまざまな

> **Box 6-1　身体イメージ自己学習 The Body Image Workbook**
>
> 認知行動（療法）的原則に基づく 8 段階のプログラム
>
> ◆ 身体イメージへの影響に関する自己評価
> ◆ 身体イメージに関する経験の記録
> ◆ リラクゼーション訓練と脱感作（脱感受性）
> ◆ 外見に対する思い込みを明らかにして、課題として取り組む
> ◆ 認知構造の再構築
> ◆ 不良適応を、適応能力の高い行動と対処方略に置き換える
> ◆ 前向きで楽しい身体との経験や関係について、それらを増やすエクササイズを発展させる
> ◆ 変化していくことを維持し続け、崩壊を未然に防ぐ
>
> 　専門家が使うことを意図している身体イメージ・セラピー・プログラムから開発された自習プログラムにはワークブックが含まれ、専門家との接触は最小限とされ、定期的な電話面談を行うことが推奨されている。こうした効果により、外見の問題への投資が減少し、身体に対する満足感が高まることが証明されている（Cash and Lavallee 1997）。

機関を通じて、家庭医（訳者注：イギリスにおける初期治療相談医制度を担当する医師。総合診療医 general practioner=GP）、あるいは美容整形手術やその他の手術によらない介入を求めたりする。この章では、具体的な選択肢としてさまざまな介入について検討するが、実際のところ多くの人は、同時に多様な行動に取り組んでいるかもしれず、また、影響力のある人物やメディアを含めた多くの要因によって影響されうる。

セルフヘルプ・グループとボランティア支援グループ

　可視的差異を持つ人々に対する支援組織は数多くある反面、可視的差異を持

第 6 章　外見に関連する不安への支援・介入の現状

たないにもかかわらず外見への不安に悩まされている人々のための、地域に根差した、あるいはボランティアによる支援組織は不足している。注目すべき例外は、体重にまつわる悩みを抱えている人々への支援が、有効かつ広範囲に普及していることである。Weight Watchers のような減量クラブは、ダイエットに関してアドバイスとガイダンスを行っている。しかし、それらと同じく重要なことは、社会的支援とともに、同じ状況にある人たちと出会う機会を提供していることにある。こうしたやり方は非常に人気がある。この団体の発表によれば、イギリスだけでも毎週 6000 回以上の Weight Watchers 集会が行われているという。2002 年にイギリスで、肥満者率と肥満者が経験する苦悩と偏見への関心の高まりに反応して、慈善団体の Weight Concern が設立された。目的は、肥満者が意見を述べることができる集会を提供すること、そしてヘルスケアの専門家や一般市民を対象に、肥満の原因と肥満者にどう対処するかを教育することである。また、肥満の成人と小児のための治療プログラムの改良と検証も、その目的に含まれている。摂食障害者に対してはセルフヘルプ・グループやボランティア支援グループが存在する一方で、可視的差異を持たない人々における外見への不安については、同じようなやり方で対処してくれるサービスはほとんどない。

プライマリケア（初期治療）を通じての支援

　人々はさまざまな身体的・心理社会的問題を抱えて、プライマリケア・サービスを受診する。直接的・間接的に外見およびその不安に関係するものもある。実際、GP（総合診療医）受診のうちの多くは、純粋に皮膚科的疾患に関わるものである（Papadopoulos and Bor 1999）。そこからさらに専門施設へ紹介される人もいる一方で、治療の必要なしと判断されたり、処方だけされたりする人もいる。外見の問題が NHS の治療基準を満たさない人へのサービスは、ダイエットやエクササイズ等の適切な自己管理に関係した情報とアドバイスだけに限定されるかもしれない。現在のイギリス政府の政策（Department of Health 2004）では、保健行動に関係した立場から、肥満率の増加に対して注意と初期治療を優先させるようにしている。興味深いことは、外見に対する不安が、体

重過多の人に援助を求めさせ、あるいは体重を減少させる行動への取り組みを促進するかもしれないということである。

美容目的の手術的・非手術的治療

　外見を構成するものは、例えば鼻など、外科的手術なしではその形を変えることはできない。しかし形成外科の治療基準を満たしていないのもある（イギリスのNHSにおいて、制限されることなく利用できるのはごく狭い範囲に限られている）。自分の外見に満足できない人は増え続けているが、NHSの治療基準を満たさない人々は、民間の美容治療を求めている。どこかに助けを求める人たちは、美容外科で診察を受けることが、不安を真剣に受け止めてくれる唯一の場であると信じているのかもしれない。すばやく、比較的簡単に望むような結果が得られるがゆえに、美容治療は魅力的なものと思えるのかもしれない。決意さえすれば、個人の役割は受動的なものとなる。逆に、エクササイズやダイエットで体形を変えることは時間がかかり、継続的な意志の力と積極的な関わりを要する骨の折れる過程である。

　民間の美容外科治療を求める人々のプロフィールは急速に変わりつつあり、エリートや富裕層のための高級な治療とはもはや言えなくなってきている（Sarwer 2002）、ということが指摘されている（Pertschuk et al. 1998）。しかし、それに必要な費用は安くはなく、いまだ美容外科は不必要な散財であり、贅沢品であると多くの人は思っている。美容外科への需要の増大と外科的・非外科的治療への関心の高まる要因として、直接販売形式、メディア掲載、より低侵襲で安全な手技であることにSarwer and Crerand（2004）は言及している（Box 6-2参照）。

　多くの人が病気でもないのに、外科的・非外科的治療に内在するリスクを進んで引き受けようとしている。彼らは、外見を（多くは永久に）変えたいと願っている証拠のような存在であるとも言える。Kathy Davis（1995）が唱えたことは、美容手術を受ける女性の数が増えてきていることが示すのは、彼女らが外見の魅力に高い価値を置く文化の中で、自分の人生を操作し、チャンスを最大化しようとしているということである。興味深いことに、美容外科治療を選

Box 6-2　美容治療に関する最近の傾向

- ◆アメリカ形成外科学会 American Society of Plastic Surgeons（ASPS）の報告では、外科的・非外科的治療を受けるアメリカ人は増加しており、その数は 2002 年に至るまでの 10 年間で 16 倍になった。Sarwer and Crerand（2004）から引用。
- ◆イギリス美容形成外科学会 British Association of Aesthetic Plastic Surgeons（BAAPS）の概算では、2002 年のイギリスでは 2 万 1000 件の民間での美容治療が行われた。しかし、報告は強制ではないため、実数はこれより多いものと考えられる。
- ◆非外科的美容治療（例：ボツリヌス療法やケミカルピーリングなど）は、アメリカでは外科的治療よりも多く行われている（Sarwer and Crerand 2004 から引用）。また ASPS によると、2002 年には 9 万 2000 人のアメリカ人がケミカルピーリングを受けた（1992 年には 1 万 9000 人だった）。BAAPS の概算では、2002 年にはイギリスで 7 万 5000 回のボツリヌス注射治療が行われた。
- ◆ BAAPS によると、イギリスにおいて美容外科治療を受けた男性は、2003 年から 2004 年で 60％増加した。

択した人の中に、そのことを衆人が知るところとなってもかまわないと考える人がいる一方で、多くの人は自分が冒険したことを人に知られたがらない。このことは、おそらく次の理由によるのだろう。彼らの目的は（可視的差異を持つ人たちと同じように）、「特別に」見られることではなく、「普通に」見られることであり、つまり目立たないようになることである。あるいは、虚栄心の強い人だと批判されることを恐れているのかもしれない。「審美的」変形（訳者注：例えば、鼻の高い人が、低くする手術を求める場合など）と考えられるものを治療に求める人たちは、手術を受けるよりも、むしろ外見を受け入れるように勧められるべきであると指摘されてきた（Oberle and Allen 1994）。しかし、そうした手技に対する需要は、現実的にはまだまだ続くだろうと予測される。

　Sarwer ら（1997: 1）は、「美容手術は心理的介入、ないしは少なくとも、心

理的変化をもたらす外科的手技であると考えられる」と主張している。美容治療に伴う個人の動機付け、経験、満足に関して、多くの文献が生み出されてきた。この研究が示しているのは、そうした手技は、自己申告による身体イメージの改善に有効であり、治療を受けた体の部分の満足を伴い、残りの体の部分への不満足を増大させないことである (Sarwer 2002; Sarwer and Crerand 2004)。しかし、美容手術がもたらす長期的な影響について検討した研究はない。ゆえに、外見が変わることによってもたらされた当初の幸福感がなくなった後も、自覚された有効性が維持されるのかどうかは不透明である。同様に Sarwer and Crerand (2004) は、美容手術と身体イメージに関する Sarwer の研究モデル（第2章参照）を、2つのタイプの治療（外科的および非外科的）の両方に等しく応用できることを指摘しているが、外科的治療ではなく、非外科的治療（例：ボツリヌス療法）を受けることへの選択に伴う心理的諸問題についても、検討が待たれている。

　こうした治療を受ける人たちが増え続けているので、ますます多くの人が治療の失敗や副作用を経験することは避けられなくなってきている。不必要な手術を受けたことに対する自責の念があるため、そのような状況の中で、後悔と居直りの気持ちが起こる可能性は高くなる。具体的なエビデンスを示すことはできないが、Hughes (1998) が指摘したことは、美容手術を受けた人たちのうち、その良くない結果を修正し改善するために、NHS を通じた形成外科手術を求めている人が増えていることである。メディアの中には、失敗した美容手術に対するセンセーショナルなニュースを歓迎するものもあるが、そうした経験に伴う心理社会的な影響についての研究はない。しかし、こうした問題をもっと啓発すれば、この状況にある人たちに適切な支援を提供することが可能になるかもしれない。また、そうした手術を受ける前に正しいインフォームドコンセントを与えようとするならば、そうした啓発は不可欠であろう。例外的に、豊胸術のインプラントを除去した（人工物除去 explantation として知られている行為）女性の経験に関する研究は、ごく少数だが現れている。アメリカ形成外科学会の発表によると (Sarwer and Crerand 2004 から引用)、2002 年に4万3000人の女性がインプラント除去術を受けたが、1998年では3万2000人だった。イギリスで最新の豊胸インプラントに関する国内統計では (National

Breast Implant Registry 2004)、2002 年に 1 万人強の女性が豊胸手術を受けた。これには 1414 人のインプラントの入れ替え手術をした人、それに 79 人の入れ替えなしにインプラント除去だけを受けた人が含まれている。しかし、こうした数字は実態を反映しているか疑問である。イギリスではインプラントに関する統計は自己申告によるからである。Walden ら（1997）が示したことは、インプラント手術（主には摘出術）を受けた人が受ける衝撃は劇的であり、乳癌の治療のために乳房を失った人と同様であることである。困ったことに、豊胸手術を受けた人の多くは、その衝撃のいずれかの段階にあることである。なぜならば、約 10 年ごとに入れ替えをしなければならないからである。この分野は、これからも研究を重ねる必要がある。

　外見を変えよう（美容手術など）とする試みや、外見に関連した思い込みと評価を変えようとする試みは、可視的差異を持たない人々に限った話ではない。身体の一つの部位に変形がある人々も、外見におけるいろいろな部分を変えることを求めるかもしれないのである。神経線維腫症とともに生きる Marc Crank が明瞭に記載したことは、「自分の顔の中で私が嫌いなものは分かっている。そして、それはもっとも『異常な』ものであるとは限らない。外科医を説得するのは骨の折れる仕事なのだ。『額の皮膚に傷があるのは分かっている。そんなことはどうでもいいのだ。私が本当に望んでいるのは、耳を 2 センチ移動させることなのだ！』」（Lansdown et al. 1997）。

可視的差異を持つ人々への支援と治療

地域やボランティア・セクターによる支援

　可視的差異に関連した不安を持つ人々への支援の多くは、Changing Faces や Let's Face It などの、非専門家主導の慈善組織を通じて、ボランティア・セクターによって提供される。これらは（疾患の）状態に限定した支援グループである。有名なモルモット・クラブ Guinea Pig Club は、第二次世界大戦中に黎明期であった形成再建外科手術を受けた人々で組織されたものであり、外見

に関連した自助グループとしてはおそらく最初のものだった。こうした組織が行う仕事は、情報提供や個別支援もしくはグループ支援である。特に熱傷や癌の結果としての可視的差異を持つ小児や青年に対する支援は、アメリカにおける夏期キャンプと同様のキャンプ活動を通じて参加機会が増加している。

　支援グループの有益性は広い範囲にわたる。第一に、同じような外見の問題を持つ人たちと会う、初めての機会を提供するであろう。重要なことは、こうした機会により、(外見の問題に困惑している) 状況の中にある家族や友人とは無関係な人々に対して、感情や不安を表現できることである。第二に、多少なりとも効果的であると分かった対処方略について、ともに経験する機会になる。こうしたことは実践的であり (例：カモフラージュ・メイクをどのように使えばいいかについてアドバイスを与えることなど)、あるいは感情に訴えるものでもある (例：支援を申し出ることなど)。重要なことは、病院での治療環境や急性期の治療を超えて、こうしたグループが継続的な支援の機会を提供することである。家族や友人にも支援がなされることだろう。そして多くの組織が、社会的状況に不安を持つ人々にとって特別に価値があるだろう支援として、社交行事を提供している (Partridge and Nash 1997 参照)。こうしたグループの必要性は明らかであるし、持続的に成長している組織もあることがそれを証明している。Let's Face It はイギリスで設立された組織であるが、今はアメリカ、オーストラリア、ノルウェー、インドにも広がっている (Piff 1998)。

　しかし、支援グループにおいて恩恵を受け活躍する人もいる一方で、そうでない人もいる。また、そのグループのメンバーであることが、何らかのスティグマを持った人であると見なされることへの恐怖心から、参加することを能動的に避ける人もいる (Rumsey and Harcourt 2004)。グループにアプローチして参加することは気後れするような経験でもある。特に、もしも本人の恐怖心が外見で判断されることであったなら、そして、これまでに初対面の人と会うことで嫌な経験をしたことがある場合には、なおさらであろう。Partridge and Robinson (1995) は、熱傷患者のグループに伴う潜在的な問題点を概説した。特に、他のグループメンバーの姿と自分の姿を比較するかもしれないし、また、現在あるいは将来において、自分も同じ姿をしているのかと考えてショックを受けるかもしれない。それ以上に、グループの活動がネガティブな経験に

第6章　外見に関連する不安への支援・介入の現状

集中するかもしれないし、ゆえに、治療的な経験というよりは、むしろ傷を深める経験になる危険性もある。また、例えば大いに望ましく思えた治療の結果が失望すべきものであったなど、他のメンバーのネガティブな経験によって逆効果になる可能性もある。

　最後に、グループに対して支援を行おうとする患者や個人の動機付けについては、彼ら自身やグループの参観者に対して有害な影響を与えることを避けるため、明確に理解されておかねばならない。専門職・家族・友人は、メンバーが支援者に過剰に依存するようになることを望んでおらず、支援を提供することの狭間で、引き裂かれたように感じるかもしれない（Partridge and Nash 1997; Hughes 1998, ヘルプ・グループの限界に関する考察）。同時に別の危険も存在する。外見に関する多様性を認めていくことよりも、むしろ、状態（症状）を特化（限定）したグループは自分たちの分別化を実際には進めるかもしれない。

　残念なことだが、支援グループや支援を提供する個人の活動は（キャンプや、臨床家やヘルスケア専門職が行う一般的な仕事を含めて）、しばしば評価を受けていない（Strauss and Broder 1991）。それらが有効であるというエビデンスを明らかにすることは、どういったことが改善したのか、変化したのかを明らかにする時に役立つ。例外的に、Cooper and Burnside（1996）は、成人の熱傷患者への支援グループについての後ろ向き研究を報告した。参加者個人がグループに参加しやすいように、事前に1対1の面会（ガイダンスなど）を行ったところ、グループへの参加が容易になった。重要なことは、参加者が受け入れやすいように、そのグループが参加者の必要に柔軟に対応しようとしていることであり、そして熱傷を負った患者に対する標準的ケアに不可欠のサービスと見なされていたことである。参加者らは、熱傷受傷後の初期段階だけでなく、いつでも求めることができる情報供給資源として支援グループの有用性と柔軟性を評価していた。スタッフが存在せずメンバーたちだけで運営されるグループを参加者らは好むこともある一方で（Wallace and Lees 1988）、先の参加者らはグループをリードするスタッフたちのことも評価していた。このことは興味ある疑問を投げかけている。「可視的差異を持たない人々は、可視的差異を持つ人々のためのグループを運営することができるのか？」　究極的には、（外見とは無関係に）ファシリテーター（進行役）の技量が、グループの成功と持続性を

左右するのであろう。

　しかしグループは、すべての不安について述べる方法としては、必ずしもベストの方法であるとは限らない。Cooper and Burnside (1996) は、参加者らは、セックスや死別のことなど繊細な問題については、より個別的で個人的な話し合いの場で話されることを望んでいると評価している。逆に Maddern and Owen (2004) は、個別的な話し合いの場という考えを、むしろ居心地が悪いと感じる人には、グループ・セッションの方が好まれると指摘している。慈善組織である Changing Faces は、個人的で密接な関係についての心配事を持つ成人のクライアントに対しては、密接な人間関係に関するワークショップ講習会を勧めている。この講習会では、ボディ・ランゲージとコミュニケーション・スキルに関するセッションがあり、外見と予期される（困惑している）相手が必要とすることについて話し合われる。この場合もやはり、誰にとっても適切な方法というわけではない。心理社会的支援は非常に敏感なことであろうし、それが有効であるためには、さまざまな形式において行われるべきであろう。

　支援グループは多くの人々に対して有効であるが、ベストの方法は、支援が包括的パッケージの一部として提供されることである。グループや組織は、個人に対して外見への姿勢を変えていくように励ますだろうし、他者の反応に対処することにおいて、かけがえのない支援を提供してくれるだろう。一方、可視的差異に苦しんでいる人々は、ヘルスケア体制のうちで提供される別の手段を用いて、身体的外見を変えることをそれでも求めるだろう。

ヘルスケア体制を通じての介入

初期ケア

　イギリスでは、ヘルスケア・サービス（例えば、専門家による治療センターと診察）がこの章において語られる介入を提供する。通常は診療医が、ケアの提供において主要な役割を果たし、専門的なサービスへの「門番」として活動している。Kleve ら (2002) の報告によると、可視的差異を持つ人々について、専門家の支援的サービスへの紹介の 3 分の 1 は GP によってなされる。これは、

その管轄エリアの GP たちは、このような支援に関する必要性と利用可能性に気づいていることを示している。しかし、専門家による支援は広範囲にわたる地域において利用可能というわけではないので、別の地域において GP が外見の問題をどのように扱っているかについては不明確である。Broomfield ら (1997) の研究では、人々は、初期ケア部門において彼らの支援への必要性が満たされているとは感じておらず、さらなる改善の余地を示している。

　Charlton ら (2003) は、外見における変形と予期される変化に関して共通した理解を得るために、GP に患者の考え、不安、期待についての調査を依頼した。GP たちは、身体イメージへの不満足、社会的能力に与える潜在的影響力、支援と介入療法における有効な方法について、よく理解することが必要である。しかしながら、外見に関連した問題は、ヘルスケアの専門家 (GP も含めて) からも見過ごされ、些細なものとして片づけられている危険性がある。熟慮に欠けているということになろうが、心理社会的な外見の問題について、認識し対処するための自信のなさを反映しているのかもしれない。何らかの可視的差異を抱えている人の数は多いのだが、GP は重度の差異を持つ少数の人しかケアしないかもしれない (Clarke 1999)。しかし、だからといって外見の問題を意識する人々に対応する必要性が減るわけではない。なぜならば、可視的差異を持たないが外見に関連した重大な苦悩を持った多くの人々と接触するだろうからである。

　McGrouther (1997) は、外見に関連した不安を持つ人々に対して、GP はケアを提供することができるという潜在的な役割に光を当てた。短い診察にしか頼ることのできない専門家よりも、GP たちの方が変形に起因する個人的な影響を理解することに、より成功するかもしれないと指摘している。GP は患者と長期にわたって築かれた関係を有するからである。しかし、現実はそうとも限らない。そのような理想化された医師と患者の関係は、圧力を受けた (理想通りではない) GP の診察やグループ初期ケアの実施への動きのため、実現しないかもしれない。このことが意味するのは、患者が多くの GP の中の一人と出会う時に、そうした関係が続くとは保証されないことであり、そして GP のそれぞれが、外見と治療の重要性に関して独自の価値評価を行うだろうということである。可視的差異を持つ人々の大部分と接触する仕事を専門にしているコ

ンサルタントに比べると、GPは特定の外見の不安を抱える人々について、限られた知識または接触しか持っていない。幸い、心理社会的な諸問題は専門家会議や関連科学雑誌において注目されてきており、それゆえに、専門のコンサルタントたちは、彼らが扱う状態（疾患、症状）における潜在的な心理社会的意味について、少なくとも、強く意識したのではないかと希望を持っている。しかし、われわれの研究では（Rumsey et al. 2004）、今のところ明らかなケースは存在せず、おそらく、気づきは必ずしも実践に結び付くわけではないことを示唆している。

初期ケアにおいて外見に関連した問題が述べられ、話し合われることができない理由には、スタッフの時間や場所など資源が限られているという圧力を含んでいる（Bradbury and Middleton 1997）。繊細で個人的な問題を（外見に関する問題も含めて）、話し合うことを容易にするために適切な時間とプライバシーが守られる環境が、多忙なヘルスケア業務環境（GPの診療所を含めて）と外来部門の中に必要である。GPの診療所は、患者、家族、ケア提供者にとって、自助のための文献（資料）と情報を含めた資源として、有用かつ、すでに活用可能な場所にある。しかし、この環境の中における心理社会的ケアと支援は、さらなる研究と臨床における注目を必要としていることは明らかである。

医学的・外科的治療

疑いようもなく、外傷や疾患の診断に伴う治療における初期のゴールとは、適切に、生命の危機を回避すること、正常範囲の機能を回復すること、病気の広がりを抑えることである。第二、第三のサービスを通じて提供される外科的・医学的治療の発展が意味することは、以前は「治療不可能または手術不能」と考えられていた多くの人々が、今は医学的治療を受けるようになり、それに伴って目立つ瘢痕や変形をこうむることが増えているということである。例えば、重度熱傷や癌の治療を受ける患者は、根治的（広範囲）手術を勧められるであろうし、それに伴って機能の低下や外見が変わってしまう結果となる。多くの利点（特に生命を救う）を提供するが、このような治療はある「状態」または「問題」を、別の問題に置き換えてしまうだろう。

この第一段階を超えて、単純性血管腫など（機能よりも外見を変えてしまうよ

うな状態）の先天性の状態を持つ人々にとっては、治療（手術、薬物治療、レーザー治療を含む）の目的は整容的であり、しばしば長期にわたる多数回の治療が必要とされる。こうしたことには、瘢痕を整えていく、または「磨きをかける」といった期待効果が含まれうる。以前の治療の整容的結果に対して満足していない患者にとっては、こうしたことは誘惑的なものとなるだろう。

形成再建外科

再建外科は、ある形状または特徴の見かけ上の状態を回復させることを目的とする。そしてさまざまな手技があり、例えば、人体のある部位の皮膚や組織を別の部位へ移植すること、使用できる皮膚の面積を増やすために現存している組織を拡張させること、そしてインプラント（生体内に移植する人工物のこと）を使用することなどがある。しかし、それらの手技をもってしても、生来の特徴を再生し、機能を回復させることはできない。形成外科手術の技術には、現存する組織を修正することが含まれ、そして脂肪吸引、組織増加、耳や鼻の手術が含まれる（Harris 1997 の形成再建外科手術の限界についての概説を参照）。

形成再建外科の結果に対する期待は非常に高い。そして、身体イメージに対するその効果は複雑であり、身体的・心理学的・社会的な変数を含んでいる（Pruzinsky 2002）。近年、イギリスの NHS においてもこれらの治療がますます受けられるようになってきている。2002 年の 1 年間において、1 万 5000 人以上の人々が何らかの再建手術を受け、今やそれは多くの患者にとって標準的な治療となっているが、それは QOL と身体イメージの改善という見地から有益であるという点に基づいている。例えば NHS 政策（NHS Excutive 1996）は、乳癌の治療のために乳房（乳腺）切除術を受けるすべての女性に対して、乳房再建術を受けることを可能にしておかねばならないと述べている。

いかなる治療であっても意思決定は困難であるが、形成再建外科手術のように、整容的結果が見通せないような場合、外見を変えるような治療の選択をすることは、特にストレスを伴うものとなる。例えば、比較することができるような以前に受けた瘢痕がある場合ですら、どの程度のケロイド（瘢痕が隆起して赤くなる）が生じるかは、予測することが困難である。こうした手術はあらゆる外科的治療がそうであるように、潜在的なリスクなしでは受けられない。

身体のある部分の外見を改善することを目指す一方、移植する組織を採取する別の部位に新たな瘢痕を負わせるという犠牲を払うことになる。こうした「二律背反（一方が利得になると他方が損失となること）」は、患者が合理的な期待を持ち、十分に情報提供された上での選択ができるように、すべての患者（これから手術を受けるかもしれない潜在的な人も含めて）に対して、明確に説明されなければならない。こうした治療は通常、複雑化した手技からなり、また、受け入れられるほどの結果が得られるまでに複数回の手術を必要とするので、患者からの十分な委託を必要とする。さらに、特に外傷性の状況では、困難で複雑な決定をしなければならないかもしれない。（悪い）診断が告げられた直後や、事故の直後や、痛みを伴う一連の治療の最中などである。例えば、乳癌の診断に際して再建外科手術の可能性が通常は提示される。そして、その患者が受ける再建手術のタイミング（切除手術時に同時に行うか、いったん切除だけにして、その後に再建を行うか）と手技のタイプに関してさまざまな選択肢も提示される。Harcourt and Rumsey（2004）は、初期の癌治療の成功・不成功がはっきり分かるまで、多くの患者は乳房再建に関する決定の凍結を選択する、ということを見出した。そのような感情的状況の中で、未来の身体的外見に関する複雑な意思決定を行うことは、荷が重過ぎる、または不可能であると感じた、と報告した人たちもいた。

　広く想定されているこのような手術における心理学的利点は、きちんとした研究エビデンスによっては、一般的に支持されていない（Harcourt and Rumsey 2001; NHS Excutive 1996 参照）。前向き研究（Harcourt and Rumsey 2004）によると、乳房再建手術は多くの女性にとって助けになり有益である一方で、多くの患者は手術の結果としての広範囲の瘢痕および持続的な不快感と戦わなければならない。こうしたことは、病気の治療と外見の回復のためには、「払わねばならない代償」と見なされてきた。「する」と「しない」の２つの間で、乳房再建を希望する患者としない患者の間では、苦悩と身体イメージの満足感に対する変化の程度に有意差はなかった。このことは、再建手術自体が、必ずしも乳房切除術に起因する苦悩に対する解決策ではないことを示唆している（Harcourt et al. 2003）。

　どの時点から再建手術は本質的に純粋に美容手技となるのかという疑問に対

して、多くの議論と論争が沸き起こってきた。美容手術はNHSにおいては明確に制限されているが、そうすべきか否かについては議論が続いている。心理学的利益を考慮すれば、いくつかの手技（例えば、刺青の除去や乳房の減量など）は多少なりとも利用しやすくなっているべきである (Horlock et al. 1999; Klassen et al. 1996)。イギリスのNHSにおいては、再建手術の提供に関する国のガイドラインは今もって改訂され続けている。なぜならば、需要を満たすには不十分な供給資源しかなく、現在の政策は地域によって異なっていると思われるからである。究極的には、NHSにおける形成再建外科手術の有用性に関する決定は、今もって生物医学的見地に基づいている。それゆえに、さまざまな手技については、心理学的な問題に対してではなく、機能的な問題の見地から承認されるのかもしれない。例えば、豊胸手術は機能的根拠だけからすると正当化されることが難しい一方で、乳房減量手術は肩や背中の痛みという点からは正当化されるかもしれない。しかし両方の状況とも、社会的不安、自己意識、QOL、性的行動などに与える荒廃的な影響力は同じである。そして両方の手技ともに、結果と患者の満足度の点からは非常に効果的であることが分かってきている (Shakespeare and Cole 1997; Young et al. 1994 参照)。好ましさの程度が低い結果しか生まない手技（例えば、瘢痕の全体的な修正手術など）が日常的に承認されていることを考えれば、このようにポジティブな心理学的結果を示す手技を制限するという決定には、いらだたしさを感じるだろう。

　その手技が問題（心理社会的であれ身体的であれ）に影響するであろうという見込みに立脚する枠組みを用いることは、決定を原因論に置くことよりも論理的である。同様に、変形の程度に対して客観的にアセスメントすることに基づく特別な手続きの利用可能性に優先権を与えること、または制限することは不適切である。なぜならば、あまり広範囲でも重症でもない変形であっても、より強い心理的苦悩を経験している人々に対する治療を排除してしまうからである（第5章参照）。もしもサービスが認知された心理的な必要性に基づいて割り当てられるとしたら、その際は、スクリーニングの方法として、自己報告測度を使用することが推奨されるだろう。問題（課題）は、こうした測度（例えば、Derriford Appearance Scale や GHQ）で使われている言い回しが、どのような反応をすれば苦悩のレベルを高くすることができるか分かりやすいものであるため

に、手術を求めている人が治療の可能性が高くなるような反応を簡単に示せることである。

最後に、美容手術や再建手術の絶え間ない発展は、大量の倫理的・道徳的なジレンマをもたらす。加えて、このような進歩の心理社会的側面に関する問題ももたらす（例えば、顔面移植やダウン症の人への手術）。顔面移植については第8章で考察する。

「予防的」手術

近年、特に興味ある発展を遂げているのが、リスク減少手術ないしは「予防的」手術（例：乳腺切除手術）が行われるようになってきたことである。もっとも知られているのは癌についてであるが、さまざまな疾患を引き起こすリスクが高い人々に選択肢を提供している。病気であるという診断がない状況で、外見が変わってしまう可能性を伴うこれらの治療がもたらす心理社会的影響力は、まだ明らかではない。なぜならば、最近の文献の多くから得られる結果は曖昧だからである。例えば、Hatcherら（2001）による前向き研究では、予防的乳腺切除術は、身体イメージに対するネガティブな影響なしに、心理的利益をもたらすであろうと結論づけている。Hopwoodら（2000）による後ろ向き研究では、半数以上の参加者がリスク減少のための乳腺切除術の後に身体的にも性的にも魅力が落ちたと感じており、少数の女性は身体イメージへの深刻な不安と失望を述べているにもかかわらず、身体イメージの悪化は小さなものでしかなかった。同様に、Payneら（2000）の研究では、参加者の5%が、同じ手術を受けることを決めたことに後悔を述べた。乳癌のリスクが下がったことに安堵しながらも、彼女らの後悔は身体イメージと性的問題、特に手術に伴う合併症、整容的結果に対する不満足、瘢痕、皮膚感覚の欠損に集中している。さらに、長期フォローの研究では、患者の3分の1が、予防的乳腺手術の後に、身体イメージへの満足度が低下したことを指摘している（Frost et al. 2000）。明らかにこの文献は初期段階のものであり、さらなる研究が必要である。なぜならば、リスク減少手術を受けようとしたり、実際に受ける患者の数は増え続けているからである。すでに明らかなことは、このような手術を受けるかどうか考えている患者は、治療の前にも後にも、身体イメージに与える治療の影響と

適切な支援（カウンセリングを含む）に関する特別な情報を必要としていることである。Hatcher and Fallowfield（2003）は、支援グループが有用であることを指摘している。なぜならば、こうした手術を受けた人を、（自分が）他に一人も知らないことの結果として、多くの女性が孤立感を述べているからである。

レーザー治療

　NHS から提供される治療は、手術ばかりではない。単純性血管腫（ポートワイン母斑）の治療に用いられたレーザー治療は、当初、「奇跡の治療」として歓迎され、この長期にわたり、時に苦痛を伴う手技の結果に患者は大きな期待感を持ったのだった（Augustin et al. 1998）。しかし、レーザー治療の結果は安定しておらず、対象を完全に除去できることは稀である。Hansen ら（2003）は、単純性血管腫を持つ患者に対するパルス色素レーザー治療において、長期にわたる心理的影響の調査研究を試みた。62％が色調における改善を述べたが、もともとの血管腫の質感や大きさに関して何らかの変化を述べたのはごく少数だった。そして大多数の患者は、他者との社会的相互関係に、治療は有意に影響しなかったと述べた。言い換えれば、治療は心理社会的問題には影響力を持たなかったということである。

カモフラージュ・サービス

メイキャップ・サービス

　患者は、外見を隠すためにプロテーゼやカモフラージュ・メイクのサービスを勧められもするかもしれない。自分の外見に自意識を持つ人たちに、特に社会的場面において、直接的な影響を少なくするためにそれらは採用されるだろう。カモフラージュ技術を使用するのは、決して外見に可視的差異を持つ人々だけではない、ということを憶えておくことが肝心である。私たちは皆、状況を評価する方法に従って、そして作りたいと願う印象に従って、外見を修正したり装ったりしている。

　衣服によって四肢や体の変形は比較的容易に隠すことができる一方で、通常、顔の変形は隠すことがより難しい。しかし、顔や体の色調の疾患（白斑症

や単純性血管腫）は、カモフラージュ・メイクで効果的に隠すことができることが多い（Harris 1997）。ただし、この方法ではうまく隠すことができない疾患も存在する。例えば、乾癬の落屑は不可能ではないにしても、それには問題が多い。通常の化粧品とは違って、カモフラージュ・メイクはこすり落とすことができず、防水性でもある。イギリスでは、NHS から英国赤十字経由で、顔と体へのカモフラージュ・メイクが使える（訳者注：現在は Changing Faces が提供している）。単純性血管腫の患者に関する研究では（Lanigan and Cotterill 1989）、男性よりも女性の方がカモフラージュ・メイクを使う傾向にあった。このことは、男性は女らしさに関連した製品を使用することに気が進まないということを反映しているのだろう。あるいは別の見方として、カモフラージュ・メイクは可能な介入方略として、女性に対して勧められることが多いのかもしれない。同時に指摘されていることは（Spicer 2002）、可視的な皮膚科学的状態が、若い人に比べて高齢者では関心が低いという間違った考えから、カモフラージュ・サービスは高齢者に対してはしばしば勧められていないということである。

　第2章で示された枠組みに関して、カモフラージュ・メイクはうまく変形をカバーすることができるだろう。大なり小なり外見に関して認知される自己像とフィードバックに次々と影響するのである。さまざまなコーピング戦略を持つことが、好ましい心理社会的結果に関係すると考えられているので（第5章参照）、美容的なカモフラージュは個人が用いることのできる方略レパートリーに有用なものとして付け加わり、理想的には標準的ケアの一部として、すべての患者たちへ勧められるべきである。

　しかし、メイキャップは完全に有効な治療法ではなく、必ずしも外見に対する患者の不安感を処理してくれるわけではない。サービスに対する高い満足度、社会状況における自信の増加と回避の減少を報告したカモフラージュ・サービスへの評価（Kent 2002）において、このことは明らかである。参加者らの外見に対する核心的信念と社会的不安の程度は、変わらないままであった。実際、カモフラージュ・メイク・サービスを推進すると、外見についての多様性が広く受け入れられるようにすることに逆行して、可視的差異は隠さねばならぬもの、あるいは修正せねばならぬものという考えを強めてしまうかもしれない。

美容的カモフラージュは、それなしでは誰とも向き合えないと感じさせることがあり、あまりに強く頼り過ぎると問題になる。アイデンティティと「本当の自分」という問題や、社会的相互関係におけるカモフラージュされたイメージに頼り過ぎること、水泳などのように（正体を）「明らかにする」状況を回避すること、「真実」はいずれ暴かれるであろうという恐怖感、などに関連してカモフラージュ・メイク自体が新たな問題をもたらす（Coughlan and Clark 2002）。もしもメイクをやり過ぎたら、変形から周囲の注目をそらすどころか、むしろ集めてしまうという事態を引き起こす原因になるといった、さらなる問題がある。不適切な使用に関する問題としては、例えば、衣服にも同じことが言える。暑い気候にもかかわらず、腕や首を隠そうとして、長袖のポロネックのジャンパーをいつも着込んでいるなどである。こうした時には、カモフラージュはポジティブなコーピング戦略というよりは、むしろ回避するための方略になっているように見受けられる。

　カモフラージュ・メイクに頼っている人々は、自分たちが興味深いジレンマに直面していることにも気づくだろう。そのジレンマは、外見は大した問題ではないという信念と、理想的な外見を得ようとする行動との間の不協和から生じている。メイキャップは「正常な」外見を熱望するために使用されるのであるが、社会的理想は、外見は「ありのまま artless」であるべきとなっている。メイキャップの過剰に目立つ使用は、外見のことで頭がいっぱいになっていることを示していると他人から解釈されるだろう（第 2 章参照）。明らかに、このジレンマは可視的差異を持つ人々だけが直面する問題ではない。

プロテーゼ（補綴物）

　プロテーゼはカモフラージュの一つとも考えられるだろう。乳房切除術の後などいくつかの例では、患者は再建手術を受ける代わりにプロテーゼの使用を選ぶこともできる。別の例として、下肢切断後は、再建手術は不可能であり、プロテーゼ（この場合は義足）の使用が唯一の選択肢となる（Harris 1997）。下肢切断後の場合、プロテーゼの使用は外見を正常化させることに加えて、機能を回復させることも狙っている。さまざまな皮膚の色調にプロテーゼを合わせることを含めて、より生体組織に似せるように改良されたプロテーゼの製造技

術の発展に、大きな注目が向けられている。そうしたプロテーゼが変形を隠すことができるとはいえ、すべての人に適合するわけではない。そして、変わってしまった外見に適応しようとしている人は、プロテーゼの使用に適応することに直面する。乳房のプロテーゼを使用している女性は、不便で、困惑させられるものであり、受けることになった（切除）手術を不快に思い出させるものであり、再建手術を受けることを選択する方向への動機が生じると述べている（Reaby and Hort 1995）。それゆえに、本来の変形を隠そうとするのと同じくらいに、プロテーゼを隠そうとすることに多大な注意を払わねばならなくなることが起こりうる。しかし別の人にとっては、プロテーゼは隠すよりもむしろ見せることを好むような、自らのアイデンティティにとって不可欠の部分となっている。例えば、色彩を施したプロテーゼ用具を見せびらかすことを選ぶ10代の若者に関する逸話は豊富にある。MacLachlan (2004) は、プロテーゼが身体イメージに時に組み込まれることもあり、プロテーゼに関連して身体化 embodiment という概念を述べた。興味深いことに、彼はある女性の例を引用したが、その女性は、火事が原因で下肢を切断した最初の時よりも、義足を（新しいものに）交換する時の方が、より大きな苦悩を感じていた。

　まとめると、メイキャップ、衣服、プロテーゼによるカモフラージュは、ある状況においては明らかに有効である。しかし、外見によって苦しんでいる人々（可視的差異がある人であれ、ない人であれ）が出会うすべての問題について有効な解決策というわけではない。

生物医学的アプローチの限界

　これまでに述べられた医学的・外科的治療は、生物医学的モデルに基づいたヘルスケア体制の中で提供される。疑いようもなく生物医学的治療は多くの患者に利益をもたらす。それは、ある程度は自己評価を情報として伝えるフィードバック（身体的外見の現実性）を修正することによっている。治療の進歩における成功は、NHSにとって主な焦点であるだけでなく、患者自身にとっても同様である。現代のヘルスケアにおける「折り合いをつける fix it」という基

本的信念が広がる一方、生物医学的治療が唯一の選択肢であるかもしれないし、あるいはそう勧められるのかもしれない。しかし、そうした人々は別の方法が存在することに気づいていないかもしれない。こうした治療法は普遍的なものではなく、この文脈において生物医学的アプローチには多くの限界が存在する。手術後に多くの患者が自尊感情の高まり、よりポジティブな外見への評価、そして／または、社会的な自信の向上を述べている一方で、そうした結果は単純なものではなく、手術による利益は保証されているわけではない（Hughes 1998）。

　主な問題は、生物医学的アプローチが、重症度と機能障害の間には有意な関係があると想定することによって、表面上は病理学的アプローチをとることである（Clarke 1999 参照）。というわけで、可視的差異が不安を持つ個人に対してさまざまな結果をもたらすことはますます認識されている一方、このことがポジティブな影響よりも、むしろネガティブな影響を与えやすいであろうこと、そして、より重症で広範囲な変形を持つ人々の間においては、さらに（苦悩は）大きいであろう、ということが相変わらず想定されている。このことをケアの提供に合わせて読み解くと、より明らかで重度の変形を持つ人々は、可視的差異が小さい人よりも、優先権が与えられるということを意味しているし、軽症の人は治療対象としての価値が低いと見なされるということも意味する。しかし、前の章で見た通り、研究によるエビデンスは、このように想定された単純な関係を必ずしも支持していないし、適応能力を決める心理社会的因子の重要性を繰り返し示してきた。さらには、生物医学的モデルは変形の重症度と心理社会的苦悩との有意な関連性を考えているだけではなく、このことが一方向性の過程（変形の重症度〈原因〉→外見に対する苦悩〈結果〉）であることも想定している。これに対して、生物心理社会的アプローチは双方向性の過程であり、心理的苦悩が何らかの状態（例えば、皮膚科的疾患など）に影響しうるということを認識している。

　ケアに対して生物医学的アプローチを単独で用いることの不適切さは、外見に関連する状態を持つ人々に対するサービスの提供において、特によく示されている。そこでは、ケアとは典型的に、前述のような医学的・外科的治療に基づいている。基本的にケアの焦点は、いまだに患者の身体的必要性に対処する

治療に置かれている。例えば、認知される正常基準（明らかな差異が外見に認められない）を達成することを目指して外見を「修復する」ことなどである。基礎をなしている前提は、たとえ少しの程度であれ、部分的な整容的改善であれ、それが実現するのであれば、いかなる生物医学的治療も望ましく価値があるということである。この前提が生み出すのはネガティブな固定観念であり、社会の厳格な基準に合わせることに失敗するような外見に関する認識である。そして、可視的差異を持つ人々は、変形のない正常基準を求めるべきであるという信念を強化するのである。ところで、すべての人々（可視的差異のあるなしにかかわらず）に対する外科的治療がますます行われるようになっていることは、広まってしまっている美への神話と固定観念（外見は重要で、美しいことは良いことである）を煽っている（第1章参照）。第2章と第5章で述べた認知過程を通して、人々が自らを比較する文化的理想は、情報として伝えられている。そして、外見を「改善する」かもしれない利用可能な治療や手術を、人々は追い求めるべきであるといった期待が強化されていく。このことは、奇跡のような変化を待っている間、事実上、自らの人生を保留状態にしている人たちにさらなる圧力をかける。そして、外見を「修復する」ことで、生涯にわたる他の問題も同時に解決するだろうことをもしも信じているのであれば、このことは特にしっくりくるものとなる。人々が、痛みを伴い、高い費用がかかり、長期にわたる手術が、理想の人生を必ずしももたらしてくれはしないことを実感した時、経験されるショックと落胆について、強力な逸話的エビデンスがある。Partridge (1990) と Brady and Middleton (1997) は、さらなる治療が利益を上回る代償をもたらすようになるポイントを認識することの重要性について議論している。形成外科医は自分が理想とする整容的結果を生み出そうと熱望し続けるだろうが、可視的差異を持つ多くの人々は、「完全である」ことよりも、目立たないことを望む。そして、手術の中断とそれに伴う感情の激しい浮き沈みによる混乱に、一区切りをつける必要があるだろう（Bradbury and Middleton 1997; Pruzinsky 2002）。

　生物医学的ケアに伴うさらなる問題は、個人的で患者中心的なアプローチの仕方に反して、ガイドラインとプロトコールに沿ってケアが提供されることが増えてきていることである。予定され与えられる手術治療を耐え忍んでいくと

第 6 章　外見に関連する不安への支援・介入の現状

いう圧力が、必要以上に強力に作用することだろう、外見を「修正する」ための厳格な手術計画（例えば、口唇口蓋裂の患者は、思春期の早期に顎骨の手術を受けるだろうという予測）に隷属的になることは、その患者にとって助けにはならないだろう。このことは可視的差異を持つ人々にとっては、意思決定に参加することを困難にするだろうし、日常生活に対して大きな中断をもたらすだろう。融通の利かない治療計画より、むしろ個人的な身体的（例えば、成長）かつ心理社会的な問題を考慮に入れるように計画されたケアが必要である。

ところで、身体的外見を変えるために使える選択肢は増え続けている一方で、個人の心理社会的ニーズに応えることや、治療やケアが行われるより広範囲の文脈を考慮することには、ほとんど注意が払われていない。こうしたことは、健康状態に対する心理社会的ケアよりも、生物医学的治療の方に広汎に優先権が与えられていることと並んで、巨額の投資を生物医学的治療に行っていることに反して、NHS の専門家による変形を持つ人々を支援する部門（第 7 章の Outlook に関するセクションを参照）を維持するためには少額の資金しか認められていないことでも示されている。

しかし、生物医学的治療における多大な投資にもかかわらず、身体への不満足感を取り除くこと、あるいは、発病前の状態に患者の外見を回復させることは保証されない。メディアによるメッセージは、審美的・美容的技術がますます利用できるようになっているということとともに、外科医は実際に可能なこと以上のことをしてくれるという思い込みを助長している。例えばそれには瘢痕や皮膚のシミが含まれるが、人々は、それらは取り除くことができるのだという思い込みを持っている。治療の後に瘢痕とともに暮らす人々の数は多い。新興国の総計では、毎年 1 億人の人々が瘢痕を負っており（Sund 2000, Bayat et al. 2003 からの引用）、それには手術後の人々が 8000 万人含まれ、1100 万人がケロイドを持つ（瘢痕が隆起し、赤くなる）。現実としては、瘢痕は改善するし（周囲の人から見て、目立ちにくくなるという意味において）、この分野における医学的・外科的治療の発達は歓迎すべきものである（Partridge and Rumsey 2003）。腹腔鏡手術の発達には、大きな切開を行う必要性を減少させ、その結果として瘢痕を減少させる可能性がある。しかし今もって、瘢痕を完全に取り除くことはできないし、心理学的な傷跡（瘢痕の原因となった外傷的な環境への記憶を含め

て）は時に残り続ける。

　重要なことは、生物医学的治療における目的と予想される結果について、患者とヘルスケア専門職の理解していることが一致していないことであろう。外科医と他のヘルスケア専門職者は、「良くなる better」という言葉を、瘢痕や皮膚のシミが以前よりは小さく目立ちにくくなる、ということを意味すると考えているのかもしれない。一方、患者は「良くなる」ということを、治癒とか完全除去を意味するものと考える。Storry（Lansdown et al. 1997 からの引用）は、治療に対する患者の期待や理解が、治療者の期待や理解と異なってしまっている時、落胆の可能性について、生々しい個人的な表現で述べている。

> 技術的には、外科医たちは素晴らしい仕事をしてくれた。私は鼻で呼吸ができたが、整容的結果には非常に落胆した。（作られた鼻は）橋状になったが、平たいままであった。それは私にとって問題であり、NHS はその原因を明らかにしてくれ、それを修正する一連の手術を勧めてくれるだろうと思った。すぐに私の思いは甘いことを知った。もし今より前に進みたければ、さらなる手術を受けるために、外科医に取り入らねばならないだろう。
>
> （33 ページ）

　結果に対する患者の期待感に対処することは、この分野のヘルスケア専門職にとって大きな課題となっており、この点において健康心理学者らは果たすべき役割がある（第7章参照）。

　より包括的なアプローチによって、心理社会的不安を明らかにする必要性と、こうした問題に対処するための適切なケアを提供する必要性が認識される。改善された心理学的な幸福感に加えて、Dropkin（1999）は、治療が原因で外見にもたらされたいかなる変化に対しても適応できるように、患者を支援することは直接的・医学的・経済的利点があることを指摘している。なぜならば、そうすることに失敗すると、治療を継続する意欲が減少してしまい、感染症を合併する頻度が高まってしまうからである。同様に、多くの治療の結果は、治療計画に継続的に取り組んでいけるかどうかにかかっている。例えば、口唇口蓋裂の手術を受けた患児は、手術後に歯科矯正プレートを装着する必要

があり、熱傷受傷した患者は、瘢痕の整容的結果を改善するために圧力服を着る必要がある。可視的差異を持たない人々の治療に対する順守（取り組み）も、外見に対して認知される効果によって影響を受ける。例えば、処方された薬によって体重が増加すると信じられるような場合などである。

まとめると、治療における多大な進歩にもかかわらず、生物医学的モデルにのみ基づいたケア提供は、患者のニーズを満たすには不十分であることが、ますます明らかとなってきている。実際、さまざまな可視的差異を持つ外来患者における研究では、心理社会的ニーズはクリニックの提供する範囲のケアでは満たすことができていないこと（Rumsey et al. 2004; Rumsey et al. 2003b）、さらに、ヘルスケアのスタッフ自身が、こうした不安がしっかりと語られていない（聞き出せていない）と認識していることを見出した。理由は、過去の文献において語り尽くされている（Price 1990 参照）。こうした問題に対処するためには、時間・訓練・資源・技能・知識・自信・ガイダンスが不足していることが挙げられる。専門知識や訓練といった問題が、介入と変化（結果）で試されるものであるのは良いニュースだろう。健康心理学者はこの意味において、価値ある貢献をすることとなる。

心理社会的ケアの提供

健康心理学者として明らかなことは、すべての患者が痛み止めや日常の理学療法などを与えられるのと同じように、日常のヘルスケアの中へ心理社会的ケアと支援を組み込んでいくことによって、生物医学的アプローチによって勧められる進歩や利点が、増強されるだろうということである。すべてのヘルスケア専門職は、患者と接触する間に心理社会的支援を提供するべき立場にある一方で、スタッフに対する圧力と仕事量は、心理社会的ケアと支援が、必要とされる時に必ずしも利用できる状態にあるわけではないことを意味している。この章では、生物・心理・社会的アプローチによって与えられる利点を最初に考慮し、そして次に、可視的差異を持つ人々に対する心理社会的ケアの最近の提供体制について検討する。

Engel (1977) と Ogden (2004) は、医学的モデルを超えて、生物心理社会的アプローチと（その結果として）認知された優位点について概説し、注目された。彼らは、外見の研究と実践に特に言及しながら、生物心理社会的アプローチ法を好ましいものとした。なぜならば、それが外見を「修復する」ということのみに焦点を絞っていなかったからである。むしろ広い視野を持ち、可視的差異を持つ人々が典型的に出会う問題の社会的な性質を反映していたからである。自分の外見に関した考え方、感情、行動を変えることを個人に援助することは、客観的に外見を変えることと同じくらいに、あるいはそれ以上に重要であると認識された。以前に述べたように、心理社会的因子が病気の身体的局面に影響することも、またその逆もあるように、双方向的でもある。しかし限界もあり、生物医学的方法と十分に区別されえないことと、それにより形成される高い期待感を満たしえないことが批判されてきた（Marks et al. 2000 の概説を参照）。

　「変形」自体に対する概念枠組みを包括的に捉えること（第2章参照）が有用である一方で、臨床的サービスは特定の疾患に関して集中し、体系化される。ケアの提供体制を評価する有用な方法は、外見に関連した不安が受け入れられ、かつ／または、対処されているかどうかについて考えることである。

　その状態が心理学的視点から集中的に調査される場合、より多くのサービスが生み出されることになろう。このように、口唇口蓋裂、熱傷ケア、乳癌における心理社会的因子の重要性に狙いをつけた、長期にわたったエビデンスが存在する。多くの熱傷治療施設や口唇口蓋裂や乳癌の治療チームでは、長期にわたるケアはあまり確立されてはいないが、短期的に心理社会的ケアを提供するための高度に確立されたプロトコールを持っている。心理社会的問題への認識は、こうした疾患のためのケア提供に関連した政策において明らかである。例えば、Clinical Standards Advisory Group (CSAG 1998) による仕事から、政府の通達は、イギリスにおける新規の口唇口蓋裂チームごとに「適切に訓練された心理士」を含めることを勧告した。癌のケアにおいては、NHS Cancer Plan (2000) と Calman-Hine Report (1995) は、治療のどの段階においても、患者の心理社会的ニーズが対処されるべきであると、その必要性を強調した。これについては、カウンセリング技術の訓練を受けた専門看護師によって、ケアが

提供されている。National Burns Care Committee（2001）は心理社会的支援の重要性を述べ、イギリスの基準となる基礎事項を示唆した。しかし、こうした政策による勧告やガイドラインは、十分な資金や奨励金が確保されるまでは、改善されたサービスとケアとして日の目を見ることはないであろう。実際、患者はこのような理想的な支援を受けることはないだろう。例えば、71名の熱傷患者における心理学的必要性に関する調査（Kleve and Robinson 1999）では、入院中に外傷による情動面への影響に対する支援を受けられたと報告したのは39％のみであった。こうした患者は長期に入院する傾向があるので、心理学的支援を提供する時間の余裕があったのかもしれない。あるいは別の解釈として、ケアは生物医学的状況の中で提供されるので、重症度と苦悩との間に強い関連性が想定されることによって、このような、より重症の患者だけが支援を受けることになったのかもしれない。66％が退院後に支援（GPや家族から）を受けたと述べている一方で、退院後に心理士や精神科医と会えたと述べたのは4％だけだった。この場合も、この知見はさまざまに解釈することができる。例えば、ケア・チームの他のスタッフが、必要とされる支援をチームとして提供することができる技術を展開させたことを示しているかもしれない一方で、まだ対処されていないニーズを反映しているのかもしれない。実際、調査時点で、38％が専門家から何らかの利益を得ることができたと感じている。

　いくつかの状態では、それが外見に影響を及ぼしていると認識できるだけでなく、不安感の発生が予想され、それがネガティブな影響を与えていると常に予想されることも明らかである。こうした状況では、変わってしまった外見による心理的苦悩が普通の状態と見なされることが多く、特に広範な変形を持つ人々に対しては、さらに心理的支援とケアが提供されるかもしれない。ここに示された注意点に潜んでいる皮肉は、軽度・中等度の変形を持つ人々の心理社会的ニーズが、彼らの苦悩はさほど大きくはないだろうという間違った思い込みによって、見過ごされるかもしれないという危険性があることである（第4章参照）。

　その一方で、他の疾患においては、専門家による心理学的サービスはまったく提供されない。おそらく、その必要性に対処するだけの研究エビデンスが欠損しているからか、その疾患の相対的な希少性からか、あるいは外見に関連し

た苦悩に影響を与える状態であると認識されなかったから、という理由が考えられる。例えば、関節リウマチや糖尿病は外見に影響を与えるが、それは患者によって予想されることもなく、また利用可能なケアによって対処されることもないかもしれない。むしろ、状態の機能的・生理的局面が優先され、ケースによってはそれらがケアの唯一の焦点となっている。しかし、機構（組織）によっては変化が起こり始めているエビデンスもある。例えば関節リウマチ患者への支援においては、身体イメージに関しても支援するプログラムを発展させている。

　実際、外見に関連した心理社会的ニーズは、患者へのケアの間中のさまざまな情報源を通じて認められ、明らかにされ、対処されるであろう。明らかに多くの臨床家とケア・チームは、患者たちが日常生活において出会う諸問題に気づいている。しかし、他の多くのケアの提供者たちは、自分たちがケアしている人々における、外見に関連した不安の程度について気づいていないかもしれない。Hopwood and Maguire（1988）によって指摘されたことは、医療体制およびヘルスケアの専門職らはこうした問題を意図的に避けているので、外見に関連した不安の程度については過小評価されがちであり、このようにして患者たちは、外見についての恐怖からの不安感を述べることは好ましいことではなく、無駄なことであり、専門家の時間を労費させることとして避けたりするようになる、ということであった。同様に、外見が変わってしまった患者に対処することの多いヘルスケア専門職らは、その個人に潜んでいる影響について鈍感になりがちである。Vamos（1990）は、関節リウマチの患者に対処している人々に特有の問題として、このことを明らかにしている。そのような環境の中で、追加的な心理社会的支援を必要としている人が、そのことを理解され、専門家のところへ紹介されてくることは難しそうである。良好な支援が利用できる環境においてすら、意識的であれ無意識的であれゲートキーパーを経由して、そのようなサービスに患者が接近できる機会は限られてしまう。

　患者の心理社会的ニーズに適切に対処することへの困難について、個人の経験や外見への反応の多様さは、明らかにその理由の一つとなる。適切なスクリーニング計画と支援のための方略をデザインするという見地から、この多様性は克服すべき課題となる。Rumseyら（2004）の研究に参加した外来患者た

ちは、クリニックで受けることができるケアの質におおむね満足していた一方で、心理学的結果の良否は、意思決定、理解しやすさ、情報提供に対する自らの関わりの程度に、有意に相関していた。クリニックのスタッフは一般的に、患者が直面している困難に気づいており、こうした問題への対処を支援するもっとも適切な立場にいると感じている。しかし同時に、その患者が必要としているような専門家による支援の類いを提供できるほど、自分たちは訓練を受けていないとも感じている。ケアの提供においても、興味深いミスマッチが生じる。例えば、眼科クリニックにおいては、眼球を失う予定の患者に対して常にカウンセリングが行われる。一方、心理学的支援が提供されることのない甲状腺眼症（眼球突出を呈する）の患者において、高いレベルの苦悩が研究報告されている（Clarke et al. 2003 参照）。

　ヘルスケア・チームが直面する課題は、もしも心理学的支援を必要としている人として認められた場合には、患者のケアのいかなる段階においても外見への不安が検討されるべきということ、そして、患者が傷ついた者という感覚を持たないようにすべきであるという思潮を高めていくことである。Pruzinsky (2004) は、いかなる医学的状態や疾患においても、日常的なケアの一環として、心理学的かつ身体イメージへのアセスメントが組み入れられるべきであると提唱している。医学的ケアを受けている人々において、外見への不安の内容を調べる方向に向かうのは歓迎すべきことである。しかし、不安に気づくということと、適切なケアを提供できるということは別の問題である。以前に強調したように、ヘルスケアの専門職らは、患者のニーズに応えることができていないと感じているのである。例えば、頭頸部癌における専門看護師に関する調査では（Clarke and Cooper 2001）、自分たちはこの種のケアを提供するには十分に訓練されていないと感じていると答えている。他の分野で働くスタッフも、心理的ケアに対してよりも、身体的なケアの提供についての方が、より大きな自信を持っていると述べるだろう。

　外見に関連した不安を持つ人々（可視的差異を持つ人々を含む）は、外見や変形の問題に対して特別な専門知識を持たない、非専門家（健康心理学者や臨床心理学者も含めて）によるサービスに紹介されたと思うかもしれない。経験が不足しているという問題に加えて、こうしたシステムは率先して問題に向き合お

うとはしない傾向がある。これらのサービスでは、一群の有用かつ一般的な支援サービスを提供することはできる一方で、外見の問題に精通した心理学者への明確な紹介ルートが必要である。不幸にして、そのようなサービスは少なく、めったにないのが実情である。そのため、そのようなサービスを探し出し、利用できるようにすることは非常に困難である。専門家によるサービスは確かに存在していることも事実であり、将来のケア提供に向けて有用なモデルを模索し提供している（第7章で詳述）。

法的介入

　より広範にわたって、イギリスの法律では、可視的差異を持つ人々の経験とQOLにポジティブな影響がもたらされるように後押ししている。可視的差異を持つ人々への支援組織によるキャンペーンの結果として、障害差別禁止法Disability Discrimination Act（1995）に、現在は「重度の変形」も障害として明確に含まれるようになった（訳者注：2010年に、さまざまな障害に対する保護法案が一体化され、イギリス平等法Equality Act 2010が制定された）。法律は当事者の利益として、雇用の分野、サービス・商品・施設（ヘルスケアを含む）の利用、土地や資産の購入や借用において、明確に権利を保障している。変形という点においては、この法律では、個人は普通の日常生活の活動行うにあたって、変形が社会的能力を害し、実体として不利な影響を与えていることを証明する必要はない（身体的障害については法案によって定義されている）。しかし、外見によって誰かを差別することは、現在は違法行為となっている一方で、そうした法律の適用が困難であることも悩ましい事実である。なぜならば、エビデンスを照合し証明することは難しいからである。例えば、ある人が持つ変形が「重度である」か否かを、誰が言えるのか？　そして、どうやって証明するのか？　さらには、例えば就職面接において、ある人が外見によって差別されているという証拠を提出するのは困難なことであろう。可視的差異を持つ人々の生活に対するこの法律の影響力については、まだ観察を続けなければならない。

結 論

　要約すると、外見に関する不安に対する現在の保健サービスの供給は、主として生物医学的モデルに基づき、内容の変動が大きく、心理社会的サービスの提供は一般的に乏しい。生物医学的治療の発展は大いに賞賛したいし、この傾向が変わってほしいとも思わない。むしろ、心理社会的な諸問題は、医学的・外科的治療とともに、あるいはそれらに先立って対処されるようになる必要がある。いくつかの例においては、形成再建外科手術が適用されるようになって証明されたように、外見の問題が認識され、ケアが提供された。しかし一方、その他の分野では、外見の問題はほとんど注目されてこなかった。摂食障害、醜形恐怖症、(最近増えてきている) 予防的手術 (訳者注：病気の進行を抑える目的で予防的に臓器や組織を切除する場合や、優生保護目的で避妊手術をすることなどが該当すると思われる) などの分野においては、心理学的支援は常に提供されており、時には治療上の優先権が確立している。しかし全体的に見れば、適切な支援とケアは、理想からほど遠く不足している。こうした事情は、この分野で働く心理学者にとって興味深い課題を提供する。外見の問題に関連するケアのあり方に関する考え方を変えることは、決して楽なことではない。トレーニングにおいても実践においても、医学的なモデルが確立され立場を堅牢にしているからである。しかしながら、例えば熱傷患者へのケアに見るように、多様な状況におけるケアの提供に関して、そのガイドラインの中に心理的ケアを含めることの重要性がますます強調されてきている。そうした傾向に、これまでの研究知見がいかに貢献しているかを見ると、勇気づけられるのである。しかし、いまだ多くの心理社会的ケアは、率先して活動できる状況にはなく、むしろ事後要請的にしか動けない状況である。そして多くの支援はボランティア・セクターによって提供されており、その費用を賄うための基金を募らねばならないというプレッシャーのもとにある。

　可視的差異を持たない人々に対する支援とケアについて、自主管理的なケア以外の選択肢は、現在は限られている。外見への不満足が増大することを予防できるかもしれない介入に関して、研究が不足していることには注意を要する

(Liossi 2003)。より効果的な支援と介入の必要性が高いことは間違いない。次の章では諸問題と心理社会的ケアのあり方について、いくつかの例が考察される。

第6章のまとめ

- 外見に関連した関心と不満足に対処しようとする試みは、次のどちらかを変化させることを意味する。個人の外見を客観的に分かるように変えるか、外見が評価される認知過程を変えるかである。
- 多くの場合、自分の外見を変えることを試みる人たちは、専門的ないしは外科的な方法を選ぼうとはしない。しかし、民間の美容施設での外科的あるいは非外科的治療を受けることを選ぶ人は、少数派ではあるが増えてきている。
- 外見にまつわる不安を抱える人たちに対して、心理的支援を提供できるサービスは不足している。ただし摂食障害、醜形恐怖症、あるいは明らかに「正常範囲」から外れている外見を持つ人たちについては、この限りではない。
- 外見のハンディキャップで困難にある人たちに役立つ支援の多くは、ボランティア・セクター（ボランティア活動）を通じて提供されている。支援グループがすべての人たちに対応できるわけではないが、多くの困っている人たちにとって代えがたい頼みとなりうる。
- 多くの人にとって医学的・外科的・美容的治療の進歩は大いに役立つものとなる。しかし、明らかになってきていることは、生物医学的治療のみに基づいたケアの提供だけでは、可視的差異を持つ人たちが直面する困難のすべてには対処できないということである。
- 残念ではあるが、人々に対する適切なケアと支援の供給の現状は、理想には達していない。より効果的な介入・支援が大いに期待される。

論 点

◆ ヘルスケア・サービスを利用する者として、自分の経験を考えてみること。外見の問題は、かねてより関連があっただろうか？ そして、もしそうだとしたら、対処されてきただろうか？ また、どのように？
◆ 生物医学的な治療が、外見に関連した不安にうまく対処してきただろうか？
◆ 心理学的見解として、美容手術は誰にでも自由に手の届く状態にしておくべきだろうか？

参考文献

Lansdown, R., Rumsey, N., Bradbury, E., Carr, T. and Partridge, J. (1997) *Visibly Different: Coping with Disfigurement.* Oxford: Butterworth-Heinemann.

Pruzinsky, T. (2004) Enhancing quality of life in medical populations: a vision for body image assessment and rehabilitation as standards of care. *Body Image,* 1: 71-81.

Sarwer, D.B. and Crerand, C.E. (2004) Body image and cosmetic medical treatments. *Body Image,* 1: 99-111.

第 7 章

より有効な支援と介入の可能性

イギリスにおいて、外見に関する諸問題を抱える人々に対する心理社会的支援や介入の現況を検証してきた（第6章）。それによれば、改善の余地が多々あることは明らかである。この章では、効果的でアクセスしやすい心理社会的ケアについて、ヘルスケア制度を通して提供を可能にする方法に焦点を当てる。さらには教育現場をベースとした介入方法、メディア、そして健康増進キャンペーンの潜在的役割についても考察する。健康心理学者が臨床や研究の場で遭遇する出来事は多種多様である。すでに述べたように、介入といえば個人の身体的な外見を変えることか、外見の諸問題への態度を変えることに向けられてきた。包括的ケアの中では、他者に対する個人の対処の仕方や彼らの態度についても扱われるべきである。ここで示すのは特定の目的のものであるが、理想的にはこれらの介入は、必要があれば誰にとっても利用しやすく、役に立つものであることが望ましい。

一般の人へ向けた介入

一般の人が持っている外見に対する態度を変えることは、実に画期的な仕事である。しかし身体への不満足は、西洋文化の中にある人々の多くが体験していることであり（Grogan 1999: 189）、それらを変化させることは大変なことである。

メディア

メディアが外見への関心を助長させ、堅固なものにしてしまう影響力については第3章で述べた。多くの人にとって、強力なモデリングの影響力を持つものであることは間違いない。この文脈におけるメディアへの言及は、常に否定的な言葉で語られてきた。しかし、メディアが持つ力によって蔓延する美の神話を退治できるかもしれないし、一般の人にとっての外見の問題に対しても、ポジティブな課題を提供できるかもしれない。広告産業やテレビは、メディアの影響力の良い実例である。

長い間、理想の姿やありえないような容姿を持った男女を見て、空気清浄機からジッパーに至るまで、さまざまな商品を買うようそそのかされてきた（訳者注：コマーシャルに出てくるハンサムな男性や美女に対する好感を利用して商品を想起させ、購買意欲を高めようとする広告産業戦略のこと）。実験研究によると、そのような画像に短時間でも接すると、身体にまつわる不安を掻き立てられるという (Halliwell and Dittmar 2004)。しかし、この Halliwell and Dittmar の研究によると、「スマート過ぎる」モデルに代わって「平均的な」人を用いると、こうした不安が減少するという。この研究結果に対する広告業者の反応は、まだ評価されていない。近年、いくつかの特筆すべき広告キャンペーンでは（例：イギリスにおけるダヴ社のモイスチャー・クリームの広告）、「普通」の体型のモデルが用いられた。しかし、こうした試みはいまだに例外的なものであるし、実際の効果を考えれば、大柄なモデルを用いたとしても、（人々が）モデルたちに期待しているのは、結局のところ「魅力的である」ことに変わりはない。メディアの中で到達可能なイメージが標準状態になる以前に、現状でもできることがあるのは明らかである。理想的には、ファッション業界や美容業界の力を、より魅力的な容姿を登場させることだけに利用するのではなく、ポジティブな保健行動にも利用してみるべきである (Carmel et al. 1994)。例えば、日光曝露の予防を指導することなど。しかし Naomi Wolf (Grogan 1999 の引用) は、こうした期待は楽観的過ぎると述べている。美容産業は、自分の身体に不満足感を持つ女性に対して、既得利権を持っていると主張している（訳者注：こうした情報が強く影響するのは、もともと自己否定的スキーマを持つ人である。そのため、自立的な態度に変わっていくのは難しく、商品購入などに依存する嗜好は変えにくいだろう）。

　イギリスにおいては健康を害する商品（例：タバコ）の広告は規制されてきた。しかし一方で、潜在的にリスクを持つにもかかわらず、美容手術の宣伝をコントロールないしは規制しようとする法律が現在も存在しないことは注目に値する。むしろ、そのような宣伝は以前にも増して顕著かつ広汎になってきている。Grogan (1999) によると、若い女性向けの雑誌で、この種の広告を掲載していないイギリスの雑誌はなかったという。それどころか、こうした広告産業は成長中の市場ですらある。男性を対象とする出版業界においても、テレビのコマーシャルにおいても、公共の場におけるポスター広告においても増加し

ているのである。こうした広告が、どれほど外見に対する不満足に影響しているかは不明確なままである。

　イギリスで最近放送されたテレビ番組（例：「*You Are What You Eat*」〈Channel 4〉や「*The Big Challenge*」〈BBC 1〉）では、ダイエットやエクササイズを通して、より健康な生活スタイルを身に付けるように奨励することが試みられた。明らかに参加者たちは、健康を改善したいという意志と同じくらいに、外見を変えたいという意志によって動機付けられていた。これが意味するのは、健康に対する考え方よりも、むしろ外見にまつわる要素によって健康行動が影響を受けやすいということである（Leary et al. 1999）。こうした番組は、健康な生活スタイルに関して広く認知されている社会的基準に、何らかの影響を及ぼす可能性がある。繰り返し認められてきた事実は、エクササイズをする人たちは、しない人たちと比べて、より高い身体イメージや自尊感情を持つということである（Grogan 1999 の概要参照）。それゆえに、エクササイズを推進するような諸介入が、自然に求められる結果となる。しかし、メディアが情報提供する介入の長期的効果については明らかではない。

　青年に向けられたメディアが与えるイメージは、外見に関して夢中になっているような集団に対しては、特に影響が強い（第3章参照）。われわれが最近衝撃を受けたのは、16〜17歳のグループに対して、アーティストのマーク・ギルバートの絵の展覧会が与えた強烈な印象であった。彼らは、ギルバートが描いた（顔の）手術を受けた人の画（頭頸部癌を病んでいる多くの人々の絵）が、喫煙しないことへの強い動機になったと述べていた。Haste（2004）が行った若年者を対象とした調査（第2章参照）では、特に少女においては、健康に関する情報源として雑誌を使っているということだった。もしかするとそうした雑誌を使って、潜在的に影響を受けやすい集団に対して、外見の重要性に対する違った見方を思惑通りに提示できるかもしれない。

　一般大衆に向けたメディア・キャンペーンは、意見を伝えることに利用できるかもしれないし、外見の多様性を認める方向へ利用できるかもしれない。慈善団体の Changing Faces が行ったポスターキャンペーンでは、顔に変形を持つ多くの人が描き示され、「もしもあなたが私を見つめてくれたら、私たちは会話を始められるかもしれない」というメッセージを伝え、

第 7 章　より有効な支援と介入の可能性

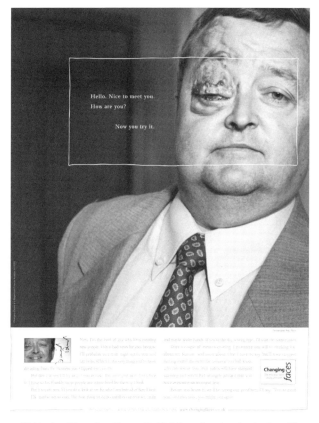

図 7-1　Changing Faces のポスターキャンペーンの一例

それを見る人が日々の社会生活の中で、そうした当事者たちと関わっていくことを促そうとするものだった（図 7-1 参照）。

賞も得たこのキャンペーンは、2 つの理由で注目に値する。第一に、顔に変形をこうむっている人々におけるポジティブなイメージを提示していること。第二に、可視的差異を持った人たちに不慣れな人が、（当事者たちと）同席するなどの状況の中で、いかに接すればいいかという方法を示唆していることである。このアドバイスは必要だろうと思われる。なぜならば、Changing Faces から委託された YouGov（オンラインを利用した市場調査会社）の調査では、79％

の回答者が、顔に重度の変形を負った人と出会ったら、何か間違った対応をしてしまうのではないかと強い不安を感じるだろう、と述べているからである。

2004年、「*Celebrities Disfigured*（変形を施した有名人たち）」というテレビ番組がイギリスで放映された。あたかも熱傷後の瘢痕や単純性血管腫（ポートワイン母斑：赤いアザ）があるかのようにメイキャップされた有名な俳優やモデルの視点から、可視的差異を持つ人の生活を描こうとするものだった。可視的差異を持つ人に対して、一般人がどのような空間のとり方をするかに関する初期の心理社会的研究を、撚り合わせたものである（第2章・第4章参照）。本当の変形を負った人の、本当の生活における経験を扱ったドキュメンタリー（例：表皮水疱症の男性を扱った「*The Boy Whose Skin Fell Off*〈皮膚が剝がれた少年〉」〈Channel 4、2004年制作〉や、顔のアザを隠すことをやめる決心をした女性を追った「*One Life: In Your Face*〈ある人生──あなたの顔に〉」〈BBC、2003年制作〉）の方が好ましいし、より妥当性があるのは事実である。しかし、有名人たちが関与した番組は視聴率を上げただろうし、それゆえに、より多くの人たちに番組のメッセージが伝わったと思われる。幸い、配慮の行き届いた示唆に富むこれら番組のおかげで、（一般の人たちの）外見への態度は変わってきており、可視的差異のある人々のQOLは向上してきているのである。

健康増進キャンペーン

健康増進キャンペーンにおけるメディアの利用は、Bennett and Murphy (1997) によって長い間検討されてきた。しかし健康による利益よりも、むしろ外見に対して期待される影響によって健康行動に取り組む人が多いということが明らかになってきているにもかかわらず（Leary et al. 1994、第2章参照）、はっきりと外見に焦点を当てたキャンペーンはほとんどなかった。Learyら (1994: 467) は、「いかなる方法で人々に健康に対してより注意を払うことを納得させるか、そして大衆の好むイメージにとらわれないようにするか、それが大きな問題である」と示唆した。しかし、現在の西欧文化諸国では外見に高い重要性を置いてしまっていることを考えれば、健康行動を積極的に変える動機として、外見における関心を利用するのは道理にかなった方法といえる。

外見への関心が健康推進キャンペーンを引き起こした分野は、日焼け行動と皮膚癌の発生についてである。保健教育局が業務の一環として、小冊子に基づいたキャンペーン「もし太陽を崇拝しているとしても、自分の肌を生贄に捧げないでください If You Worship the Sun, Don't Sacrifice Your Skin」を行った。そこで分かったことは、（一般の人が）日焼けすることに認めている効用（身体的外見に対するポジティブな態度を含めて）によって、無防備な日焼けへの指向性が予測されるということだった（Castle et al. 1999）。日光暴露によるリスクに関する知識の増加により、危険な行動が改められていくように思われるかもしれない。しかし日焼けに対する（暴露も良しとする）態度は、他の健康行動に対する態度がそうであるように、固く守られている。アメリカ皮膚科学会が行った調査では、回答者の72％が、日焼けは健康的に見えると回答している。いくら知識が増えても（例：皮膚癌発生のリスクなど）、行動そのものを変えることはできないと思われる。態度についても同様に操作する必要がある。Jones and Leary（1994）は、こうした試みは、しわや加齢性変化のイメージを前面に出すことで達成されるだろうと示唆した。実際、最近の若い女性を対象とした禁煙キャンペーンは、喫煙が外見に与えるネガティブな影響を利用している。この手法は、外見を特に心配している多くの喫煙者に対して、強く注意喚起することができた。同様のこととして、イギリスでのタバコの箱に記載されている警告文に、「喫煙は肌の老化を速めます」を含めた。すぐにヨーロッパ中に広まった挿絵の中には萎びたリンゴの写真があり、その横に同じ警告文が載せられている。

　行動の変化が外見に及ぼす影響は、即効性のあるものではないことが難点である。例えば、しわや老化は将来の問題である。一方、日焼け、体重コントロール、イメージなどに認められる効用は、短期的に効果を生むことである。健康増進キャンペーンに対して、より受け入れやすい人たちがいる（Bennett and Murphy 1997）。こうした場合、（その人たちが置いている）外見への重要性が、受け入れやすさを決定づけるだろう。例えば、外見の問題に焦点を当てた禁煙メッセージは、喫煙をやめることで生じる体重の増加を恐れる人よりも、若くしてしわが増えることを避けたがる人の方が、心に留める可能性がより高いだろう。これにはさらなる研究が必要である。

最後に、外見への関心に働きかける健康増進キャンペーンが、老化と外見の変化にまつわることなど、現在広がっているネガティブな固定概念を強化してしまう可能性はある。このことは、若く見えることだけが望ましいことだという神話を崩し、外見の多様性についての受け入れを促進していく試みとは矛盾してしまう。

学校教育への介入

学校には、外見が重要であるという態度や神話に挑戦するための、教育的・社会的環境の両方が備わっている。学校では、外見がいじめのきっかけになりやすいので、こうした介入を行う対象としては特に有効性が高い（Crozier and Dimmock 1999）。そこではまた、可視的差異がある生徒と、他の生徒や職員（教師、調理師、管理人など）とを一緒にさせ、相互関係を持たせることで、可視的差異のある生徒を支援する機会も提供できる。これにより、外見の多様性について大きく理解が深まるように促すことができるかもしれない。

小児期および青年期において外見への不安が広がっているにもかかわらず、可視的差異を持たない若者が持つ外見に関連した諸問題に対する介入はほとんどない。例外は、学級ベースでの介入であり、アクションリサーチ法 action research methodology を用いて工夫され検証されている（Lovegrove and Rumsey 2005; Box 7-1 も参照）。

しかし、こうした先を見越した介入は、青年期における外見関連の問題の大きさと影響力の強さに気づいている学校やスタッフによってのみ、行われうると考えられる。学校集団全体を対象として諸問題を明らかにし、可能な介入治療を提供し、それを検証できるように調整されたプログラムが求められている。

ヘルスケア提供体制における支援

第6章において、ヘルスケア体制内では、外見の問題に対する心理社会的支援はないに等しいということが述べられた。理想的には、外見に関連する支

Box 7-1　学校ベースの介入の例

　Lovegrove and Rumsey（2005）は、可視的差異を持つ児童を対象にして、Changing Faces が確立した方法を基礎にした介入を報告した。中学生を対象に、可視的差異をきたす原因を教えること、外見にまつわる神話に疑問を投げかけること、自らの社会的困難に取り組んでいく方略を身に付けていくことを意図している。こうした方略には次のことが含まれる。

◆ポジティブな自分の標語（モットー）を工夫し、実践すること。
◆（他者に）認知される可視的差異について、その人を安心させるような説明を用意しておくこと（「僕にはニキビがあるけど、君にはうつらないよ」）。
◆ネガティブな、またはいじめるようなコメントに対して、自然な反応を示しながら会話できること。
◆友人を活用すること。

　非介入のコントロール群に対して、身体イメージ、自尊感情、社会的自信は有意な改善が見られた。これは6か月後のフォローアップでも維持されていた。この方法の利点の一つは、訓練された教育スタッフによって資料が活用できる手軽さにあり、いずれの段階においても心理学の専門家の介入が必要ないことである。

援は、原因や治療法のいかんを問わず、通常のヘルスケア体制の一部として組み入れられるべきである（Pruzinsky 2002）。そのためには、すべてのヘルスケア・スタッフが外見に関する不安について、潜在的でネガティブな心理社会的影響についてよく理解していることが必要である。外見に不安を抱える人々が経験する多くの問題は（特に、異性との付き合いといった問題は）、通常のケアにおける心理アセスメント（臨床インタビューによるか、評価尺度を用いるかによる）のための明確な手続きとなっていない限り、拾い上げられることはまったく期待できない。外見に関する問題は重要であるという理念を創造していくことと、そうした不安は消去不能であるという予測を持たずに適切に注目していく

こととの間において、ケアのあり方のバランスを維持することは難しい。ヘルスケアの専門職の注意を高め、さらなる支援により恩恵をこうむるだろう人を見分けられるようにスタッフを訓練し、そして、適切な介入を立案・提供・検証していく役割を、健康心理学者は担っているのである。

　Liossi (2003) は、可視的差異を持たない人々における外見への不満足に対する治療プログラムの潜在的な有益性について議論した。彼は、Cash の方法（第6章参照）と同様に、認知行動療法の原則に基づいたものであるべきと述べた。そして治療対象とすべきものとして、外見に対する固定概念、身体イメージに対するネガティブな思考、外見を評価する際の認知的誤り、効果の乏しい行動方略、外見に関する心理的苦悩を挙げている。Liossi はまた、外見に対するよりポジティブな態度を育むため、戦略を練り上げていくように励まされるべきであるとも指摘している（例えば、スポーツを始めることなど）。こうしたことは、身体への不満足を減らすのと同様に、健康増進にもつながるであろう。

可視的差異を持つ人々への支援の改良

　可視的差異を持つ人であれ持たない人であれ、前述の指摘と強い願いは、外見に不安を持つすべての人にとって有益なものとなるだろう。加えて、心理社会的介入から利益を受けるであろう人たちを明らかにし、適切な支援が役立つようにするために、可視的差異を持つ人々に特有で個別のニーズに対して、密に注意を向けることが必要不可欠である。

　第6章で強調したことは、もっとも有効な外科的治療でさえ、可視的差異を完全に取り除くことはできないであろうということである。そうした人たちは、「いわゆる正常範囲と思われている基準 the norm」とはいくらか違った外見をしているだろうし、彼らの心理社会的ニーズに対する治療とケアは役に立つものとなる。外科的治療と対極をなす心理社会的介入の長所は、Cochrane and Slade (1999: 499) によって簡潔にまとめられている。彼らは、「手術の結果である客観的な美しさよりも、ポジティブに自分を評価し、適応的な対処法を促進させることの方が、同等あるいはそれ以上に重要である」と述べた。

心理社会的支援とケアを使えるようにし、またそれらが実際に供給されるために、私たちは現在2つの方法を考えている。第一は、（急性期治療や初期治療を含めて）通常のケアの一部として、すべての患者に対する全般的なサポートとする。第二には、心理学者あるいは熟練したヘルスケア専門職によって計画され提供される、特定の問題に焦点を当てた介入にする。

　ヘルスケアやボランティア支援組織が担う役割について焦点が当たる一方で、家族や友人による貢献も見過ごすことができないくらいに重要である。いかなる専門家や機構（組織）によって提供されるサービスよりも、それらは頻回に途切れることなく、いつでも活用できるものである（適応能力を決める要因としての社会的支援の重要性は、第5章で検討されている）。実際、支援方法の評価に関する口腔顔面領域の癌患者の研究（Broomfield et al. 1997）では、初期ケア部門、地域医療における看護師、他の患者たちから受ける支援によって諸問題が明らかにされた一方で、家族や友人の重要性も確認されている。

全般的な心理学的支援

　日常的ケアの中へ、適切に訓練されたヘルスケア専門職らによって提供される心理社会的ケアが統合される機会についてDropkin（1989）が解説しており、そしてそれは容易に達成されている。例えば、衣服に気を遣うなどのケア行為に取り組む一方で、変わってしまった外見に対処するためのコーピング方略について話し合うなど。こうしたことを、このケア・モデルを提供する上で、もっとも身近で実際的なものの一つとしている。外見の諸問題は、患者が容易に話せると感じられるほどに認知され信頼も置ける関心事である、といったケアの思潮の広がりも可能にするかもしれない。

　治療に対する意思決定に必要とされるあらゆる支援を提供することや、個人的なニーズに応えるための適切な情報を患者が持てるようにすることや、専門家らの支援を必要としている人々を明らかにすることが、心理社会的ケアの包括的システムには含まれる。

専門家の支援を必要としている人たちを明らかにする

　外見への不安について日常的にアセスメントすることは、専門家の支援を必要としているか（利益を受けるか）どうかを明らかにするための一つの方法となる。理想的には、外見に関連した専門分野におけるどのケア・チームや相談所も、所定の心理士を置き、一緒に働き、外来での面談においてどの患者にも会っていることが望まれる。しかし、通常は余力のない状況であり、心理士によるスクリーニングは既知の困難さが生じてくる時期を対象にしたり焦点を当てたりするものになりやすい。例えば、口唇裂患児に関する研究が示しているのは、10歳頃に新しい学校へ転校することは多くの若者にとって特にストレスが多い時期である一方で、7～8歳の頃がもっともからかいに遭いやすいことである。専門家による心理学的介入は、こうした時期において特に価値あるものとなろう。しかし他のヘルスケアのスタッフには、この時期を終えてからでも果たすべき非常に重要な役割がある。患者が外見のために行動を回避しているかどうか（例えば、鏡に映る自分を見ない、社交の場を回避する、など）を慎重に確認することや、支援を必要としていると確認されるすべての患者について関与することなどである。不幸にして最近の研究 (Clarke and Cooper 2001; Clarke et al. 2003; Rumsey et al. 2004) で、支援から利益を受けるであろうこうした患者を同定する明確な手続きを欠いていることが、そしてこのような状況において心理社会的な問題の内容を調べていく必要性があることが明らかにされている。

　問題の一つは、スタッフが患者のスクリーニングについて、それを大変な仕事であるように思うかもしれないことである。さらなる支援を必要とすると見なされる患者を同定するために、あらかじめ決められたカットオフ値 cut-off score（訳者注：測定結果によって支援が必要か否かを区別する境界値）を持つ標準化された測定法に、どうして臨床家たちは熱心になるのかを理解することは容易である。しかし、このような「ドアに値を掲げる scores on the doors」方式は、比較的すばやく安価な方法である一方で、外見に関連した個人に特異的な不安について調べるのは無理なようである。Clarkeは、患者の外見に関連した不安を特定する別の方法として、質問例を提案した（Box 7-2参照）。これらは慈善団体組織である Changing Faces によって開発され、患者が持つ心理的問題についてヘルスケア・スタッフの調査を補助することを目的としている。

Box 7-2　患者の外見に対する不安を明らかにするための心理学的簡易スクリーニング・プロセス

ステップ1
外見の変化がもしあったとしたら、それはあなたの人生に影響するだろうと考えますか？

もしも患者がまったく影響しないと答えたら、次の文章とともに確認してください：
あなたが最初に家に帰る時、不快に感じるだろうと考えることはありませんか？
もし「はい」ならステップ2へ進んでください。もし「いいえ」ならステップ3へ進んでください。

ステップ2
多少なりとも不安を感じる具体的なことは何ですか？
（3つの例を挙げてください）

ステップ3
時に患者らは、他人が自分たちの状態（その患者の状態を例として使用してください）について質問してくる時に、どのように対処するかを尋ねます。あなたがするであろうと考えられることに興味がありますので、それをお聞かせください。
（反応を記録してください）

ステップ4　アセスメント中の行動を観察
その患者は、アイ・コンタクトを避けましたか？（はい／いいえ）
その患者は、横を向いたり手で顔を覆ったりして顔を隠そうとしましたか？（はい／いいえ）

ステップ5　行動計画

あなたの質問に対する患者の言語的・非言語的反応に基づいて、患者の外見の変化による何らかの社会的・情動的影響が存在すると考えますか？
はい／いいえ／おそらく（一つに○を付けてください）

答えが「はい」または「おそらく」だったら、あなたは：
◆ 心理士に相談することを示唆しますか？
◆ 心理士に対応してもらうように依頼しますか？
◆ 適切な情報を提供しますか？
◆ コーピング戦略について、あなた自身で示しますか？

心理社会的支援から利益を受けられそうな者であると確認されたならば、適切なケアが速やかに受けられるように、専門家によるサービス（例えば、後述するような）へ紹介する手順が必要となる。

患者の意思決定への支援

多くの患者（または子供のケースではその両親）が治療に関する決定事項について、当惑するほどの多さと連続に直面する一方（第6章参照）で、外見に対して明らかで、時に永続的な影響を残すような治療における意思決定に、（自分は）関われていないと感じている人たちもいる。このようなことは、特に高齢者や青年のように、より「弱い vulnerable」グループにおいて起こりがちな問題である。Turner ら（1997）は、口唇裂患児を対象とした研究において、15歳の患児のうちの23％が治療に関する意思決定から排除されていたと感じていると報告した。おそらく、親たちやヘルスケア専門職者らによって意思決定がなされていたのであろう。

すべての患者が意思決定に責任を持つことにこだわっているわけではなくて、専門的な知識を必要とする「問題解決のための」課題（例えば、医学的な問題に対する「正しい解決」を明らかにするなど）を、「専門家たち」に委ねることを好む（Deber et al. 1996）。むしろ、異なるリスクや代償（トレードオフ）の選択が可能で、そして患者の好みが生かされる時、患者たちは意思決定に参加する

ことを欲するであろう。外見に関連した決定は、これらの基準を満たす。例えば、外見を「改善」するためにさらなる手術を受ける選択をすることには、予想されるコストと利益を天秤にかけることを含む。一連の再建手術に関する意思決定には、それぞれの手技のタイミングについて選択することが含まれるだろう。その一方で、特定の手技を選択することは、瘢痕が生じるということを受け入れることであり、別の方法を選択した場合には、期待される整容的結果は変わるかもしれない。包括的ケアとは、患者が関わりたいと望む程度を定め、患者にとってその過程が容易になるようにし、患者の（意思決定に参加したいという）望みはその時々によって、また、行わねばならない意思決定によって、変化するものであることを認識することなどを含んでいる。

特に意思決定に困難を感じている患者に対して、その意思決定を容易にすることに役立つよう支援がなされるべきである。乳房再建手術を勧められた103名への女性のインタビューでは（Harcourt and Rumsey 2004）、少数意見ではあったが、2つの理由でこの決定は非常に困難であることが述べられた。第一に、個人として、彼女らにとって特に重要であった乳房の切除や再建の様相を明らかにすることができなかった。これは意思決定が比較的容易だった人々とは対照的である。例えば、何人かの女性は、プロテーゼを使用しないことが個人的には重要であると感じており、それが再建外科手術を受けることを比較的簡単に決定するに十分な理由となったと感じている。第二に、意思決定が非常に困難であったと感じていた女性たちは、ヘルスケアの専門職らを含めて、他人から与えられる情報とアドバイスは、混乱と不安定さを緩和するよりも、むしろ増加させたと述べている。例えば、以下のように。

> ……私は彼の判断を信じることができた。だから彼の言ったようにする決心をするのに時間はかからなかった。それから乳癌ケアの看護師が言ったことは、「もし確信が持てないなら、乳房切除手術後にプロテーゼを使ってみて、それから後で再建手術を受けたら？」正直に言うと私は混乱した。そんなことは考えもしなかったので、頭の中が再び堂々巡りし始めた。馬鹿げたことだわ。そういうことを考えもしなかったのは……
>
> (Harcourt and Rumsey 2004: 112)

このように外見に関連する繊細で情動的な決定は、合理性を前提とする意思決定の理論に沿っては決められない。このことは、部分的には、社会的に隔絶された中で決められるものではないからであり、ヘルスケアの専門職や重要な他者が、外見に関連した意思決定に関与する役割と与える影響力について、注意を払う必要がある。上記で語られた研究の例では、ヘルスケアの専門職らが使用する「醜形 disfigurement」や「変形 deformed」という言葉は、乳房切除手術に関するネガティブなイメージを作り出し、再建手術を希望する女性の意思決定に影響している（Harcourt and Rumsey 2004）。意思決定における患者の優先度、態度、知識、自信を明らかにすることは有益であり、適切な情報を提供することを容易にするだろう。

情報と自助材料

　明確で関連性の高い情報を提供することは有用で、介入にかかるコストを抑え、時間も浪費しないことで、すべての人が利用できるようになる。これは特に有用である。なぜならば、もしも外見に不安を持つ人々の数を考えたら、ここで述べられたような具体的な介入による、あらゆる心理社会的支援を提供しようと試みると、手に負えない仕事となるだろうからである（Newell 2000a）。さらに、このような介入はすべての人に合うわけではなく、また彼らに特有のニーズに応えるものでもない。

　ケアに関するもっとも優れたモデルは、明確に同定されたニーズに対して情報が提供されるものであり、患者とともに見直されるものであり、さらなる質問ないしは説明が取り上げられていくものである。こうするための一つの方法は、いかなる時点においても、患者の情報のニーズと不安を明確にさせることである。この過程を容易にし、介入を発展させ意味あるものとするために、さまざまな試みがなされてきた。例えば Ambler ら（1999）は、患者が詳しく尋ねたい質問についてリストを出させ、診察に備えるように支援する介入法について報告した。もし必要であれば、専門看護師が彼らの支援者として診察に出るようにしている。この特別な介入は癌の検査結果を待つ患者において評価されているが、このアプローチの仕方は他の多くの状況でも有用であることが証明されるであろう。例えば、今後の形成再建外科手術についての話し合いに備

える場合など。

　直接面談に加えて、文章化された情報は非常に有用で、外見について述べる場合に適切で好ましい言葉を選ぶことに役に立ち、(治療の) いかなる段階においても、外見についての話し合いを容易にする。例えば Clarke and Kish (1998) は、子供の患者を持つ親たちが使うための小冊子を作り、さまざまな社会的状況の中で、特に学校において使用される、適切なコーピング・スタイルを身に付けるための、共有の語彙を与えた。

　Clarke (2001) は、社会的文脈の中で自らの問題点を理解し、ネガティブな信念を修正し、彼らを取り巻く状況のコントロールに積極的に参加することを容易にするための広範なコーピング・スタイルについて述べ、それを使うことを援助するような社会的認知と対処モデルについて述べた。情報に対する患者のニーズの高さは、例えば Changing Faces のような組織に出された要望の数によっても、また NHS Direct (NHS が提供する 24 時間体制の健康相談窓口) の盛況によっても証明されている。そのような要望は、ある意味では、積極的になりたい、そして状況に対処できるようにコントロールしたいという人々の試みであろう。小冊子は明らかに患者に人気があり、これを用いた介入はコストがかからず、患者にとっても有益である。Newell and Clarke (2000) は、自助的な小冊子の使用について評価した。それには不安感と、顔の外見への変化と、回避行動との間の関係が説明されており、外見に関連した不安感に対処するための広範で実践的な認知行動療法について述べている。Newell の恐怖―回避モデル fear-avoidance model (第 2 章参照) に基づく介入は、社会的不安と一般的不安の両方において、わずかであるが有意な改善をもたらした。Spicer (2002) は皮膚科の外来に通う 65 歳以上の参加者のうち約 4 分の 1 が、小冊子という形での外見に関連した情報を歓迎していたことを見出した。

　文章化された情報が提供されることの容易さには、長所と短所の両方が存在する。この分野における特有の困難は、たとえ起こりうる副作用や合併症の可能性について知ることができたとしても、外科的治療の整容的結果を特定の個人において予測することはできないことである。もしも患者が、自分の手術の結果が、一般向けに大量に作られた自助教材に掲載されているイメージに一致すると信じ込んでいるならば、失望する危険性がある。(小冊子には) 体格や年

齢、肌の色が多様に異なる個人が含まれるように、多種多様な手術後のイメージが参照できることを患者は望んできた（Harcourt and Rumsey 2004）。さらには、情報が手術後の外見に集中しているため、例えば、変化した感覚、身体イメージ、潜在的な不快感といった影響に応じた生活の仕方に対して、患者は準備できないまま取り残されるかもしれない。

　オーディオやビデオテープは患者にとって有用な情報源となりえ、文書化された情報とともに、（患者の）親戚やケア提供者にも（介入に）関わる機会を与えてくれる。入院患者や外来患者のためのライブラリーには、この種類の情報が収められており、また、推奨されるウェブサイトに掲載されている、内容が十分に吟味された情報にアクセスすることもできる。これらのメディアは、異なる良質な情報源からの情報を統合するという素晴らしい機会を提供する。そのような情報はエビデンスに基づいたものではないという不安がある一方で、信頼のおける情報に通じた組織で運営されているウェブサイトは、価値ある情報源となりうる。他の疾患群（HIV感染症や糖尿病などを含む）に関する研究では、慢性的な状態（Bennett 2004参照）にある人々にとって、インターネットが有効な情報源になることを示している。そして、外見への不安を持つ人々に対しても、同様の利益を与えることは間違いないだろう。そのような介入の発展と維持には専門家の支援がある程度必要であるが（Bennett 2004）、地理的に専門家のサービスを容易に利用できる人だけでなく、問題を抱えているすべての人々に、専門化した情報をいつでも利用可能な状態で提供できる可能性をインターネットは秘めている。

　コンピューター技術の進歩は、情報提供と支援に関して革新的な方法をもたらす可能性もある。例えば、モーフィング・ソフトウェア morphing software は外科医らに用いられており、外科治療によりもたらされる可能性のある外見の変化を（画像として）示すことができる。McGarveyら（2001）はコンピューターの画像処理を使用することで、女性患者に対して、抗癌剤治療による脱毛が進んだ状態での自分の姿に備えさせることができると述べている。心理学者の支援を受けながら、患者は治療が始まる前に、脱毛をきたした自分のシミュレーション・イメージを見るのである。このイメージを見て、それに伴う情動を表出する機会を得ることによって、患者はいかなる現実の脱毛に対してもイ

メージを持つことができ、比較的容易に対処することができるようになるという考えから、この方法は始められた。しかし、研究者たちはこの新技術がもたらす利益について、研究的エビデンスというよりは、逸話的な有効例だとしている。なぜならば、情報のニーズとコーピング・スタイルは個人によって違うので、個人差によって、この種の新技術は必ずしもすべての人々に適合するものではないだろうとしている。実際、これにより不必要に外見への不安感が高められてしまい、極端な例では、患者が治療を拒否してしまうということが起こりうるのである。加えてこの特殊な介入は、膨大な数の資料を必要とするし、スタッフの関わりも生じる。さらには抗癌剤治療がもたらす禿髪を経験した患者は、実際の毛髪の喪失がもたらす全体的な影響において、（将来）起こりうる脱毛に対する注意などの準備は、何の役にも立たなかったと述べている（Williams et al. 1999）。

治療後における支援

　治療の結果や変わってしまった外見を初めて見る時は、多くの患者にとって重大でおそらくショッキングな経験となる。熱傷患者をケアしている222名の看護師における調査では（Birdsall and Weinberg 2001）、通常、患者が初めて傷を見る機会は、記録として残されないような偶発的な出来事として訪れる。回答者が考えたことは、患者は鏡のように反射する物の表面で、初めて変わってしまった外見を見るという。それは一刻も早くその外見を確かめたいという願望の表れであるし、また同時に、（見ることについて）準備ができていないことも示している。この研究は患者自身による経験に基づくものではなく、看護師が気づいた事実に基づいている。しかし患者の個人的な説明（Partridge 1990）でもそれは重大なことであり、しばしば予期せずに起きる出来事であるという知見と一致している。Kwasi Afari-Mintu は、1987年にロンドンの地下鉄のキングスクロス駅で起きた火災の生存者である。火災の後、経験を生々しく感動的に語った中で、顔の熱傷を初めて見た時の印象を述べている。

　　……自分で何とかトイレにたどり着こうとしていた……手を洗っている時にたまたま鏡を覗き込んだら、見知らぬ人がこちらを見ていたんだ。信じ

られなかった。根っこが生えたみたいに、そこにしばらく立ちすくんでいた。やっぱり信じられなかった。実際、顔を手でまさぐり、僕が見ている人が自分であることを確かめた。それから自分自身に対してとてもとても悲しくなった。僕は誰か別の人になってしまったことを悟った。20分だったか30分だったか、僕は洗面台にしがみつき、そして泣いた。本気で泣いたのは、その時が初めてだった。　　　　　　　　(Lansdown et al. 1997: 56)

　この点においてプロトコールはさまざまである。熱傷患者に対するケアについて、標準的なケアが強調しているのは、特別なケアによって扱われなければならないこと、患者は（顔を見る）準備ができていなければならないこと、そのための適切な時期について注意深く考えられねばならないこと、そして支援が身近になければならないことである（National Burns Care Review Committee 2001）。どの点においても推奨事項がきちんと実践されるよう、さまざまな専門分野（例えば、一般形成外科、切断など）における実践内容を検討するために、さらなる研究が必要である。自分自身の変わってしまった外見の現実を見ることに加えて、他者が最初にそれを見る時に示す反応にも対処しなければならない。こうした重要な他者たちもまた、この時期に心理社会的ケアにより救われるのであり、適切な支援により、この難しい時期に、家族の間で行われるコミュニケーションが容易になる（Bradbury 1997）。

　手術や外傷の後に退院して家に帰ることは、ポジティブな出来事とはほど遠いものであろう。なぜならば、入院している時の環境は、「実際の世界」でのストレスから守られ、安全であるからである。外の世界では、最初に出会う時に外見に対するネガティブな反応に出くわすのである。長期入院の患者たち（重度熱傷など）や、同じような外見の患者たちの中にいることに慣れてしまった患者が、これからは周囲の人々から可視的に区別されてしまう。Partridge (1990) は、この点について彼の経験を生々しく述べている。適切な支援と情報（支援団体の詳細を含めて）は、患者にとってこの難しい時期に備えることを助けてくれ、長期にわたる支援を提供してくれる（第6章の支援団体の長所と短所に関する考察を参照）。Outlook（後述）によって提供されるような専門家による外来患者サービスは、特に有用なものとなるに違いない。

健康心理学者と多職種連携チーム

　多職種連携チーム multidisciplinary teams（MDT）は、サービス提供の「もっとも評価される基準」に合致する形式であり、一貫して包括的なケアを提供できる可能性がもっとも高いと見なされている。上記の支援と介入のいくつかは MDT のメンバーによってカバーされる一方で、他のもの（1 対 1 の介入療法）は専門の心理学者により提供されるべきである。もっとも、外見に関連した不安を持つ人々に特化したサービスを提供する健康心理学者や臨床心理学者は非常に少ないのだが。変わってしまった外見を含めて、健康問題に伴う人生変化への適応は、大規模な教育研究病院（大学病院など）においてすら、いまだ十分に対処されていない心理学的ニーズであり、もっとも重視されているにもかかわらず、その供給は十分ではない（Hutton and Williams 2001）。

　MDT 業務の一部を任されている専従の健康心理学者がいて、日常的にすべての患者をチェックしてくれることの恩恵は計り知れない。それは、疼痛管理 MDT の成功によって証明されてきた。医師・看護師・理学療法士らとともに心理学者が、同じ疾患というよりは、むしろ同じ症状を共有する患者らに対して、統合されたプログラムによるケアを提供している。原因が除去できないような症状の管理を、このモデルは強く主張している。基本的には、外見が「修正される」までの期間、人生を保留状態にしておくのではなく、正常基準とは異なっている外見の方に、自分の人生を合わせていく方法を考えることである。おそらく包括的アプローチの大きな利点は、スティグマを軽減させ、心理社会的支援への紹介にまつわる不安定な気持ちを軽減させることである。Clarke は、実際に何が勧められているのか理解できず、そしてよく説明もされていないがために、多くの患者が専門家への紹介を拒否していることを示唆している。

　MDT に心理学者を迎え入れることの第二の利点は、外見に関する心理学的側面についてチームの他のメンバーを教育し、訓練する能力を備えていることである。Clarke and Cooper（2001）は、熱傷や頭頸部癌の治療部門で働く専門看護師は、支援を提供する点ではふさわしい立場にいると感じているものの、そうするための知識や技術の準備が十分ではなく、必要とされる訓練も受けていないと感じている（第 6 章参照）ことを見出した。Rumsey ら（2004）がロン

ドンとブリストルのクリニックにおけるサービス提供に関して行った調査によっても、これらのことは支持されている。しかしClarke (2001) は、頭頸部癌の専門看護師は、もしも適切に知識が与えられ、訓練されたならば、患者に対して適切な情報を提供することができるということを示した。さらには、患者もその重要な利点について述べている。これらの知見は、現在、関連する領域で働いている看護師に対して、心理社会的訓練の開発・習得を促してきた。比較的簡単な一日訓練 one day training course と支援材料パック supporting resource pack は、社会的場面において特に使用されるコーピング方略を高め、頭頸部癌の専門看護師に対して患者が持っている特化したニーズを満たすための認知能力を有意に向上させることが見出されてきた (Clarke and Cooper 2001)。変わってしまった外見を持つ患者へのケアについて訓練され、また経験も有するスタッフは、チームの他のメンバーの教育においても重要な役割を果たすことができる。つまり健康心理学者によって開発され供給されるような訓練は、他のヘルスケア専門職に対して情報を伝える上でも、効果的な方法となるのである。

　MDTにおける合同ディスカッションでは、ヘルスケア専門職者らが（例えば、言語療法士、理学療法士、栄養士、司会、社会福祉士〈ソーシャルワーカー〉など）、他領域の専門分野における見識について理解することを助けてくれる。しかし、多くの専門領域にわたるチームが機能する場合、利点と同じくらいに潜在的な問題も存在する。例えば、さまざまなヘルスケア専門職者らに患者が会うような合同面談では、「金魚鉢」（プライバシーが守られにくいという意味）にたとえられ、特に、患者がその場の状況やグループの状況についてストレスが多いと感じる場合には、威圧的で、恐怖で気落ちのする経験となってしまうだろう (Hearst and Middleton 1997)。この設定で感じる不安感は、患者擁護規範 patient advocacy model の紹介を通して緩和されるだろう。患者と家族は、最初にチーム面談において主導者を努める上位メンバーに会い、より抵抗なく自分の問題を述べ、解決方法を探す努力のための支援を受けられる。主導者はまた、イベントの後で、その患者が面談の結論を理解しているかどうかについてチェックすることができる。別の方法として、患者はMDTのグループ・ミーティングの後に、チームメンバーによる個人的なセッションを受けることができる。

多くの専門領域にわたるいかなるチームにおいても、ヘルスケア専門職自身が持っている、外見と変形の問題に対する態度と信念が、さまざまな方法を通して患者との相互関係に影響するであろう。例えば、患者は外見における変化に対する人々の反応に関していろいろな思い込みを持つであろうし、治療に関する好みもあるであろう (Lockhart 1999)。(患者の) 態度は、患者が出会う人々が使用する言葉によっても表現されるだろう。乾癬を持つ人々は、病気に「慣れて」いってくださいと医師から言われたことを述べている (Rapp et al. 1997)。この言葉は、病気に対して専門家がコントロールできないこと（つまり乾癬は治らないのだということ）として認識されるだけでなく、患者が自身の状態をコントロールできるという印象も減じさせてしまう。逆に、ヘルスケア専門職らが、症状がどのように展開するか、そして患者の外見にどのように影響しているのかに関してよく分からない場合でさえ（例えば血管腫など）、情緒的支援とともに、その状態に関する最新の専門知識を持っているという安心感を患者に持たせることは有益である、という指摘もある (Tanner et al. 1998)。健康心理学者は、(患者と接する) スタッフがそのような不確かな事項についてもより効果的に対処できるように、スタッフに対して支援とコミュニケーション・スキルが得られるようにする訓練を提供する立場にある。

専門看護師
　心理社会的ケアとカウンセリング技術において高度に訓練された専門看護師は、MDT（例えば、癌、特に乳癌、頭頸部癌など）の主要なメンバーとして、ますます認知されてきている。最近の進歩としては、乳房再建に関連する専門看護師が少数ではあるが配置されたことである。彼らは担当の形成外科医と再建手術を考えている女性の間で、非常に有用な橋渡しを行う。しかし、これは非常に限られたサービスであり、またこうした専門家によるサービスを利用する女性は稀であり、こうした職種への継続的な資金確保も安定していない。他の外見が関連する領域、例えば熱傷や口唇口蓋裂に対する専門看護師の役割の拡大の可能性は大きく、現在のケア提供にとっては非常に歓迎すべきものとなるであろう。

問題に特化した心理学的支援

　治療のいかなる段階においても、特定の問題に対する支援を必要とする患者がいる。例えば、結果に対する予測が非現実的であったり、治療の選択肢や結果について、過度に不安であったり不確かであったりしているように思える患者である。外傷のフラッシュバックは、時に外傷後ストレス障害 post-traumatic stress disorder（PTSD）の症状の一つとして、繰り返し生じる特徴がある。長期にわたる観察からは、日常の活動に戻ることへの失敗、社会的回避や孤立、治療に対する取り組み（順守）の低さ（例えば、圧力服を使用し続ける場合など）、また、小児においては不登校や学校での失敗などが見出される。伝統的に、精神衛生の専門職は（例えば、臨床心理学者など）、そのような状況において必要とされる、特定の問題に特化した心理学的支援を行ってきた。そしてこの専門家による介入の必要性は、今後もまだ続くだろう。

　日常の支援と問題に特化した支援を統合していくことは、包括的ケアの体制を作り上げていく上で重要である。しかし問題に特化したアプローチよりも、問題点を明らかにするスクリーニングの過程の方が順序としては重要である。よくあることだが、心理社会的問題に気づいていないチームは、その問題が大きくならないと動き出さない。積極的ではなく、むしろ受動的である。訓練された心理学者によって提供される問題に特化した支援は非常に重要である一方で、理想的に言えば、外見の不安において特別な専門知識を持った（現場の）専門家が、ケアを提供するべきである。

専門家によるサービス

　現在、追加的な心理学的支援を必要としていると認められる少数の患者だけが、外見の不安を持つ人々に対して専門的援助を提供している専門家サービス（機関）に紹介される。専門家による介入のほとんどは、社会的相互関係スキル訓練 social interaction skills training（SIST）、かつ／または、認知行動療法 cognitive behavioural therapy（CBT）を通して、社会の中での出会いに伴う主要な困難に取り組んでいる。これらは、社会的状況をコントロールするポジティブなコーピング方略のレパートリーを増やしていくことや、外見に対す

る認知様態を、個人的な特徴としてではなく、むしろ一般的で価値あるものとして変化させていくことに、有効であることが分かってきている。例えば、Kleve ら（2002）は、外見への不安を持つ人々を励ます際の強調点として、自己の価値を構成するものとして、外見には重要性を置かないこと、また、自己に対してより広い視点を持つようにすることを挙げている。これは第2章で述べたように、適応に関するモデルに適合している。さらにこの枠組みは、ヘルスケアの専門職にとって作業しやすく、有用であるであるに違いない。

究極的には、こうしたサービスはコーピング方略の道具箱を人々に備えることを目的としており、彼らが直面する課題に、より効果的に対処することができるようにする。しかし、SIST や CBT を用いることを支持するエビデンスがあるにもかかわらず、こうした方法は誰にでも適用されうるわけではないこと、そして適用される場合は、他の方法（個人中心カウンセリング person-centred counselling など）の可能性も考慮すべきであることを忘れてはならない。

そこで次に、SIST と CBT の介入について考察する。

社会的相互関係スキル訓練

社会的相互関係スキル訓練（SIST）は、他者との出会い、人間関係の構築、その維持に必要とされる自信と熟達の促進を目指す。口唇口蓋裂（Kapp-Simon 1995）や熱傷（Blakeney et al. 1990）の成人患者を含む、広い範囲の患者層に対して有用であることが証明されている。Robinson ら（1996）は、SIST が社会的不安とそこからの回避を減少させることについて、そして多様な範囲の変形を持つ64名のクライアントの臨床経過における重要な変化について報告した。介入は、ロール・プレイング、モデリング、教示 instruction、フィードバック、討論を含んでいる。これを 6～10 名のグループで行い、セッションの間には、参加者らが身に付けたスキルを試す機会を与えることを、（連続していない）2日に分けて行った。参加者らの満足度は高く、73％がまた講習会を受けたいと述べた。しかし、さらに参加したいと述べた参加者らは、与えられた時間の中では、望むべきすべての技術習得が達成できなかったことを示しているのかもしれない。さらには、この複合型の講習会が非常に有用である一方で、このような複雑な介入のどの側面が効果的であるのか、正確には把握されてい

ない。これには時間が必要であり、将来の研究における焦点とすべきである。もう一つの問題は、現在の SIST は成人向けに作られたものと思われ、子供や青年期の若者を対象とした SIST については、その有用性評価に関するエビデンス研究がほとんどないことである（Kish and Lansdown 2000）。

認知行動療法

　認知行動療法（CBT）の原理は、外見に困難を抱える人々に対する多くの介入療法において、大黒柱的存在である。長期にわたってコストも高くつく療法よりも、むしろ短期間の問題中心 CBT による介入療法を提供する方が良い、ということを支持する有用なエビデンスがある。例えば、Papadopoulos ら（1999a）は、白斑症の患者に対する CBT プログラムの効果ついて、それを受ける前のコントロール群と比較評価した。この介入には1時間のセッションが8回あり、CBT に加えて、ネガティブな社会的注目（凝視、他者からのコメント）に対処する際に役立つ実践的なスキルについても教える。身体イメージ、自尊感情、QOL について5か月にわたる経過観察が行われたが、このプログラムは有意な改善をもたらしていた。Papadopoulos や共同研究者たちは、このイベントは夏の間に行われるために、特に都合の良い介入となったと結論づけている。夏はカモフラージュの効果が低下する可能性のある時期であり、白斑症の患者にとっては特にストレスを感じる季節である。この介入は同時に、病状の進行に対してポジティブな効果をもたらすことも見出されている。この期間に投薬などの治療が行われていない12名の参加者の参加前と参加後の写真において、症状の改善が見られたのである。しかし、この知見は16名の参加者ら（8名のコントロール群と8名の介入群）による小規模な研究であるため、さらなる研究が必要である。

「Outlook」――専門家による変形への支援機関

　SIST も CBT も、Outlook によって提供される専門家の介入として使用されてきた。Outlook は、NHS から変形への支援機関として最初の指定を受け、1997年にブリストルのフレンチヘイ病院 Frenchay Hospital に設置された。外見に関連する問題に対処するためのサービスの影響力について、変形に焦点を

置く支援組織から直接紹介された人々ではなく、選ばれた病院から紹介された患者を対象に議論された（Kleve ら 2002）。彼らの評価結果は非常に興味深い。特に注目すべきこととして、測定できる変化をもたらした治療回数は平均して3回であった。さらに、多くの患者は専門の心理学者との面談については、1回しか必要としなかった。Kleve らの評価によって分かったことは、Outlookによる介入療法の効果として、一般的な不安や社会的不安、外見に関連した苦悩と抑うつ症状、コーピング方略としてカモフラージュや社会からの回避を使うことが減少したことである。またポジティブな幸福感、人生に対する満足感、社会的自信と社会的支援に対する感じ方、そして自己認知と他者に対する変形の目立ちやすさに関する感じ方に関して改善があったことも参加者は述べている。

　以上のことは、重要かつコストパフォーマンスの良いサービスであることを示している。Kleve ら（2002）が報告した介入のレベルは著しく低いと思われるが、顔に変形を持つ人々に対する比較的短期の社会的相互関係スキル訓練の講習会についての Robinson ら（1996）のエビデンスからも、このことは支持されている。

　Outlook のような専門家による外来サービスは、非常に有用である。なぜならば、人々が経験する多くの問題点は、病院内環境という比較的安全な場所を離れた直後から遭遇するからである（Kleve and Robinson 1999）。Outlook では、個別の1対1形式やグループ形式での介入を提供している。グループ療法は介入を提供する上でより経済的な（低コストの）方法である一方、患者はグループ療法よりも個人療法を好むことが示唆されている（Fortune et al. 1998; Kleve and Robinson 1999）。おそらくこの原因は、周囲の人々と出会うことにまつわる不安が、グループ面談は自分にとってはまだ荷が重い挑戦課題である、という思いを抱かせることによるであろう。最初は個人面談であっても、複合的で柔軟性のあるアプローチをとれば、徐々に社会的自信を高め、社会的不安を軽減させるようにすれば、その人をグループ介入に移行させ、その恩恵を得られるようにすることができるかもしれない（第6章参照）。

　Outlook の活動により証明されるのは、「変形」そのものに対する概念的構成枠組みが（第2章参照）、専門化されたクリニックの環境において有用である

ことである。しかし、専門家による高度なサービスは、個人的な問題のすべてには対処できないだろうということを忘れてはならない。Kleve ら (2002) は、Outlook により提供される外見に特化した介入は、外見に関連した苦悩を持つ人々という小集団に対して非常に有用であり、広汎なその他の追加的困難に対してはそうでもないということを見出した。

　Outlook の仕事には、小学校から中学校へと環境が変わる時の小児支援が含まれる。この時期は、不安感が喚起されやすい時期だからである。小児と成人を対象とした夏季プログラムは、新しい友人を作り、親しんだ学校を去って別の学校（そこはおそらく、もっと大きな学校である）へ移ることに、そして同時に、上級生の立場から最下級生になることに対して、すべての子供たちが不安感を持っていることを認識しながら、学校を移ることにまつわる経験に異常をきたさないようにしている。状態（症状）を特化していないプログラムには CBT が含まれており、からかいに対処するための問題解決方法について、半日の介入で集中的に取り組む（訳者注：特定の状態や個別の状態を想定していないということであり、一般化あるいは共通化した外見のハンディキャップは想定している）。そして新しい学校への進学後も、経過観察が行われる。この短期介入に関する詳細な評価によると、こうした介入は安価だが効果的であると報告されている (Maddern and Owen 2004)。この研究グループが小児患者（50%が口唇裂などの頭蓋顔面領域の問題を持つ）に行ったさらなる評価では、学校や遊び場において外見が原因となるからかいの回数と苦悩の程度が減少したことが示された (Maddern and Emerson 2002)。同時に、親の報告による子供の問題（特に不安の身体症状化、引きこもり、不安感）についても、統計学的に有意に減少したことが報告された。

　専門家によるサービス提供体制における現状の問題点は、すべての人に利用可能ではないことと、参加するためには旅行ができるような時間と経済的余裕がある人に限られていることであろう。サービスは、実際的にも事業計画的にも、利用可能なものである必要がある。Maddern and Owen (2004) は、一連の長時間のセッションを受けるための長旅ができない家族にも参加しやすくするために、Outlook の夏期進学支援プログラムが、1 日でどのように行われているかについて報告している。同様に Hughes (1998) は、スコットランドの

Disfigurement Guidance Centre in Fife によるガイダンスが、旅行も参加準備もできるような、特に動機の高い人々しか参加できないことを指摘している。このことは、少ない専門家で運営されているセンターによる研究には、潜在的にバイアスがかかってしまうということも意味している。なぜならば、十分な余裕があり、介入のために旅行することもできる人たちだけが含まれることになるからである。Robinson らや Kleve らによるポジティブな評価によって、イギリス中に Outlook が広まっていくことが期待された。しかし、変形を対象とする分野における専門家のサービスに直接割り当てられた財政的予算は限られてきたため、そのため普及が妨げられてきたし、ゆえにボランティア・セクターに頼る結果となっているのである。

新しい可能性

　この分野の研究者たちにとって多くの興味ある課題の中の一つは、可視的差異があろうがなかろうが、外見について不安を持っている多くの人々に対して、心理社会的支援と介入を提供するための新しい効果的な方法を開発することである。他の人々に対して現在利用可能になっている介入について検討することは、アイデアを模索するための確かな出発点となる。例えば、従来の CBT に認められている欠点の一つは、心理学的アプローチに伴うコストの問題であった。しかし、自己指向的な CBT（例えば、『Cash's Body Image Workbook』、第 6 章参照）は、身体への不満足を持つ人々において効果的であった。また web を利用した介入（Beat the Blues：うつ病の人々のためのプログラム）への評価では、インターネットは CBT に基づいた介入において費用対効果が高く、参加しやすい提供方法として大きな可能性を持っていると指摘されている。

　もう一つの興味ある可能性は、情動を文章で表現する方法である。特にストレスを感じた出来事について、決められた時間をかけて書くことは、心理学的な健常状態を改善するという見地から、有用であることが証明されている（Bennet 2004 の概説を参照）。Hamilton-West and Bridle（2004）は、学生寮の火災の後に書かれた情動開示によって、GHQ を用いて計られた健康状態が有

意に改善したことを見出した。おそらくこの介入が、無意識的で効果の乏しかった対処への試みを覆したためと思われる。この火災の例では、参加者の誰も熱傷を受傷していなかったため、この種の介入が外見の問題を持っている、臨床的に問題を抱えた人々においても有効であるかどうか、試される必要がある。これはさらに検証していくべき興味深いテーマではあるが、注意が必要である。なぜならば、参加者にはPTSDのリスクがあり、このような介入は自らの困難に対して熟考させてしまう可能性があり、自らの不安を開示することから得られる利益よりも、むしろ適応の悪いコーピング方略を身につけてしまうかもしれないからである。Cameron and Nicholls（1998）は、自己制御理論により構成された「文章化による情動開示介入」は、そして、後に賞賛されたり修正されたりする対処計画を文章化して含めることは、楽観的な傾向を持つ人々にはより有用かもしれないと指摘している。さらに、出会った困難とストレスに対して排他的になることとは対照的に、自分の外見についてポジティブな側面と考えを書かせることと、自分の役に立ってきたことに焦点を絞ってみることは、有益な影響を持つであろう。

可視的差異に対する学校ベースでの介入

　可視的差異を持つ成人と小児への専門家による支援の多くは、ボランティア組織によって提供されている。慈善団体であるChanging Facesへ紹介される事例でもっとも多いのは（30.9%）、新しい学校へ行く可視的差異を持つ子供に関することである（Frances 2000）。Changing Facesの学校サービスでは、教師、新任職員、可視的変形を持つ小児や若者を支援する教育専門家に対して、エキスパートからのアドバイスおよび特別に作り上げてきたサービスを提供している。教師や教育専門家は、この種の経験や専門技術を得ることが困難であるがゆえに、こうしたサービスが必要なのである。経験や専門技術を得ることが困難な理由は、外見に関連した不安は広汎に広まっているにもかかわらず、多くの学校では可視的差異を持つ子供は稀にいるだけだろうからである。Changing Facesによって作成された教材を含めた教育的パッケージによって、

小学校の児童が外見に対する自らの態度と行動への気づきを高めることが示されてきた。そして、可視的差異を持つ人々の受け入れを改善してきた（Cline et al. 1998）。

しかし、一般的な若者における外見への不安の頻度が高いことは分かっているので（第3章参照）、すべての学校職員は外見に不安を持つ生徒と接触しており、それゆえに、訓練と支援が必要であると思われる（Lovegrove and Rumsey 2005による前述した研究を参照）。他の専門領域や労働環境においても、同じような状況が存在していると言えるだろう。実際 Changing Faces は、雇用者に対する教育的アプローチ法や教材を開発してきた。そして、可視的差異を持つ人たちと一緒に働くヘルスケアの専門職らに対して、状態（症状）特異的な情報パックと訓練コースを生み出してきた。

Frances（2000）は、可視的差異を持つ子供に対する学校での支援に関して、すべての関係する人々（例えば、子供、家族、主要なスタッフ）が、他者が知るべき重要事項と考えられることは何か、そして話されるべき人は誰か（教育スタッフのみか、すべての生徒か、など）、についての合意を形成していくことが必要であると強調している。子供の年齢に従って、生徒もこうした決定に含まれるべきである。

専門家による介入が直面している課題の一つは、学校におけるものであれ、それ以外のものであれ、一人の差異を無意識のうちに過度に強調してしまうことや、各自の均一性を既定のように誇張してしまうことを、いかにして回避するかということである。むしろ、受容や多様性を促すことを目的とすべきである。例えば Outlook の夏期キャンプ（Maddern and Owen 2004）では、すべての子供が新しい学校でのスタートに不安を持っているが、可視的差異を持つ子供たちが直面している課題は、いくつかの点において、その他の子供たちが直面している課題とは違っているのは明らかであることが認められている。

包括的ケア体制に向けて

包括的ケア体制には、生涯にわたって、そして適切な場合には治療のいか

なる段階においても、支援が利用可能になることが必要である。そうすることに失敗すると、第2章で述べたように、外見への不安を持つのは常に若者であり、高齢者ではないのだという思い込みを強めていると見なされてしまうだろう。現在のところ、例えば口蓋裂患者に限定された研究では、子供と若者に焦点が絞られてきた。ゆえに、成人に対する研究と介入は欠乏しているが、心理社会的課題は成人期を通して続いていると思われる（Elmendorf et al. 1993; Robinson 1997、第4章も参照のこと）。包括的な心理社会的支援は、いくつかの状態（症状）の身体的局面を良くするだろう。例えば、ストレス管理の介入は、ストレスによって悪化すると信じられている乾癬などの状態にある人々にとって役立つと思われる（Fortune et al. 2005; Rapp et al. 1997）。

　介入は、外見に不安を持つ人々に焦点を当てるだけではない。むしろ心理社会的かつメディア的な介入を通して、それらは家族のメンバーや、より広範なコミュニティへも利用可能となるべきである。第4章において、子供が出生前診断において可視的差異を持つと診断された、あるいは可視的差異を持って産まれた場合の、親たちへのケア提供に関連した諸問題について議論した。Outlook Disfigurement Support Unit は、子供たちに提供される支援と並行して、親たちへも支援を提供している（Maddern and Owen 2004）。子供たちへのセッションと一緒に、親たちのグループにも実施し、親たちのポジティブなグループを展開させることを促してきた。しかし研究グループによると、父親はあまり目立たないことが指摘されている。これは実際的かつ家族内での役割分担的な理由によるのかもしれないし、あるいは、母親に比べると父親は、このような支援を受け入れることに抵抗を感じていることを示しているのかもしれない。こうした不安に対応して、父親にもっとアピールすることを願って、特に父親のためのグループが設立されている。

　ボランティア組織によって運営されている臨床的サービスの大きな利点の一つは、クライアントがコントロールし続ける機会があることである。Changing Faces のような組織は、GPへのコンサルトを経ずとも、直接的に紹介を受け付けている。ヘルスケア・サービスへの紹介には、待ち時間とスクリーニング過程が必要である。そして問題点は、はじめに医学的枠組みの中で捉えようとすることである。心理社会的介入は、有用な選択肢として勧めら

れることは少なく、医学的治療が無効な場合に次善の策として勧められることが多い。理想的には、ボランティアとヘルスケアの部門の両方が緊密に連携して、心理社会的ケアを提供するための新しくて革新的な方法を発展させ、大きな恩恵を生み出していくことである。

考察すべき最後の領域は、最近、イギリスにおいて「Expert Patient Programme」(訳者注:長期にわたる慢性疾患の患者同士がケアや支援について担当する) の一部として推進された、非専門家主導の自己管理に関するトピックスである。この革新的な新しい考え方は、Lorig ら (1999) によって始められたもので、慢性疾患を抱えながら暮らしている人々に対して、構造化されたコースを提供するものである。情報提供と個人活動計画の展開によって特徴づけられるが、こうしたコースはヘルスケアの専門家ではない専門職によって運営されており、自己効力感、コントロール感、自分たちの状態（症状）に対処するために必要とされるスキルを提供して、現行のヘルスケア・システムを補完することに有効である（Cooper and Clarke 1999 の Long-Term Medical Condition Alliance: LMCA を参照）。Changing Faces は、イギリスにおける有効な非専門家主導の自己管理プログラムの草分けの一つである。非専門家主導の自己管理プログラムが、信頼できる、エビデンスに基づいた評価によって支持される必要性が述べられてきた一方で（Clarke and Cooper 2001）、その可能性のすべてについてはまだ研究途上である。

結論

心理社会的ケアの提供について関心が高まってきている。それは医学的治療に随伴するものとしてだけではなく、別の治療選択肢としてもである。医学的治療は、複雑な問題に対しては単に部分的にしか答えを出せないものと認識されてきている。しかし、外見に関連した問題に対処するにあたって、誰もが支援を必要としているわけではないことを忘れないことが重要である。Kent and Keahone (2001) は、援助の必要性が高いのは、外見の問題が可視的であり、かつ、（他者の）ネガティブな評価に対する恐怖心の強い人であろうと結論づけ

た。認知行動療法とソーシャルスキル・トレーニングの組み合わせは効果的であると思われる。しかし、より効果的な支援と治療が開発される可能性については、利用可能なエビデンス・ベースの質に直接関連している。これは次世代の研究にとって重要なテーマである。

　理想的には今後の数年において、外見の問題は多くのケア体制の中へ、認知され組み込まれていくだろう。こうした不安の多くが、ヘルスケアの専門職によって行われる普段のケア事業を通じて対処される一方で、よりきめ細かな支援を必要とする人々が、ボランティア部門を通じて、適切なサービスを簡単に受けられるようになるべきである。この点において健康心理学者は重要な役割を担う。それはヘルスケアのスタッフの研修や支援から、専門家による支援の提供やあらゆるレベルにおけるケア提供の有効性評価にまで及ぶ。

　単に事後要請に応える形よりも、むしろ率先して提供される準備体制を整えるために、研究にも、心理社会的支援とケアにも、資金の加増が必要である。さらに、外見に対してよりポジティブにアプローチするためには、態度の変化も必要である。この目的を達成するために、メディアと学校ベースの介入は大きな貢献を果たすだろう。

第 7 章のまとめ

- 外見に関する不安を抱えている人たちに対する介入・支援の提供状況について、改善する方法を考慮すべきである。健康心理学者はこの過程について、非常に重要な役割を担っている。
- 広告産業やテレビなどのメディアの力は、外見の多様性を受け入れられる社会を推進していくことに利用できることだろう。
- 人々は、期待される健康効果よりも、むしろ外見に与える影響の大きさによって健康行動をとっている。健康推進キャンペーンは、外見に関するこの不安を大いに利用することができるだろう。しかし、美の神話や固定観念を強めるようなことにならないように、慎重に行わなければならない。
- 可視的差異を持たない人々が負っている外見への不安に対して取り組もうと

している介入はほとんどない。しかし、学校教育の場における介入や、自分の外見に不満を持つ人への治療プログラムについては、今後大きな発展の余地がある。
- 外見は、可視的差異を持つ人々に関わる者だけでなく、あらゆるヘルスケアの状況において扱うべき問題として認識されるべきである。
- 理想的には、可視的差異を持つ人たちへの心理社会的支援は、日常のケア業務での一般的支援と、特有の問題を持つと判断される人のための特定介入とを、組み合わせて提供されるべきである。
- すべてのヘルスケア・スタッフは、可視的差異を持つ人とその周囲の人に対して、包括的ケアを提供する役割を担っている。これにはスタッフへの適切な教育と支援が必要である。
- 専門家による介入はソーシャルスキル・トレーニングと認知行動療法に焦点が当てられる傾向がある。そして、それらは有効だと認められてきている。
- 理想的には、専門家による変形支援センターが、現状より普及していくべきだろう。
- この領域には、新しい革新的な心理社会的介入が発展していく可能性が多く残されている。

論点

- ◆ 可視的差異に対する社会的態度に影響を与えるためには、どのようにすればいいか？
- ◆ 健康心理学者は、外見に関連する不安を持つ人々に対するケアの提供に、どのように関わることができるか？
- ◆ 「自己のイメージよりも、もっと健康に対して関心を払うべきである」という意見に、あなたはどの程度賛成するか？

参考文献

Clarke, A. (1999) Psychosocial aspects of facial disfigurement: problems, management and the role of a lay-led organization. *Psychology, Health and Medicine*, 4: 128-41.

Newell, R.J. (2000a) *Body Image and Disfigurement Care*. London: Routledge.

第 8 章

結論、ジレンマ、そして引き継がれる課題

この本では外見の心理学的側面に関連して、研究のレビューと統合を行い、さらにケア提供体制に関して概観した。人間が持つ外見へのこだわりは、何も新しいものではない。人々は長きにわたって外見に興味を持ち、努力を注ぎ続けてきた。しかし、可視的差異を持つ人たちの外見への不安がもたらす悪影響についての認識や、適応に含まれる要因の複雑性についての理解の高まり、以前から主要なテーマとされてきた体重と身体イメージから離れた進展などが新しい事柄となっている。

　研究者たちの関心が、はじめは可視的差異を持つ人々のネガティブな経験に集中していたように、現在は、他者から見える外見が明らかに「正常」と見なされる多くの人々が、外見への不安と苦悩を持っていることを認めなめればならない。社会的不安と自意識の問題は、外見の問題を抱える人であれ、そうでない人であれ、多くの人々に共通した問題として言及されてきた。こうした人々が適切な心理社会的支援によって恩恵を受けると思われるが、残念なことに、可視的差異を持つ人々の必要を満たせるだけのヘルスケア提供は依然として不足している。外見の問題の有無にかかわらず、少なからぬ人たちがそうした問題にポジティブに適応していけるという事実があり、そして、研究者たちも臨床家たちも、こうした人々から学んでいくべきことがまだたくさんある。

今後の課題

　外見問題の研究者に課せられた今後の課題は数々ある。外見の心理学を研究することの重要性を啓発すること。外見研究とケア提供体制について前向きな検討議題を推進すること。ヘルスケア・サービスを改善すること。理論とそれに基づく研究を発展させること。外見への態度を変えること。新しいコンピューター技術が身体の魅力に関する正常範囲基準に与える影響、それから出生前検査・遺伝子技術・組織移植技術の進歩がもたらした諸課題を含む現状のジレンマについて情報提供し、議論に貢献すること。

第 8 章　結論、ジレンマ、そして引き継がれる課題

外見問題を理解し研究することの重要性の啓発

　健康心理学者および健康と幸福を最適にすることに関わる人々にとって、外見とは理にかなった重要な関心事であることを、この本の読者たちが納得したことを期待している。外見に関する関心は、ダイエットやエクササイズを含めて、多種多様な健康行動に影響しうるものである。現在、健康行動がイギリス政府の保健政策における中心的課題であるとすれば、外見への関心が健康行動において多くの変化をもたらしうるものであることは無視できない。例えば、治療やその副作用が私たちの見え方に影響力を持つ時には、外見の問題はヘルスケアにおける意思決定と治療順守に影響しうる。

　外見への関心が持つ社会への浸透力と問題の広範な悪影響から、外見の問題が研究教育にも臨床家教育にも含まれることが期待される。外見関連の研究や介入に関わることが、臨床的場面でも研究的場面でも健康心理学者に多くの機会を与え、それは多様で、挑戦的であり、そして実り多いものである。

外見の問題に対して、前向きな課題を生み出すこと

　過去においては病態やネガティブな経験（例：心理的苦悩と身体に対する不満足）に焦点を当ててきたが、今やさまざまなアプローチを育てる時が来たと言える。近年、問題や困難にのみ基づいたヘルスケア提供は、可視的差異を持つ人々に対して前向きな適応能力を増進させる効果がほとんどないことが分かってきた。そのため、より前向きな課題が繰り返し求められてきたのである（第6章参照）。メディアが提供する隙のない「理想像」に隷属的に迎合することよりも、研究者や臨床家は社会に対して、むしろ外見における多様性を歓迎することを勧めてきた。しかしながら、私たちは次のことにも気づいている。ポジティブな適応に関する検討課題に熱心になり過ぎることは避けねばならない。なぜならば、外見の問題に対するリジリエンスの長所を強調し過ぎるあまり、可視的差異を持つ人たちは前向きに対処することに重荷を感じることになるかもしれないし、困難について不安を声に出すことをためらうようになるかもしれないからである。

ケア提供体制の改善

　外見に関する不安や不満足に関連して、何らかの支援や介入療法を求めているだろう人々が増えているのは間違いない。そして美容外科的治療や非外科的治療を求めている人たちも増え続けているだろう。Harris and Carr (2001) は、NHSと独立セクターの両方において、外見に問題を抱える人々に対して、よく整備された外科的治療と心理学的治療のサービスが必要であると述べている。健康心理学者が、多様な方法でそのようなケアの提供に貢献する知識と技術を持っていることは明らかである。

　外見に多くの問題を抱える人々に対して、QOLを改善する可能性を秘めた新しい技術を外科医たちが開発し続ける一方で、こうした技術の発達に伴う心理社会的な結果は注意深く検証されなければならない。例えば、治療に伴うリスクと利益に関する適切で正確な情報を提供すること。これらの新たな進歩について紹介する際の、健康心理学者の潜在的役割は重要である。

　健康心理学者と臨床心理学者にとって重要なもう一つの役割は、外見の問題が広汎に浸透していることと、その影響力の大きさを認識できるように、ヘルスケアの専門家たちを訓練・支援することである。一般臨床の場で働きながら、これらの問題にさまざまな方面から関わっているヘルスケアの専門家たちに、例を示しながら詳しく説明していくことが、ケアを充実させていくにあたってもっとも効果的であることは間違いない。実際、学術雑誌がケアの提供体制に対して、どの程度の影響を及ぼすことができるかは疑わしい。例えば、目の問題のように (Clarke et al. 2003)、機能という点からのみこれまで考えられてきた状態（症状）において、外見における諸問題に対して意識を高めることは何よりも優先されるべきことであり、すべてのヘルスケアの場面において外見の問題は重要であるというケアの思潮を形成していくだろう。身体イメージや外見の評価を、日常的ケアの一部にするというPruzinsky (2004) の呼びかけを支持したい（第6章参照）。イギリスのすべての口唇口蓋裂チームに対して、適正に訓練された心理士を含めるべきという政府の勧告は、実に画期的な進歩である。これが先例となり、このケアの基準が他の専門分野や状態（症状）にも拡大されることが理想的だろう。

追加的な心理社会的支援と専門家による介入が必要であることが明らかな人たちには、明確な紹介ルートが必要である。理想的には、専門家センターによる全国ネットワークを通じて、専門スタッフによって紹介情報が提供されることが望ましい。しかし、(ケアについて)できあがった資源が不足しているので、新しい治療と技術を含めて、別のオプションを調べてみる必要がある。まだ十分に研究されていないが、インターネットは情報や介入について、簡単に閲覧できる新しい方法になる可能性を秘めている(第7章参照)。

　心理学者がもっとも効果的に影響力を発揮しようとするならば、ケア提供に携わっているヘルスケアの専門家と直接一緒に働くことと同様に、ケア体制を効率化していく立場にある政策立案者と関わり合うべきである。そうするための2つの方法がある。1つ目は、政策立案者の目にとまるように研究知見を明確に広めることである。2つ目は、外見の問題を含めたケア提供体制が議論されている、関連するフォーラムに関与することである。美容外科業界へのイギリス政府による規制は、健康に関する下院特別委員会の第五次報告書の一部としてまとめられた。この報告書では、厳密なコントロールの及ばない民間の商業的経営下にあるクリニックによって、消費者に加えられている圧力について批判がなされている。2005年1月に提案されたイギリスのガイドラインのもとでは、美容外科業界(ボツリヌス療法、インプラント、ケミカルピーリングを含む)は多くの規制に従うこととなった。その目的は、治療水準を向上させることであり、そして、無資格で非登録の治療者たちから、過大広告や潜在する副作用や合併症に関する不適切な情報から、未然に患者を保護することである。美容手術を求める人々の経験や健康状態に対して、この規制がもたらす成果と影響については、まだ結果が出ていない(訳者注：世界医師会 World Medical Association=WMA は2014年に、「未成年者に対する美容医療行為は好ましくない」というガイドラインを発表した。身体イメージの未熟な年齢層では、外見に生じた変化が、どのような効果をもたらすか予想ができないからであるとしている。今後、こうした保護対象は、身体イメージの未熟な成人にも拡大されていくだろう)。

外見に対する態度を変えること

　魅力的であることに対する私たちの期待は、メディアと外見を変える治療が利用しやすくなってきたことにより、持続的に増大している。しかし、外見に対する不満と不快は疫病のように蔓延し、私たちはその中で生活しているようである（第3章・第4章参照）。悲しむべきことは、不満を持つ多くの人が、自らの外見を留め金として、諸問題をつなぎ留めてしまうことである。そして、もし外見さえ違っていたら、人生はもっと良くなるだろう信じるようになってきている。ファッション、美容、美容外科産業が絶えることなく成長し続けている背景には、理想の外見を得ようとする人が増えていることがある。その理想の外見は、おそらく達成することができないような高い理想に基づいているのだが。こうした産業によって、またメディアを通して流されるメッセージに感化されない人たちもいる。こうした個人差について調べる研究が始まっているが、これは将来の大きな研究テーマになる。外見の不満足に対する流れを押し戻し、社会が外見の多様性をもっと受け入れるようにするためには、外見に対する姿勢を変えていくことは困難であっても、やらねばならない仕事である。社会の態度を変えていく努力により、外見に不安を持つ人々のQOLを改善することができるであろう。社会が持つ厳しい基準に対処することができないという認識が、苦悩と不幸の源泉となる。個人、ヘルスケア専門家、政策立案者、ボランティア組織、業界、メディア、研究者たち、そして学校を巻き込んでいく必要があるだろう。

理論と研究の発展

　外見に関する個人的な経験を理解し、説明することを目指した理論はあまりない。なぜなら、病態に注目したアプローチの仕方に集中する傾向があるからであり、外見への適応能力を決定するだろう要因が多種多様で複雑だからである（第2章参照）。その要因には、認知的・情動的反応、家庭環境、周囲の人たちの価値観、他者の反応、社会文化的な文脈、実際の身体外見、それに発達段階が含まれる。可視的差異がある人、ない人に関連した、（質の異なる要素に対

して）統合的で、（予後について）予測的であり、（長期の結果について）検証可能な研究枠組みが望まれる。そして、問題や困難を扱うのと同様に、ポジティブな経験についても焦点を当てることが可能な枠組みであるべきである。こうした研究枠組みを用いれば、以前よりも完成度の高い概念的基礎が提供されるだろうし、臨床応用に関する明確なガイダンスとエビデンスのあるケアの提供が可能になるであろう。研究者たちが広範な研究方法と方法論を採用することを必要としながら、さまざまな資料からこのような研究エビデンスは編成されていくであろう。

健康心理学者にとって外見は挑戦的で魅力的な分野であり続けるだろう（第2章参照）。以上をまとめると、外見に関してポジティブな面もネガティブな面も含む、そして自由に使える広い範囲の方法を十分に利用できる、長期にわたる研究が必要である。研究における急務は、人口構成上の広い範囲を含めることである。特に、人種的にも文化的にも、また生涯にわたるさまざまな年齢階層からも幅広く募集することが必要である。また例えば、腫瘍形成外科（癌治療と形成外科の連携）や心理皮膚科学について、ケアの提供に関連した主導権についての考え方や、新しい技術と手技の紹介に関連した考え方に影響を与えるような研究が待たれる。

われわれの結論を述べるという、古くからの作法でこの本を終えるより、読者にはジレンマを提示することを選んだ。それらは現在われわれを悩ませているものであり、将来的には、健康心理学者ならびに外見の研究をする人たちに、活動する豊富な機会をもたらすものである。

現在のジレンマ

倫理的かつ道徳的なジレンマにがっしりと組み合うことを楽しめる人にとっては、外見研究という領域は興味深い挑戦を含んでいる。個人の特質や遺伝的素因の身体的な現れに対して、寛容性のレベルが低下する時代に私たちは生きている。現在では大人も、また子供でさえも、美容手術、歯科矯正、エクササイズ、ダイエット、サプリメントを利用し、外見を良くする新しい技術が使え

るようになる時はそれらを熱望しながら、メディアが描き出す完璧な体と（それに伴うと暗喩されている）幸福な生活に合わせようとするのである。

　急速に進歩する新しい技術は、特に興味深い課題とジレンマを提出する。文字通りの意味で刺激的なものも含まれており、そして潜在的に重要な有効性を与えるかもしれない。実際の影響力は不確かであり、政策立案者とヘルスケア提供者が思うよりもはるかに複雑ではあるけれども、最近のヘルスケアにおける他の進歩に見られるのと同様に、新しい技術がもたらす心理学的利益も見込まれてきた。

　以下に述べる進歩の結果は、典型例と考えられる。第一に、身体の外見と魅力に暗黙の規準を与えている最近の技術の影響。第二に、ヘルスケア提供に関連する3つの例——出生前診断と口唇裂の診断、遺伝子工学と「意のままに作られる赤ちゃん」という概念、最後に、今にも行われようとしている顔面の全移植。

身体の魅力の基準に与える技術の影響

　近年、コンピューター技術の進展は、「バーチャル」な顔を作ることを可能にした。それは2つ以上の顔から最良の特徴を合成したもの、あるいはコンピューターによって完全に創造されたものである。この技術は大いに歓迎され、また価値ある応用も生み出している（目撃者証言と照合を容易にする技術や、骨格から、より実際に近い顔を再現するような法医学的技術など）。加えて、また形成外科医にとっては、美容手術や再建手術の後に予想される結果を（患者へ）示すことができるので、映画会社が開発したデジタル技術やソフトウェアを使えるかもしれないことをたいそう歓迎している（その技術とは、コンピューターが作り出した映像を、映画の中でスタントマンのように代用することや、デジタル映像によって俳優の外見を強調させたり入れ替えたりすることである）。

　3Dコンピューター・アニメーションは今やゲームやアニメ漫画において広く用いられている。アバター（リアルな人物をコンピューター画像やイメージで登場させた）や、ゲームの「トゥームレイダー」の非常に有名なララ・クロフトは創作されたものであり、かつてないほど行動や情動の表現を強調して具現化

第 8 章　結論、ジレンマ、そして引き継がれる課題

しており、ロールプレイングゲームやオンラインゲームなどで使用されてきた。他のメディアがこうした技術を応用することも、ますます増えてきている。テレビ・コマーシャル、映画、携帯電話においても、デジタルの（人間を模した）モデルが現れてきている。イギリスで最初のバーチャル・ニュース司会者は、2000 年にインターネットに登場した。アナノーヴァは「感じが良く、もの静かで知性的な振る舞い」で、ニュースを配信するようプログラムされていた。そのプロフィールは、オアシス（イギリスのロックバンド）と「ザ・シンプソンズ」（アメリカのコメディ・アニメ番組）を愛する、身長 5 フィート 8 インチ（172 センチ）の 28 歳の魅力的な「都会的女性」という設定になっている（Kemp et al. 2004: 135）。日本では、コンピューターから化粧品やキャッシュ・ローンに至るまで、広い範囲の商品販売にデジタル・モデルたちが使われてきた。日本で初めてのバーチャル・ポップスターは 1996 年に東京でヒットチャートに登場した。

　Kemp ら（2004）の報告によると、2003 年に世界中のデジタル・アーティストたちは、インターネット上でのビューティ・コンテスト「デジタル・ミス・ワールド」で美を競うために、それぞれが作る「完璧なる」女性のコンピューター・デザインを送るように招待された。研究者たちが、実在する顔と合成した顔についてモデル会社に選択を求めた研究についても、彼らは報告している。モデルとして成功するであろうと選ばれた 16 の顔のうち、14 は実在しない合成されたものだった。未来のモデルの顔と体は、バービー人形のような姿を追い求めるのであろうか（第 3 章参照）？　そして、もはや到達しがたいものとなるのだろうか？　おそらく答えはイエスだろうが、ねじれがある！　「美」とは長らく、対称性によってもたらされると考えられてきた。コンピューター技術は今や対称性を測ることができ、もっとも対照的な顔を見つけること、あるいは合成した顔を作ることができる。しかし Kemp ら（2004）は、こうした合成顔に関して、「非常に対称的な顔が持つ画一性にはどこか薄気味悪いところがあり、対称の程度がやや低い顔の方が、より生命感に溢れているように見える」ということを指摘した。興味深いことに、「不完全な」顔（例：しみ、濃い眉毛、欠けたり不揃いな歯）となるように作成し始めたアーティストがいることを述べている。完全なものは不自然であると判断する人がいる一方で（とり

わけ目と顔の造りに関して)、多くの人たちは完全を目指して進んでいる (Kemp et al. 2004)。Kemp らは、「完全を求める方法として多様性を否定するならば、人間らしさも失ってしまうことは、何とも皮肉なことである」と言っている。

いくらか安心できることは、デジタル・アーティストたちがより美しい「静止した」顔を生み出し続けている一方で、アニメーターはコンピューター・アニメを通して、本物らしく動く顔を生み出すことに大変苦労していることである。顔の自然さとは、複雑な動きと複雑なタイミングにもよっているのである。自発性(無意図的であること)が維持され、顔のすべての部位が完全に調和的に動く時にのみ、微笑みは自然なものとして認知される。このことは、目において、そして顔の柔軟さを欠く場合に、特にはっきりする。

顔と体のイメージが持つ心理的影響力は、もはや生物学のみで形作られないことは明らかだが、新しい技術によってますます工学的にも形作られていくだろう。自分たちの姿が嫌いな人たちの苦悩と不満足は、手の届くはずのないイメージによって増大させられているのだろうか? あるいは、こうしたイメージが、信頼できる比較基準に組み込まれないように、リアリティから十分に取り除かれうるのだろうか?

ヘルスケアにおける新しい技術

出生前診断の進歩

出生前診断における最近の進歩により、外見に影響を与える多くの先天性障害が出生前に分かるようになってきている。もっとも多いものは口唇裂である(第4章参照)。妊娠24週を過ぎてからの中絶は「重症の胎児異常」が認められる場合にのみ法的に許されているが、何をもって「重症」と解釈するかは医師と両親に任されている。イギリスにおける最近の法的課題が、英国国教会の関係者のJepsonによってもたらされた。彼は口唇裂が「重症の異常」として分類されるべきではないという意見のもとに、口唇裂の胎児の中絶に対して反対意見を述べた。口唇裂は生命を脅かすようなものではない。西洋文明国においては、口唇裂は生後6か月以内に手術によって修正される。そして必要な場合、継続的な治療(音声言語治療、聴覚障害への治療、歯科矯正治療、そして口唇・

鼻・上顎への追加手術）が学童期から思春期頃まで続けられる。口唇裂患児のうちおおよそ20〜35％が、いずれかの発達段階で心理的困難を経験すると考えられているが、大半の患児は立派に成長する（第4章参照）。Strauss (2001) は、口唇裂は治療できるものであり、幸福で豊かな人生を邪魔するものではまったくないと指摘した。しかしJepsonの議論は、身体の外見に置いている重要性と、将来の親たちが「完全な」赤ちゃんを産むために準備しなければならない（長い）道程についての問題を、はっきり浮かび上がらせた。加えて、州ごとにヘルスケア制度が違うアメリカのような国においては、最初の処置料と継続治療にかかる医療費負担は重大である。医療保険制度や収入は、妊娠を続けるかどうかについての両親の決定に、追加的に影響する要素となりうる。

　健康心理学者の持つ専門的知識は、出生前診断の領域においても有効に活用されるだろう。定期健診は、ある人には安心させてくれる情報を提供してくれるが、生まれてくる子に障害がある親にとっては重荷となる。しかし妊婦にとっては、こうした検査を拒否することは難しくなってきている。出生前にこうした情報を知りたくないと思っていても、一連の検査手続きから離脱するのは困難であると感じ、検査を受けることにしぶしぶ従うのである。なぜならば、検査は妊娠・出産の成功率を高めることができるからである。もし障害が明らかとなったら、中絶するのか、望まれる妊娠として継続させるのか、決定する必要が生じる。それは大きな罪悪感と苦悩を伴うことだろう（第4章参照）。特にその障害が、生命を脅かすものでない場合は。

　アメリカにおける高い中絶率の報告を見て、イギリスのヘルスケアの専門家と心理学者は、誰が口唇裂の存在を知らせるのがベストであるか、また同時に、どのような情報を提供するべきかについて考えた。イギリスのガイドラインが推奨していることは、口唇裂治療チームのメンバー（たいていは形成外科医）が、診断から24時間以内に両親に連絡し、治療の選択肢について明確でバランスのとれた情報を提供するようにすることである。イギリスでは近年、心理学者が口唇裂チームの中心メンバーとして任命されるようになってきているので（第6章参照）、心理学者が情報提供と継続的支援において、ますます重要な役割を担うことになっていくだろう。

　加えて、口唇裂胎児の中絶率の増加が、すでに手術を受けて生活している多

くの人たちに与える影響も考えなくてはならない。口唇裂を持つ胎児が「損なわれた物」あるいは「重度の異常」を持つと見なされるか否か、という議論も大きな影響を与えるだろう。彼らは、自分たちの人生を価値の下がったものと感じるかもしれないし、そのために支援を必要とするかもしれない。

遺伝子工学の進歩（「思いのままに作られる優秀な赤ちゃん」）

　近年、人間の遺伝子が解明 mapping されたことに対する興奮から、遺伝子治療への応用の可能性に関心が高まっている。遺伝子工学のうちでも、発症前の障害を除外したり、後に発症する可能性のある重症疾患に対処したりするための技術の可能性が注目されている。しかし、障害を取り除くこととデザイナー・ベイビーを作ることを結び付けることに懐疑的な人々もいる。

　外見の問題において有識者は、より美しい赤ちゃんを「デザインする」という成り行きに至るのではないかと予想し始めている。これは遺伝子工学の正しい使い道であると主張する人もいる。しかし、こうしたデザイナー・ベイビーを作ることによる心理的結果が、その赤ちゃん自身、家族、社会一般にとっていかなるものでありうるのか？　しかし、Pickering (1991) が遺伝子治療という文脈の中で、「将来についての視界不良に対する警報を鳴らす」必要があるという適切な警告をしている。すぐに思いつく疑問がある。例えば、外見に関与する遺伝子的操作のうち、いかなるものが受容されるのかを誰が決めるのか？　いかなる標準や規準が使用されるのか？　現代社会の価値に従って操作を行うことが人類に許されるのか (Agar 1998)？　背が高い方が低いことよりも優れているのか？　金髪よりも黒髪の方が好ましいのか？　青い瞳は茶色より良いのか？　劣性を持つとされる新しい階層が誕生するのか？　何が新しい規準となるのか？　バービー人形？　アバター？　デジタル・ミス・ワールド？　このように外見を変えることを選べることによって、人は違いに敏感になり、違いに対する偏見を強めるのだろうか？　これまでの外見を見栄え良く操作することが持つ影響力からすると、答えはイエスだろう。広い意味で Murphy and Lappe (1994) は、遺伝子プロジェクトの道徳的意義は、それが通常（正常）と違い（異常）との解釈に与える影響力という点にあると主張した。

　子供に影響を与えるのは何か？　特に、アイデンティティと自己価値観に対

して。遺伝子操作された子供が、親の期待（もし操作をしなければ達成できなかっただろう期待）に応えるように変更を加えられたということを感じるだろうか？　美に強く依存している人たちが述べるような不安感によって、同じように悩まされるのであろうか（第3章参照）？　両親・友人・恋人は、自分が美しい場合にのみ、自分を求めていると感じるだろうか？　他者への魅力について、あまりに外見に依存し過ぎるため、他の人間関係のためのスキルを身につけようと努力しなくなるだろうか？　生涯の間に規準が変わったらどうするのか？　あるいは両親が望んだ外見と、自分の望む外見が違っていたらどうするのか？　おそらく両親が最良と思って「オーダーした」髪や目の色に腹を立てるのであろう。

　両親にはどのような影響があるだろうか？　子供の外見が両親の大きな期待にどのように影響するだろうか？　美しいことは人生における幸福を約束する鍵であると信じているので、子供にはより美しく見えることを望むのだろうか？　この推測を後押しするエビデンスはない（第3章参照）。美しいパーソナリティは外見の良さに伴って得られると期待するのだろうか？　必ずしもそうではないということが分かった時、失望するのだろうか？　世界に向けて誇示するトロフィーのように、美しい子供を「オーダー」するのだろうか？　Warnock（1992）や他の研究者たちは、遺伝子工学の潜在的可能性を強調し過ぎると、小児・思春期・成人の人々の発達と適応に対して、環境の影響の重要性を過小に見てしまうことになると警告した。遺伝学者のLander（1992）は、「もっと子供と一緒に時間を過ごすことである。そうすれば、『遺伝子配列を下手にいじくり回すより』、もっと良いことが生まれてくるだろう」と述べている。

　外見を変える他の新しい方法が導入されることは同時に、普及している正常範囲から外れたと考えられる外見を持つ人たちが増える結果にもつながるだろう。多くの人が外見を変えることで正常範囲の定義が狭くなるので、自分の見え方に苦悩を感じる人々の数は膨大なものとなるだろう。外見に明らかな可視的差異を持つ人々が疎外されることを避けるためにも、外見における多様性は必要なのである。結局、先祖から引き継いだ、遺伝子による外見の現れ方を、かつてないほどの極端な方法で変えることへの投資が引き起こす顛末は、いか

なるものとなるだろうか？

　遺伝子操作がいったん使えるようになってしまえば、それを用いて外見を良くする選択肢に親は飛びついてしまうだろう、と想像することは考え過ぎであろうか？　優れた子孫を得たいという衝動は強力である（Davis 1995）。親とは子のために最良のものを望むものである。ゆえにチャンスが与えられれば、それを利用することは確かに可能である。Appleyard（1999）の報告によれば、アメリカ人の11％が、胎児の遺伝子検査が肥満傾向を示せば中絶するだろう、と回答している。第一に、こうした遺伝子的介入治療は豊かさの特権のように思われる。しかし、Appleyardが追加して述べたように、消費主義と虚栄心の時代に他ならない。「買えるなら、買わないと損」ということである。もし子供を美しくすることが可能であるのなら、多くの人がそれに飛びつくだろう。しかし多くの有識者たちは、合理的に考えて、健全な多様性と見なされることについては、いかなるものについてもスティグマ化しようとする風潮に対してこそ戦うべきであると感じている。

移植技術の進歩（外科的技術と免疫学的技術）

　メディアの熱い注目の中で、アメリカ、イギリス、フランスの外科医たちは2003年に顔面の全移植を行う準備ができていることを発表した。死亡直後のドナー（提供者）から顔面の皮膚・皮下脂肪組織・動脈・静脈をひとかたまりに採取し（神経や筋肉も含まれる可能性があろう）、レシピエント（受容者）へ移植するのである。それに先立って、レシピエントの以前の顔の組織は除去される。担当する移植チームにとってこの技術は、もともとは熱傷・癌・重症外傷の結果として顔がひどく傷ついた人を対象にした治療法であった。しかし、この視点や、随伴するリスクの詳細な点についての正確さにおいて、メディアの関心の程度はさまざまであった。イギリスでは、最初の移植患者になりそうな人を見つけようとするメディア騒動が起こった。随伴するリスクについての一般の人々の理解は不十分と思われる。「フェイス／オフ」という映画は、完全に機能する顔が、（外科手術の跡形もなく）他人と入れ替えられるという話であったが、ほとんどその程度の理解しかなかった。

　顔面移植の可能性を最初に宣伝したものが、Ian Kennedy（1988）の言葉に

第 8 章　結論、ジレンマ、そして引き継がれる課題

見られる。「もしそうできるなら、そうしなければならない。新しい手術を受けられると分かった瞬間、いかなる費用・危険が伴おうと、より安全で、簡単で、効果的で、低価格の別の選択肢があろうと、その新しい手術を受けなければならない。知的にも法的にも道徳的にも複雑なことを、他人よりも先にものにしようではないか！」Ward（1999）は、形成外科という文脈の中で、外科医たちが経験する技術上の問題についてKennedyの考えを拡大した。彼は「高い空中ブランコ手術」という言葉を用いて、新しくてエキサイティングな技術を拒否するよりも、危険な綱渡りをしたがる願望について述べようとした。Wardが信じたような願望は、患者が認識できる利益とリスクについて客観的に考えてみることを邪魔してしまうし、患者にはコントロール不可能な実験的外科手術に行きつくことになるだろう。

　関与しているチームの熱意とは裏腹に、手術を行う準備ができたという発表に対して、それぞれの国において、専門家や有識者の賛否両論があった。イギリスでは英国外科学会が専門家会議を開き、この手術が今の段階において推奨されるものかどうかについて慎重に審議した。結果は、（この手術に伴って起こる）組織拒絶反応とレシピエント（組織を受ける側）とドナー（組織を与える側）の家族に与える心理的影響について、もっと分かるまで待つべきであるとした（Royal College of Surgeons of England 2003; Morris et al. 2004 も参照）。2004年3月、2年以上にわたる審議の後、フランス国立倫理諮問委員会 French National Ethics Consultative Committee（CCNE）は顔面全移植に対して「ノー」という結論を出した。理由は、この手術が実験的であり過ぎるということであり、「見せ物的」であると同時に「要点がはっきりしないのに、リスクがあり過ぎる」としている。しかし、ケンタッキー大学の外科医と科学者たちはこの手術を行うために、彼らの施設の審査会（大学内の倫理委員会）からの倫理的許可申請を継続している（訳者注：部分的移植は2005年にフランスで、全移植は2010年にスペインで行われ、その後も数か国でこの手術が行われている）。

　顔面移植がもたらすかもしれない心理的結果は重大である。顔には特有の重要性があるため、他の部位の移植における心理的影響に関する限られた内容の文献から、自信を持って影響を推測するのは困難である。顔面移植の結果を直接研究できる立場にいなければ、ある程度の顔面移植が行われた後でないと、

その影響・結果について研究することは困難である。外見を良くするという他の手術の場合と同様に、外科医チームが考えていることは、ケアについて普及している生物医学的モデルを反映しているだけである（第6章参照）。そしてその根底にあるのは、外見がより良く見えさえすれば、それだけで人生はより良くなるという思い込みである。ゆえに、より「正常な」外見が持っている潜在的な多くの心理的利益が想定されることになる。読者はすでにお分かりと思うが、現実はもっと複雑である。適応能力とは、変形の重症度からはうまく予測できないのである（第4章参照）。適応能力における強力な要素は、自尊感情のレベル（そして、外見以外の資質から派生してきた自尊感情の程度）、人間関係による支援ネットワークの質、そして社会的相互関係スキルの有効性である（第5章参照）。外見によって苦悩しているのは、心理的にもっとも傷つきやすい人たちである。複雑な手術の厳しさ、不確実な結果、過酷な術後療養に対処する備えがない人たちでもある（Rumsey 2004）。レシピエントとその家族、ドナーとその家族には、重大な結果が、それも広範な社会的影響を受けた結果が訪れることだろう。詳しい議論はこの章の目的を超えている（興味のある読者はMorris et al. 2004 を参照されたい）。しかし、移植に関する文献や顔の重要性に関係する研究は、以下のことが考察されるべきであることを示唆している。

移植における他の側面として、それがストレスの原因、心理社会的課題、適応上の要求を引き起こすことに研究者たちは次第に気づくようになってきた（Ziegelmann et al. 2002）。これらには、移植した組織の生着と拒絶反応の可能性と、拒絶反応の後遺症に関連した恐れが含まれている。複雑な薬の服用順守の必要から生じる組織移植の成功と失敗は、個人の責任という重荷となる。生活習慣を変える必要も出てくる（例えば、移植患者の7〜12%に発生する術後性糖尿病のリスクを軽減するためにダイエットをすること。免疫抑制療法の影響による皮膚癌発生のリスク軽減のために日光曝露から身を守ること）。移植術後の組織壊死がある程度起こることは、驚くべきことだが普通に起こることである。Dew ら（2001）の研究では15〜18%に見られたという。顔面移植に対する現在の予測では、最初の12か月以内の拒絶率は10%であり、術後から5年以内では30〜50%になるとされている（Concar 2004）。拒絶反応（組織壊死）の後は厳しい現実が待っている。なぜならば、唯一の可能な方法は、レシピエント自身の体から皮

膚・組織を採取し再移植するか（訳者注：この場合、まともな顔を再建するのは非常に困難である）、さらに顔面移植をするかである。

免疫抑制剤は移植への拒絶反応のリスクを軽減し、組織生着を確保し続けるために必要であるが、その潜在的副作用に関して、さらなる不安が待っている。感染症のリスクや多くの悪性腫瘍が有意に増加する。特にその原因としてウイルスの関与の増加がある。もし悪性腫瘍が発生すれば、移植組織を失うリスクを犯して免疫抑制剤を中止するか、あるいは、悪性腫瘍の進行のリスクを増加させてでも免疫抑制を続けるかの選択をしなければならない（訳者注：2005年に初めてフランスで顔面移植を受けた患者は、2016年、49歳で亡くなった。複数の癌を発症していたらしい）。

レシピエント自身、そしてその家族や友人は、新しい外見を身体イメージとアイデンティティ感覚の中に同化していかなくてはならないだろう。家族や友人は、損傷を受けていた以前の顔に向き合っていた時よりも、多少とも困惑を感じるだろうか？　近いうちに企図される顔面全移植のレシピエントは、外見が損なわれている顔よりも、変形のない顔に期待するのかもしれない。しかし、以前はまったく別の人を表していた顔を、新たに自分が付けるということがもたらす心理的・社会的影響については予測できない。顔という外見を損なうことによってもたらされるストレスに関する以前からの文献や、「本当の私を」他者へ示すことにまつわる諸問題は、そのまま残るだろう（Bradbury 1997）。顔の表情は、他者との出会いにおいて決定的な要素となる。こうしたコミュニケーションにおける困難さが、潜在的なレシピエントに対して、顔面移植を求めさせる動機となるのであろう。しかし、移植された後の顔がどの程度表情を作ることができるのか、それも明らかではない。現在の予測では、表情筋の動きについては50％程度の回復が予測されている。しかし、顔面神経の再生には時間がかかるため、この数字は最終的な表情機能としては楽観的過ぎるという意見もある（Concar 2004）。非言語的コミュニケーションは損なわれるだろうし、動きのない顔からは仮面のような印象を与えるかもしれない。不随意的な顔面痙攣や表情が生じる可能性もある。

最初はドナーが少数もしくはごく稀にしかおらず、レシピエントたちは適合性の高いドナーが現れるまで、長い期間を待たねばならないだろう。その間、

人生は保留状態に置かれるのだろうか？　最終的な外見に関する避けがたい不安とともに待つことに、どのように対処するのであろうか（Rumsey 2004）？性別・年齢・肌の色や色調にどのようになじむのであろうか？　自分に回ってくるかもしれないドナーの顔について、レシピエントは何らかの選択を望むだろうか？　そして、それは許されるのであろうか？

　レシピエントは、外見の変化と、表情と非言語的コミュニケーションに慣れ親しんだ表示パターンの変化と、その両方を見た時に生じる友人や家族の反応に対処しなければならないだろう。新しいに顔に対する他者の反応は、たとえ微かにであったとしても、違っているだろう。レシピエントが持っていた術前の期待と、実際の他者の反応とのある程度のズレも生じるだろう。煩わしいメディア取材も最初の顔面移植者を取り囲むことだろう。

　今までレシピエントの家族やドナーの家族が受ける影響についてはほとんど研究されてこなかったが、心理社会的な支援は必要かつ有益であると考えられる。レシピエントに寄り添いながら、家族もドナーを待つ間、ストレスを感じていることだろう。支援は同時に、家族の一員の外見が術後に変わったことを受け入れられるようにすることが必要であるし、術後の（辛い）治療を守る意欲を高める努力が必要で、初期の顔面移植手術に関連した熱狂的なメディアの取材からのプレッシャーにも対処する必要がある。顔面を提供するドナーの家族の動機についても、注意深く検討されるべきである。愛おしかった顔が、何らかの方法で生きながらえることを期待しているのか？　レシピエントに会いたがるようになるのか？　仮に誰に移植されたのかが手術チームから明らかにされなかったとしても、執拗なメディア取材はそれを明らかにするかもしれない。

　そう遠くない将来に顔面移植が行われるであろうことは疑いない。もう一度述べるが、健康心理学者は、この過程において貢献できる立場にある。これには、手術への準備、特に、複雑で詳細にわたる利益とリスクに関する情報を、レシピエント候補者に嚙み砕いて理解させることが含まれる。また、意思決定への支援、結果への現実的な期待を持つことを支援すること、そして、いったん手術がなされたら、それに引き続き必要となる一連の支援を提供することも含む（Clarke and Butler 2004 参照）。

この新しい外見を向上させる方法が社会に与える影響を過小評価してはならない。顔面移植を取り巻く情報が広まるにつれ、非現実的で過大な利益への期待が生まれるかもしれない。そして、可視的差異を抱えたままでいる人々は、質の高い生活を得ることはできないという考えをもっと刺激するかもしれない。外見の多様性への受容はますます減少し、可視的差異を持つ人々が受ける治療への圧力は増大するだろう。「(他人は)いつも、今の外科医ができる素晴らしいことばかりを言ってくる」とGrealy(1994)が言ったように。

　最後を締めくくるにあたって、上記のことをめぐるジレンマは、答えよりも多くの疑問を明らかに引き起こす。健康心理学者にとって、将来、興味と関心と機会の源となり続けるだろう魅力的な諸問題を表しており、これからの議論と仕事が期待される。

参考文献

Clarke, A. and Butler, P.E.M. (2004) Face transplantation: psychological assessment and preparation for surgery. *Psychology, Health and Medicine*, 9: 315-26.

Kemp, S., Bruce, V. and Linney, A. (2004) *Future Face: Image, Identity, Innovation*. London: Profile Books.

Morris, P., Bradley, A., Doyal, L., Earley, M., Hagan, P., Milling, M. and Rumsey, N. (2004) Facial transplantation: is the time right? *Transplantation*, 77: 329-38.

訳者あとがき

　「美人は得である」とか「人は見た目が○割」といった類の主張をしばしば耳にします。しかし容貌についての心理学的研究は1960年代頃まではあまり行われておらず、一種タブー視されていたようです。
　その後、対人行動についての実験社会心理学的研究の中で、人に対する好意的な態度として対人魅力についての研究が行われるようになりました。対人魅力に関わるさまざまな要因の中の一つとして身体的魅力が取り上げられるようになり、見た目（アピアランス）のステレオタイプ的効果について多くの研究が行われました。
　一方、80年代後半以降、顔についての認知心理学的研究がイギリスを中心に盛んに行われるようになりました。視覚的パタンとしての人の顔は、部品の形態や配置が近似したものであるように、相互に比較的類似したものであるといえます。しかし、われわれは顔のわずかな違いを捉えて、顔を容易に識別することができるなど、顔を認知するメカニズムは非常に効率的なものであることが明らかにされました。また顔は個人を識別するのに用いられるだけでなく、パーソナリティが読み取られたり、表情から内面の情動状態が推測されたりします。そしてこれらの情報はわれわれの対人行動に影響します。
　90年代になるとコンピューターによる画像処理技術が向上し、多くの顔を合成して作成した平均顔は魅力的な顔になるといった知見が報告され、魅力的な顔とはどのような顔なのか、なぜそのような顔に魅力を感じるのかといった研究が行われるようになりました。
　魅力的な外見（アピアランス）の影響などの知見の蓄積は評価すべきことですが、アピアランスに問題を抱えた人々にとって、このような影響はやっかいな問題となります。わずかな問題であっても顔に生じた問題は認知され、それが対人関係面でネガティブな影響を及ぼすことになるのですから。少なからぬ

人々がアピアランスに問題を抱えているにもかかわらず、アピアランスのネガティブな側面への関心は必ずしも高いものではありませんでした。

イギリスでは 1987 年のキングスクロス駅での地下鉄火災を契機に 1992 年に設立した Changing Faces が、アピアランスに問題を抱えた人々へのピア・サポートを提供してきました。さらに本書でも触れられているように一般の人々への啓発活動なども行ってきました。1992 年には、ブリストルにある西イングランド大学 University of the West of England（UWE）にアピアランス研究センター Centre for Appearance Research（CAR）が設立され、アピアランスの問題について心理学的・学際的な学術研究を行ってきました。Changing Faces と CAR はパートナーとして活動しています。本書の著者であるニコラ・ラムゼイ Nichola Rumsey 博士とダイアナ・ハーコート Diana Harcourt 博士は、ともに CAR の共同ディレクターを務め、アピアランスの問題について国際的な研究を行っています。

彼らの活動から、2014 年にはフェイス・ヴァリュー（Face Value）・プロジェクトが立ち上がりました。これは欧州委員会の財政支援を受けたものです。アピアランスに問題を抱えている本人だけでなく、その家族にも適切な心理社会的支援が提供できるよう、健康専門職者への適切な訓練を提供しようとするもので、イギリスのみならず欧州各国の研究機関・研究者が参加しています。

さらに 2014 年には、アピアランスに不安を覚える人々への認知行動療法アプローチについてのまとまった書籍が刊行されました（Clarke, Thompson, Jenkinson, Rumsey & Newell, *CBT for Appearance Anxiety: Psychosocial Interventions for Anxiety due to Visible Difference*, Wiley Blackwell）。ここ数年で、欧州を中心に、アピアランスに問題を抱えた人々への理解と支援は大きく発展してきました。本書は、これらの発展を理解する上でのベースとして位置づけることができるものです。

日本においても、アピアランス・ケアとかアピアランス外来といった言葉が昨年あたりから聞かれるようになりました。多くは、癌患者を対象にしたもののようですが、アピアランスの問題を抱えている患者は、癌患者だけではありません。また、アピアランスの問題への対応は、本人に対する支援だけでなく、家族に対する支援も必要ですし、一般の人々の理解も欠かすことはできま

訳者あとがき

せん。

　本書が外見（アピアランス）の問題についてより広範な関心を引き起こすきっかけになればと願っています。

真覚　健

＊　　＊　　＊

　本書を読んでくださる方のために、社会保障制度の一員としての立場から補足させていただきます。

　社会保障政策に限らずさまざまな行政サービスでは、「問題の分析→サービス内容の決定→ハード充実と人材育成→結果の検証およびフィードバック」を繰り返していきます。ところが分析に際し、要因や要素を細分化して、単純化して評価しようとします。理由は、あまり複雑になると結論が出せなくなるからで、諸現象を統合的に見ることは難しくなります。あと一つ重要なことは、多種多様なサービスはそれぞれ固有の歴史と予算権限を持つため、特に領域間ではサービスの切れ目が生じやすくなっています。

　福祉・介護・医療は本来一連のサービスですが、現実問題として、「すぐ隣の連携分野が何をやっているのか？　どういう状況なのか？　全体としてのバランスを保つためにはどうしたらいいのか？」といった発想が脆弱です。ゆえにサービス提供は断続的になりやすく、欠損部が生じます。長い経過をとる患者や当事者は（さらには超高齢者およびその家族やコミュニティも）、こうした状況の中で苦痛を感じており、また各領域の現場で働くスタッフにとってもジレンマとなっています。

　誕生したての「外見の心理学」（まだ本邦における正式な学術名称も決まっていない）は、あえて困難な問題、つまり「究極の最終効果と評価」について、果敢に挑戦する分野であるといえます。こうした試みがなされ、結実してきた背景にも、イギリスという文化的特徴のあることは間違いありません。戦後のイギ

リスは、世界経済の発展の影で経済的アドバンテージが減り、成長路線と民生安定の両極の中で極端に揺れ続けてきました。そうした中で、「本当に有効なものは何か？ どれくらいのコストがかかるのか？ 結局、それは合理的なのか？」について、常に考えねばならない状況が続いてきたのです。イギリス社会における慢性的問題が、結果的に行政サービスにおける認知行動療法を発展させ、それに伴って「外見の心理学」も発展させてきました。私がイギリスのこうした発展の黎明期を注視し始めたのはちょうど20年前です（その母体となったイギリス経済と社会保障制度の破綻期からは30余年が経過しています）。紆余曲折を経ながらも、イギリスのケア制度はさまざまな発展を遂げてきたのです。

　日本とイギリスは多くの点で似ているといわれます。だいたい10〜20年遅れで、イギリスが直面してきた問題に日本も直面する、ということを繰り返してきました。これから日本で、一連のサービスにおける問題点を反省し、その解決に取り組むべき時期が始まります。しかし先にも述べたように、イギリスと日本では、その制度も予算も異なります。そのまま真似することは無理でしょう。

　本書によりヒントを得た心理学者は、こうした問題の解決（サービスの新設・連結・発展）を期待されるでしょう。また現場のヘルスケア専門職（医療スタッフ、介護・福祉スタッフ、法律立案者など）も、各領域の中に居ながらも全体を鳥瞰しつつ、新たなビジョンのもとでのバランスを求められるでしょう。そうした状況の中、人間という存在を統合的に理解しようとする「外見の心理学」は、外見問題に限らず、実に多種多様な問題へ切り込んでいくためのヒントとして役立つでしょう。困難な道程になろうかと思いますが、成熟社会へ到達するための最終最大のチャレンジになるでしょう。

　この場を借りて、考える上でさまざまなヒントを頂戴したJames Partrigeイギリス勲章叙勲者、加賀美尚先生、堤晴彦先生、髙見佳宏先生、日下部伸三先生、手島正行様に、また出版に際しご尽力いただいた福村出版の宮下基幸社長、本書の編集にご尽力いただいた小山光様に御礼申し上げます。

原田輝一

参考文献

Abel, T. (1952) Personality characteristics of the facially disfigured. *Transactions of the New York Academy of Sciences*, 4: 325–9.

Adachi, T., Kochi, S. and Yamaguchi, T. (2003) Characteristics of nonverbal behaviour in patients with cleft lip and palate during interpersonal communication. *Cleft Palate-Craniofacial Journal*, 40: 310–6.

Adams, G. and Crossman, S. (1978) *Physical Attractiveness: A Cultural Imperative*. Rosslyn Heights, NY: Libra.

Agar, N. (1998) Liberal eugenics, chapter 18, in H. Kuhse and P. Singer (eds) *Bioethics: An Anthology*. Oxford: Blackwell.

Altabe, M. and Thompson, J.K. (1996) Body image: a cognitive self-schema construct. *Cognitive Therapy and Research*, 20: 171–93.

Ambler, N., Rumsey, N., Harcourt, D., Khan, F., Cawthorn, S. and Barker, J. (1999) Specialist nurse counsellor interventions at the time of diagnosis of breast cancer: comparing 'advocacy' with a conventional approach. *Journal of Advanced Nursing*, 29: 445–53.

Andrews, B. (1998) Shame and childhood sexual abuse, in P. Gilbert and B. Andrews (eds) *Shame: Interpersonal Behavior, Psychopathology and Culture*, pp. 176–90. New York: Oxford University Press.

Appleyard, B. (1999) *Brave New Worlds: Genetics and the Human Experience*. London: HarperCollins.

Argyle, M. and McHenry, R. (1971) Do spectacles really affect judgments of intelligence? *British Journal of Social and Clinical Psychology*, 4: 27–9.

Armstrong, M.L. and Murphy, K.P. (1997) Tattooing: another adolescent risk behavior warranting health education. *Applied Nursing Research*, 10: 181–9.

Augustin, M., Zschocke, I., Peschen, M. and Vanscheidt, W. (1998) Psychosocial stress of patients with port wine stains and expectations of dye laser treatment. *Dermatology*, 197: 353–60.

Bacon, F. (1597) *The Essayes or Covnsels Civill and Morall of Francis Bacon*. Available at: http://darkwing.uoregon.edu/%7Erbear/bacon.html.

Baker, C. (1992) Factors associated with rehabilitation in head and neck cancer. *Cancer*

Nursing, 15: 395–400.

Banister, E.M. (1999) Women's midlife experience of their changing bodies. *Qualitative Health Research*, 9: 520–37.

Barden, R.C., Ford, M.E., Jensen, A.G. and Salyer, K.E. (1989) Effects of craniofacial deformity in infancy on the quality of mother–infant interactions. *Child Development*, 60, 819–24.

Batchelor, D. (2001) Hair and cancer chemotherapy: consequences and nursing care – a literature study. *European Journal of Cancer Care*, 10: 147–63.

Bates, B. and Cleese, J. (2001) *The Human Face*. New York: DK Publishing.

Baumeister, R. (1997) Identity, self concept and self esteem: the self lost and found, in R. Hogan, J. Johnson and S. Briggs (eds) *Handbook of Personality Psychology*. New York: Academic Press.

Baumeister, R. and Leary, M.R. (1995) The need to belong: desire for interpersonal attachments as a fundamental human motivation. *Psychological Bulletin*, 117: 497–529.

Bayat, A., McGrouther, D.A. and Ferguson, M.W.J. (2003) Skin scarring. *BMJ*, 326: 88–92.

Beale, S., Lisper, H.O. and Palm, B. (1980) A psychological study of patients seeking augmentation mammaplasty. *The British Journal of Psychiatry*, 136: 133–8.

Beaune, L., Forrest, C.R. and Keith, T. (2004) Adolescents' perspectives on living and growing up with Treacher Collins Syndrome: a qualitative study. *Cleft Palate – Craniofacial Journal*, 41: 343–50.

Beebe, D.W., Hombeck, G.N., Schober, A., Lane, M. and Rosa, K. (1996) Is body focus restricted to self evaluation? Body focus in the evaluation of self and others. *International Journal of Eating Disorders*, 20: 415–22.

Ben-Tovim, D.I. and Walker, M.K. (1995) Body image, disfigurement and disability. *Journal of Psychosomatic Research*, 39: 283–91.

Bennett, P. (2004) Psychological interventions in patients with chronic illness, in A. Kaptein and J. Weinman (eds) *Health Psychology*. Oxford: BPS Blackwell.

Bennett, P. and Murphy, S. (1997) *Psychology and Health Promotion*. Buckingham: Open University Press.

Bernstein, N. (1976) *Emotional Care of the Facially Burned and Disfigured*. Boston: Little, Brown.

Berscheid, E. (1981) An overview of the psychological effects of physical attractiveness, in G. Lucker, K. Ribbens and J. McNamara (eds) *Psychological Aspects Official Form*. Ann Arbor: University of Michigan Press.

Berscheid, E. (1986) The question of the importance of physical attractiveness, in

C. Herman, M. Zanna and E. Higgins (eds) *Physical Appearance, Stigma and Social Behavior*. Hillsdale, NJ: Lawrence Erlbaum.

Birdsall, C. and Weinberg, K. (2001) Adult patients looking at their burn injuries for the first time. *Journal of Burn Care and Rehabilitation*, 22: 360–4.

Bjelland, I., Dahl, A.A., Haug, T.T. and Neckelmann, D. (2002) The validity of the Hospital Anxiety and Depression Scale. An updated literature review. *Journal of Psychosomatic Research*, 2: 69–77.

Blakeney, P., Herndon, D.N., Desai, M.H., Beard, S. and Wales-Seale, P. (1988) Long-term psychosocial adjustment following burn injury. *Journal of Burn Care and Rehabilitation*, 9: 661–5.

Blakeney, P., Portman, S. and Rutan, R. (1990) Familial values as factors influencing long-term psychological adjustment of children after severe burn injury. *Journal of Burn Care and Rehabilitation*, 11: 472–5.

Blood, G.W. and Hyman, M. (1977) Children's perceptions of nasal resonance. *Journal of Speech and Hearing Discord*, 42: 446–8.

Bluman, L.G., Borstelmann, N.A., Rimer, B.K., Iglehart, J.D. and Winer, E.P. (2001) Knowledge, satisfaction and perceived cancer risk among women diagnosed with ductal carcinoma in situ. *Journal of Women's Health and Gender Based Medicine*, 10: 589–98.

Bond, M.J. and McDowell, A.J. (2001) An adolescent conception of body image and weight loss behaviours. *Journal of Applied Health Psychology*, 3: 8–15.

Bottomley, A. (1997) To randomize or not to randomize: methodological pitfalls of the RCT design in psychosocial intervention studies. *European Journal of Cancer Care*, 6: 222–30.

Bowling, A. (1997) *Research Methods in Health*. Buckingham: Open University Press.

Bradbury, E. (1993) Psychological approaches to children and adolescents with disfigurement: a review of the literature. *ACPP Review and Newsletter*, 15: 1–6.

Bradbury, E. (1997) Understanding the problems, in R. Lansdown, N. Rumsey, E. Bradbury, T. Carr and J. Partridge (eds) *Visibly Different: Coping with Disfigurement*. Oxford: Butterworth-Heinemann.

Bradbury, E. and Hewison, J. (1994) Early parental adjustment to visible congenital disfigurements. *Child: Care, Health and Development*, 20: 251–66.

Bradbury, E. and Middleton, J. (1997) Patient involvement in decision making about treatment, in R. Lansdown, N. Rumsey, E. Bradbury, T. Carr and J. Partridge (eds) *Visibly Different: Coping with Disfigurement*. Oxford: Butterworth-Heinemann.

Brandberg, Y., Malm, M., Rutqvist, L.-E., Jonsson, E. and Blomqvist, L. (1999) A prospective randomised study (named SVEA) of three methods of delayed breast reconstruction. Study design, patients' preoperative problems and expectations. *Scandinavian Journal of Plastic and Reconstructive Hand Surgery*, 33: 209–16.

British Medical Association (BMA) (2000) *BMA Takes Part in Body Image Summit*. Available at: www.bma.org.uk.

Broder, H. (2001) Using psychological assessment and therapeutic strategies to enhance well-being. *Cleft Palate-Craniofacial Journal*, 38: 248–54.

Broomfield, D., Humphris, G.M., Fisher, S.E., Vaughan, D., Brown, J.S. and Lane, S. (1997) The orofacial cancer patient's support from the general practitioner, hospital teams, family and friends. *Journal Cancer Education*, 12: 229–32.

Brown, B., Roberts, J., Browne, G., Byrne, C., Love, B. and Streiner, D. (1988) Gender differences in variables associated with psychosocial adjustment to a burn injury. *Research in Nursing and Health*, 11: 23–30.

Brown, M., Koch, T. and Webb, C. (2000) Information needs of women with non-invasive breast cancer. *Journal of Clinical Nursing*, 9: 713–22.

Browne, G., Byrne, C., Browne, B., Pennock, M., Streiner, D., Roberts, R., Eyles, P., Truscott, D. and Dabbs, R. (1985) Psychosocial adjustment of burns survivors. *Burns*, 12: 28–35.

Bruce, V. and Young, A. (1998) *In the Eye of the Beholder: The Science of Face Perception*. Oxford: Oxford University Press.

Bull, R. (1979) The psychological significance of facial deformity, in M. Cook and G. Wilson (eds) *Love and Attraction*. Oxford: Pergamon.

Bull, R. and Rumsey, N. (1988) *The Social Psychology of Facial Appearance*. London: Springer-Verlag.

Bull, R. and Stevens, J. (1981) The effects of facial disfigurement on helping behaviour. *Italian Journal of Psychology*, 8: 25–33.

Bull, R., Jenkins, M. and Stevens, J. (1983) Evaluation of politicians' faces. *Political Psychology*, 4: 713–6.

Burr, C. (1935) *Personality and physiognomy, in The Human Face: A Symposium*. Philadelphia: The Dental Cosmos.

Calman-Hine (1995) Policy framework for commissioning cancer services, Dept. of Health.

Cameron, L.D. and Nicholls, G. (1998) Expression of stressful experiences through writing: effects of a self-regulation manipulation for pessimists and optimists. *Health Psychology*, 17: 84–92.

Carmel, S., Shani, E. and Rosenberg, L. (1994) The role of age and an expanded health belief model in predicting skin cancer protective behaviour. *Health Education Research*, 9: 433–47.

Carr, A. (2004) *Positive Psychology: The Science of Happiness and Human Strengths*. Hove: Brunner-Routledge.

Carr, A.T., Harris, D.L. and James, C. (2000) The Derriford Appearance Scale: a new scale to measure individual responses to living with problems of appearance. *British Journal of Health Psychology*, 5: 201–15.

Carr, T., Moss, T. and Harris, D. (2005) The DAS24: A short form of the Derriford Appearance Scale (DAS59) to measure individual responses to living with problems of appearance. *British Journal of Health Psychology*, 10: 285–98.

Cash, T.F. (1992) The psychological effects of androgenetic alopecia in men. *Journal of the American Academy of Dermatology*, 26: 926–31.

Cash, T.F. (1996) The treatment of body image disturbances, in J.K. Thompson (ed.) *Body Image, Eating Disorders, and Obesity: An Integrative Guide for Assessment and Treatment*, pp. 83–107. Washington, DC: APA.

Cash, T.F. (1997) *The Body Image Workbook: An 8-step Programme for Learning to Like your Looks*. Oakland: New Harbinger Publications.

Cash, T.F. (2002a) Beyond traits: assessing body image states, in T.F. Cash and T. Pruzinsky (eds) *Body Image: A Handbook of Theory, Research and Clinical Practice*. London: The Guilford Press.

Cash, T.F. (2002b) Cognitive-behavioral perspectives on body image, in T.F. Cash and T. Pruzinsky (eds) *Body Image: A Handbook of Theory, Research and Clinical Practice*. London: The Guilford Press.

Cash, T.F. (2004) Body image: past, present and future. *Body Image*, 1: 1–5.

Cash, T. and Derlega, V. (1978) The matching hypothesis: physical attractiveness among same-sexed friends. *Personality and Social Psychology Bulletin*, 4: 240–3.

Cash, T.F. and Labarge, A.S. (1996) Development of the Appearance Schemas Inventory: a new cognitive body-image assessment. *Cognitive Therapy and Research*, 20: 37–50.

Cash, T.F. and Lavallee, D.M. (1997) Cognitive-behavioral body-image therapy: further evidence of the efficacy of a self-directed program. *Journal of Rational-Emotive and Cognitive-Behaviour Therapy*, 15: 281–94.

Cash, T. and Pruzinsky, T. (1990) *Body Image: Development, Deviance and Change*. London: The Guilford Press.

Cash, T.F. and Pruzinsky, T. (2002) *Body Image: A Handbook of Theory, Research and Clinical Practice*. London: The Guilford Press.

Cash, T.F. and Pruzinsky, T. (2002) Future challenges for body image theory, research and clinical practice, in T.F. Cash and T. Pruzinsky (eds) *Body Image: A Handbook of Theory, Research and Clinical Practice*, pp. 509–16. London: The Guilford Press.

Cash, T.F. and Strachan, M.D. (2002) Cognitive-behavioral approaches to changing body image, in T.F. Cash and T. Pruzinsky, T. (eds) *Body Image: A Handbook of Theory, Research and Clinical Practice*. London: The Guilford Press.

Cash, T.F., Fleming, E.C., Alindogan, J., Steadman, L. and Whithead, A. (2002) Beyond body image as a trait: the development and validation of the Body Images States Scale. *Eating Disorders: The Journal of Treatment and Prevention*, 10: 103–13.

Cash, T.F., Melnyk, S.E. and Hrabosky, J.I. (2004) The assessment of body image investment: an extensive revision of the Appearance Schemas Inventory. *International Journal of Eating Disorders*, 35: 305–16.

Cash, T.F., Winstead, B.A. and Janda, L.H. (1986) The great American shape-up. *Psychology Today*, 20: 30–7.

Castle, C.M., Skinner, T.C. and Hampson, S.E. (1999) Young women and suntanning: an evaluation of a health education leaflet. *Psychology and Health*, 14: 517–27.

Chaikin, A., Gillen, B., Derlega, V., Heinen, J. and Wilson, M. (1978) Students' reactions to teachers' physical attractiveness and nonverbal behavior: two explanatory studies. *Psychology in the Schools*, 15: 588–95.

Charlton, R., Rumsey, N., Partridge, J., Barlow, J. and Saul, K. (2003) Editorial – Disfigurement – neglected in primary care? *British Journal of Primary Care*, 53: 6–8.

Chaudhary, V. (1996) The state we're in. *The Guardian*, 11 June.

Ching, S., Thomas, A., McCabe, R.E. and Antony, M.M. (2002) Measuring outcomes in aesthetic surgery: a comprehensive review of the literature. *Plastic and Reconstructive Surgery*, 111: 469–80.

Clarke, A. (1999) Psychosocial aspects of facial disfigurement: problems, management and the role of a lay-led organization. *Psychology, Health and Medicine*, 4: 128–41.

Clarke, A. (2001) Managing the psychological aspects of altered appearance: the development of an information resource for people with disfiguring conditions. *Patient Education and Counseling*, 43: 305–9.

Clarke, A. and Butler, P.E.M. (2004) Face transplantation: psychological assessment and preparation for surgery. *Psychology, Health and Medicine*, 9: 315–26.

Clarke, A. and Cooper, C. (2001) Psychological rehabilitation after disfiguring injury or disease: investigating the training needs of specialist nurses. *Journal of Advanced Nursing*, 34: 18–26.

Clarke, A. and Kish, V. (1998) *Exploring Faces Through Fiction*. London: Changing Faces.

Clarke, A., Rumsey, N., Collin, J.R.O. and Wyn-Williams, M. (2003) Psychosocial distress associated with disfiguring eye conditions. *Eye*, 17: 35–40.

Clifford, E. (1973) Psychological aspects of orofacial anomalies: speculations in search of data, in *Orofacial Anomalies: Clinical and Research Implications*. Rockville, MD: American Speech and Hearing Association.

Cline, T., Proto, A., Raval, P. and Di Paolo, T. (1998) The effects of brief exposure and of classroom teaching on attitudes children express towards facial disfigurement in peers. *Educational Research*, 40: 55–68.

Clinical Standards Advisory Group (CSAG) (1998) *Cleft Lip and/or Palate*. London: HMSO.

Cochrane, V.M. and Slade, P. (1999) Appraisal and coping in adults with cleft lip: associations with well-being and social anxiety. *British Journal of Medical Psychology*, 72: 485–503.

Concar, D. (2004) The boldest cut. *New Scientist*, 29 May.

Cook, S. (1939) The judgment of intelligence from photographs. *Journal of Abnormal and Social Psychology*, 23: 33–9.

Cooper, C. (2000) Face on: discovering resilience to disfigurement. *The New Therapist*, 7(3): 31–3.

Cooper, M. (1997) Do interpretive biases maintain eating disorders? *Behaviour Research and Therapy*, 35: 363–5.

Cooper, J.M. and Clarke, A. (1999) *Expert Patients: Who Are They? Lay-led Selfmanagement Programmes: An Additional Resource in the Management of Chronic Illness*, for The Long-Term Medical Conditions Alliance (LMCA). Available at: www.lmca.org.uk/docs/article.htm.

Cooper, R. and Burnside, I. (1996) Three years of an adult burns support group: an analysis. *Burns*, 22: 65–8.

Coopersmith, S. (1967) *Antecedents of Self Esteem*. London: Freeman.

Cotterill, J. and Cunliffe, W. (1997) Suicide in dermatological patients. *British Journal of Dermatology*, 137: 246–50.

Coughlan, G. and Clarke, A. (2002) Shame and burns, in P. Gilbert and J. Miles (eds) *Body Shame*. Hove: Brunner-Routledge.

Coyne, J.C. and Gottlieb, B.H. (1996) The mismeasure of coping by checklist. *Journal of Personality*, 64: 961–91.

Crittenden, P. and Ainsworth, M. (1989) Child maltreatment and attachment theory, in D. Cicchetti and V. Carlson *Child Maltreatment*. New York: Cambridge University Press.

Crozier, W.R. (2001) *Understanding Shyness: Psychological Perspectives*. Basingstoke: Palgrave Macmillan.

Crozier, W.R. and Dimmock, P.S. (1999) Name-calling and nicknames in a sample of primary school children. *British Journal of Educational Psychology*, 69: 505–16.

Cusumano, D. and Thompson, J. (2001) Media influence and body image in 8–11 year old boys and girls: a preliminary report on the Multidimensional Media Influence Scale. *International Journal of Eating Disorders*, 29: 37–44.

Davalbhakta, A. and Hall, P.N. (2000) The impact of antenatal diagnosis on the effectiveness and timing of counselling for cleft lip and palate. *British Journal of Plastic Surgery*, 53: 298–301.

Davis, K. (1995) *Reshaping the Female Body: The Dilemma of Cosmetic Surgery*. London: Routledge.

Dean, C., Chetty, U. and Forrest, A. (1983) Effects of immediate breast reconstruction on psychosocial morbidity after mastectomy. *The Lancet*: 459–62.

Deber, R.B., Kraetschmer, N. and Irvine, J. (1996) What role do patients wish to play in treatment decision making? *Archives of Internal Medicine*, 156: 1414–20.

Dee, J. (2001) *The Complete Guide to Chinese Face Reading*. Cullompton: D & S Books.

Demarest, J. and Allen, R. (2000) Body image: gender, ethnic and age differences. *Journal of Social Psychology*, 140: 465–72.

De Morgan, S., Redman, S., White, K.J., Cakir, B. and Boyages, J. (2002) 'Well, have I got cancer or haven't I?' The psycho-social issues for women diagnosed with ductal carcinoma in situ. *Health Expectations*, 5: 310–8.

Department of Health *Hospital Episode Statistics 2000–2001*. London: Department of Health.

Department of Health (2004) *Choosing Health: Making Healthy Choices Easier–White Paper*. London: Department of Health.

Dew, M., Dunbar-Jacob, J., Switzer, G., DiMartini, A., Stilley, C. and Kormos, R. (2001) Adherence to the medical regimen in transplantation, in J. Rodrigue (ed.) *Biopsychosocial Perspective on Transplantation*. New York: Kluwer Academic.

Dion, K. (1973) Young children's stereotyping of facial attractiveness. *Developmental Psychology*, 9: 183–8.

Dion, K., Berscheid, E. and Walster, E. (1972) What is beautiful is good. *Journal of Personality and Social Psychology*, 24: 285–90.

Dittmar, H., Lloyd, B., Dugan, S., Halliwell, E., Cramer, H. and Jacobs, N. (2001) The 'body beautiful': English adolescents' images of ideal bodies. *Sex Roles*, 42: 887–915.

Donaldson, C. (1996) A study of male body image and the effects of the media. Unpublished BSc dissertation, Manchester Metropolitan University.

Dropkin, M.J. (1989) Coping with disfigurement and dysfunction after head and neck cancer surgery: a conceptual framework. *Seminars in Oncology Nursing*, 5: 213–9.

Dropkin, M.J. (1999) Body image and quality of life after head and neck cancer surgery. *Cancer Practice*, 7: 309–13.

Dropkin, M.J. (2001) Anxiety, coping strategies and coping behaviours in patients undergoing head and neck cancer surgery. *Cancer Nursing*, 24: 143–8.

Duncan, M.J., Al-Nakeeb, Y. and Nevill, A.M. (2004) Body esteem and body fat in British school children from different ethnic groups. *Body Image*, 1: 311–5.

Eagly, A.H., Ashmore, R.D., Makhijani, M.G. and Longo, L.C. (1991) What is beautiful is good, but . . .: a meta analytic review of research on the physical attractiveness stereotype. *Psychological Bulletin*, 110: 109–28.

Eiser, C. (1998) Practitioner review: long-term consequences of childhood cancer. *Journal of Child Psychology and Psychiatry*, 39: 621–33.

Eiserman, W. (2001) Unique outcomes and positive contributions associated with facial difference: expanding research and practice. *Cleft Palate Craniofacial Journal*, 3: 236–44.

Elmendorf, E.N., D'Antonio, L.L. and Hardesty, R.A. (1993) Assessment of the patient with cleft lip and palate. *Clinics in Plastic Surgery*, 20: 607–21.

Emerson, M. and Rumsey, N. (2004) Psychosocial audit off cleft-affected patients. Unpublished conference paper at annual conference of the Craniofacial Society of Great Britain and Ireland, Bath.

Endriga, M.C. and Kapp-Simon, K.A. (1999) Psychological issues in craniofacial care: state of the art. *Cleft Palate-Craniofacial Journal*, 36: 3–9.

Engel, G.L. (1977) The need for a new model: a challenge for biomedicine. *Science*, 196: 129–36.

Etcoff, N. (1999) *Survival of the Prettiest: The Science of Beauty*. London: Little, Brown and Company.

Fabian, L.J. and Thompson, J.K. (1989) Body image and eating disturbance in young females. *International Journal of Eating Disorders*, 8: 63–74.

Fallowfield, L. and Clarke, A. (1991) *Breast Cancer*. London: Routledge.

Farrimond, J. and Morris, M. (2004) Knowing or not knowing before birth: parents' experiences of having a baby with a cleft malformation. Paper presented at the British Psychological Society Division of Health Psychology annual conference, Edinburgh, September 2004.

Feingold, A. (1988) Matching for attractiveness in romantic partners and same sex friends. A meta analysis and theoretical critique. *Psychology Bulletin*, 104: 226–35.

Feingold, A. (1992) Good looking people are not what we think. *Psychological Bulletin*, 111: 304–41.

Feingold, A. and Mazzella, R. (1998) Gender differences in body image are increasing. *Psychological Science*, 9: 190–5.

Festinger, L. (1954) A theory of social comparison processes. *Human Relations*, 7:

117–40.

Field, T. and Vega-Lahr, N. (1984) Early interactions between infants with craniofacial abnormalities and their mothers. *Infant Behavior and Development*, 7: 527–30.

Fisher, S. and Cleveland, B. (1968) *Body Image and Personality*. New York: Dover Publications.

Fortune, D.G., Richards, H.L., Griffiths, C.E.M. and Main, C.J. (2005) Adversarial growth in patients undergoing treatment for psoriasis: a prospective study of the ability of patients to construe benefits from negative events. *Psychology, Health and Medicine*, 10: 44–56.

Fortune, D.G., Richards, H.L., Main, C.J. and Griffiths, C.E.M. (2000) Pathological worrying, illness perceptions and disease severity in patients with psoriasis. *British Journal of Health Psychology*, 5: 71–82.

Fortune, D.G., Richards, H.L, Main, C.J., O'Sullivan, T.M. and Griffiths, C.E.M. (1998) Developing clinical psychology services in an out-patient dermatology clinic: what factors are associated with non-uptake of the service? *Clinical Psychology Forum*, 115: 34–7.

Frances, J. (2000) Providing effective support in school when a child has a disfigurement. *Support for Learning*, 15: 177–82.

Freedman, R. (1986) *Beauty Bound*. Lexington, MA: Heath.

Frith, H. and Gleeson, K. (2004) Clothing and embodiment: men managing body image and appearance. *Psychology of Men and Masculinity*, 5: 40–8.

Frith, H. and Gleeson, K. (2006) (De)constructing body image. *Journal of Health Psychology*, 11(1): 79-90.

Frost, L. (2003) Doing bodies differently? Gender, youth, appearance and damage. *Journal of Youth Studies*, 6: 53–70.

Frost, M.H., Schaid, D.J., Sellars, T.A. et al. (2000) Long-term satisfaction and psychological and social function following bilateral prophylactic mastectomy. *JAMA*, 284: 319–24.

Frost, P. (1994) Preference for darker faces in photographs at different phases of the menstrual cycle: preliminary assessment of evidence for a hormonal relationship. *Perceptual Motor Skills*, 79: 507–14.

Gallagher, P. and MacLachlan, M. (2000) Positive meaning in amputation and thoughts about amputated limb. *Prosthetics and Orthotic International*, 24: 196–204.

Galton, F. (1883) *Inquiries into Human Faculty and Its Development*. London: Macmillan.

Gamba, A., Romano, M., Grosso, I.M., Tamburini, M., Cantu, G., Molinari, R. and Ventafridda, V. (1992) Psychosocial adjustment of patients surgically treated for head and neck cancer. *Head and Neck*, 14: 218–23.

Garner, D.M. (1997) The 1997 body image survey results. *Psychology Today*, 30: 30–44, 75–80, 84.

Gibbons, F.X. (1999) Social comparison as a mediator of response shift. *Social Science and Medicine*, 48: 1517–30.

Gilbert, P. (1997) The evolution of social attractiveness and its role in shame, humiliation, guilt and therapy. *British Journal of Medical Psychology*, 70: 19–22.

Gilbert, P. (2002) Body shame: a biopsychosocial conceptualization and overview, with treatment implications, in P. Gilbert and J. Miles (eds) *Body Shame: Conceptualisation, Research and Treatment*. Hove: Brunner-Routledge.

Gilbert, S. and Miles, J. (eds) (2002) *Body Shame: Conceptualisation, Research and Treatment*. Hove: Brunner-Routledge.

Gilbert, S. and Thompson, J. (2002) Body shame in childhood and adolescence, in P. Gilbert and J. Miles (eds) *Body Shame: Conceptualisation, Research and Treatment*. Hove: Brunner-Routledge.

Ginsburg, I. and Link, B. (1989) Feelings of stigmatization in patients with psoriasis. *Journal of the American Academy of Dermatology*, 20: 53–63.

Gittings, J. (2001) The unwanted: China's abandoned children. August 7th, 2001. *The Guardian*.

Goffman, E. (1963) *Stigma: Notes on the Management of Spoiled Identity*. Englewood Cliffs, NJ: Prentice-Hall.

Grant, P. (1996) If you could change your breasts . . . *Self*, 186–9, 210–11.

Grealy, L. (1994) *In the Mind's Eye: An Autobiography of a Face*. London: Arrow.

Green, J.D. and Sedikides, C. (2001) When do self-schemas shape social perception? The role of descriptive ambiguity. *Motivation and Emotion*, 25: 67–83.

Groesz, L.M., Levine, M.P. and Murnen, S.K. (2002) The effect of experimental presentation of thin media images on body satisfaction: a meta-analytic review. *International Journal of Eating Disorders*, 31: 1–16.

Grogan, S. (1999) *Body Image: Understanding Body Dissatisfaction in Men, Women and Children*. London: Routledge.

Haig-Ferguson, A. (2003) How do blind people construct their concept of body image? Unpublished thesis, University of Bath.

Haiken, E. (2000) The making of the modern face: cosmetic surgery. *Social Research*, 67: 82.

Hall, A. and Fallowfield, L. (1989) Psychological outcome of treatment for early breast cancer: a review. *Stress and Medicine*, 5: 167–75.

Hall, C. (1995) Asian eyes: Body image and eating disorders of Asian and Asian American women. *Eating Disorders: The Journal of Treatment and Prevention*, 3: 8–19.

Halliwell, E. and Dittmar, H. (2003) A qualitative investigation of women's and men's body image concerns and their attitudes towards aging. *Sex Roles*, 49: 675–84.

Halliwell, E. and Dittmar, H. (2004) Does size matter? The impact of model's body size on women's body-focused anxiety and advertising effectiveness. *Journal of Social and Clinical Psychology*, 23: 104–22.

Hamilton-West, K. and Bridle, C. (2004) Effects of written emotional disclosure following residential fire: triple blind randomized controlled trial. Paper presented at the British Psychological Society Division of Health Psychology Annual Conference, Edinburgh, September 2004.

Hanna, K.M. and Jacobs, P. (1993) The use of photography to explore the meaning of health among adolescents with cancer. *Issues in Comprehensive Pediatric Nursing*, 16: 155–64.

Hansen, K., Kreiter, C.D., Rosenbaum, M., Whitaker, D.C. and Arpey, C.J. (2003) Long-term psychological impact and perceived efficacy of pulsed-dye laser therapy for patients with port wine stains. *Dermatological Surgery*, 29: 49–55.

Harcourt, D. and Griffiths, C. (2003) Women's experiences of ductal carcinoma in situ (DCIS). Paper presented at the British Psychological Society Division of Health Psychology Annual Conference, Stafford, September 2003.

Harcourt, D. and Rumsey, N. (2001) Psychological aspects of breast reconstruction: a review of the literature. *Journal of Advanced Nursing*, 35: 477–87.

Harcourt, D. and Rumsey, N. (2004) Mastectomy patients' decision-making for or against immediate breast reconstruction. *Psycho-Oncology*, 13: 106–15.

Harcourt, D., Rumsey, N., Ambler, N., Cawthorn, S.J., Reid, C., Maddox, P., Kenealy, J., Rainsbury, R. and Umpleby, H. (2003) The psychological impact of mastectomy with or without immediate breast reconstruction: a prospective, multi-centred study. *Plastic and Reconstructive Surgery*, 111: 1060–8.

Hari, J. (2003) Plastic surgery won't make you beautiful. *The Independent*, 26 November.

Harris, D. (1997) Types, causes and physical treatment, in R. Lansdown, N. Rumsey, E. Bradbury, T. Carr and J. Partridge (eds) *Visibly Different: Coping with Disfigurement*. Oxford: Butterworth-Heinemann.

Harris, D. and Carr, A. (2001) Prevalence of concern about physical appearance in the general population. *British Journal of Plastic Surgery*, 54: 223–6.

Harter, S. (1999) *The Construction of Self: A Developmental Perspective*. New York: The Guilford Press.

Haste, H. (2004) *My Body, My Self: Young People's Values and Motives About Healthy Living*. London: Nestl Social Research Programme.

Hatcher, M. and Fallowfield, L. (2003) A qualitative study looking at the psychosocial implications of bilateral prophylactic mastectomy. *Breast*, 12: 1–9.

Hatcher, M.B., Fallowfield, L. and A'Hern, R. (2001) The psychosocial impact of bilateral prophylactic mastectomy: prospective study using questionnaires and semi-structured interviews. *BMJ*, 322: 76–9.

Hatfield, E. and Sprecher, S. (1986) *Mirror, Mirror . . . The Importance of Looks on Everyday Life*. New York: SUNY Press.

Hearst, D. and Middleton, J. (1997) Psychological intervention and models of current working practice, in R. Lansdown, N. Rumsey, E. Bradbury, T. Carr and J. Partridge (eds) *Visibly Different: Coping with Disfigurement*. Oxford: Butterworth-Heinemann.

Heason, S.L. (2003) The development of a model of disfigurement: the process of living with vitiligo. Unpublished PhD thesis, University of Sheffield.

Heatherton, T.F., Mahamedi, F., Striepe, M., Field, A.E. and Keel, P. (1997) A 10-year longitudinal study of body weight, dieting and eating disorder symptoms. *Journal of Abnormal Psychology*, 106: 117–25.

Heinberg, L.H. and Thompson, J.K. (1995) Body image and televised images of thinness and attractiveness: a controlled laboratory investigation. *Journal of Social and Clinical Psychology*, 14: 325–38.

Heinrichs, N. and Hofmann, S.G. (2001) Information processing in social phobia: a critical review. *Clinical Psychology Review*, 21: 751–70.

Herskind, A.M., Christensen, K., Juel, K. and Fogh-Anderson, P. (1993) Cleft lip: A risk factor for suicide. Paper presented at the 7th International Congress on cleft palate and related craniofacial anomalies, Australia.

Higgins, E.T. and Brendl, C.M. (1995) Accessibility and applicability: some 'activation rules' influencing judgement. *Journal of Experimental Social Psychology*, 31: 218–43.

Hill, L. and Kennedy, P. (2002) The role of coping strategies in mediating subjective disability in people with psoriasis. *Psychology, Health and Medicine*, 7: 261–9.

Holmes, S. and Hatch, C. (1938) Personal appearance as related to scholastic records and marriage selection in college women. *Human Biology*, 10: 65–76.

Holsen, I., Kraft, P. and Roysamb, E. (2001) The relationship between body image and depressed mood in adolescence: a 5-year longitudinal panel study. *Journal of Health Psychology*, 6: 613–27.

Hopwood, P. and Maguire, G.P. (1988) Body image problems in cancer patients. *British Journal of Psychiatry*, 153: 47–50.

Hopwood, P., Fletcher, I., Lee, A. and Al Ghazal, S. (2001) A body image scale for use with cancer patients. *European Journal of Cancer*, 37: 189–97.

Hopwood, P., Lee, A., Shenton, A., Baildam, A., Brain, A., Lalloo, F., Evans, G. and Howell, A. (2000) Clinical follow-up after bilateral risk reducing ('prophylactic') mastectomy: mental health and body image issues. *Psycho-Oncology*, 9: 462–72.

Horlock, N., Cole, R.P. and Rossi, A.R. (1999) The selection of patients for breast reduction: should health commissions have a say? *British Journal of Plastic Surgery*, 52: 118–21.

Houghton, S., Durkin, K. and Carroll, A. (1995) Children's and adolescents' awareness of the physical and mental health risks associated with tattooing: a focus group study. *Adolescence*, 30: 971–88.

Houston, V. and Bull, R. (1994) Do people avoid sitting next to someone who is facially disfigured? *European Journal of Social Psychology*, 24: 279–84.

Hughes, M. (1998) *The Social Consequences of Facial Disfigurement*. Aldershot: Ashgate Publishing.

Humphreys, P. and Paxton, S.J. (2004) Impact of exposure to idealized male images on adolescent boys' body image. *Body Image*, 1: 253–66.

Hutton, J.M. and Williams, M. (2001) Assessment of psychological issues and needs in the specialties of a large teaching hospital. *Psychology, Health and Medicine*, 6: 313–19.

Iliffee, A. (1960) A study of preferences in feminine beauty. *British Journal of Psychology*, 51: 267–73.

Jackman, L.P., Williamson, D.A., Netemeyer, R.G. and Anderson, D.A. (1995) Do weight preoccupied women misinterpret ambiguous stimuli related to body size? *Cognitive Therapy and Research*, 19: 341–55.

Joachim, G. and Acorn, S. (2003) Life with a rare chronic disease: the scleroderma experience. *Journal of Advanced Nursing*, 42: 598–606.

Johnson, S., Burrows, A. and Williamson, I. (2004) 'Does my bump look big in this?' The meaning of bodily changes for first-time mothers-to-be. *Journal of Health Psychology*, 9: 361–74.

Johnston, O., Reilly, J. and Kremer, J. (2004) Women's experiences of appearance concern and body control across the lifespan: challenging accepted wisdom. *Journal of Health Psychology*, 9: 397–410.

Jones, D. and Hill, K. (1993) Criteria of physical attractiveness in five populations. *Human Nature*, 4: 271–96.

Jones, E.E., Farina, A., Hastorf, A.H., Markus, H., Miller, D.T., Scott, R.A. and de S. French, R. (1984) *Social Stigma: The Psychology of Marked Relationships*. New York: W. H. Freeman and Company.

Jones, J.L. and Leary, M.R. (1994) Effects of appearance-based admonitions against sun-exposure on tanning intentions in young adults. *Health Psychology*, 13: 86–90.

Jowett, S. and Ryan, T. (1985) Skin disease and handicap: an analysis of the impact of skin conditions. *Social Science and Medicine*, 20: 425–9.

Kapp-Simon, K.A. (1995) Psychological interventions for the adolescent with cleft lip and palate. *Cleft Palate Craniofacial Journal*, 32: 104–8.

Kapp-Simon, K.A. and Dawson, P. (1998) Behavior adjustment and competence of children with craniofacial conditions. Paper presented at the Annual Meeting of the American Cleft-Palate Craniofacial Association, Baltimore, April 1998.

Kapp-Simon, K.A. and McGuire, D. (1997) Observed social interaction patterns in adolescents with and without craniofacial conditions. *Cleft Palate Craniofacial Journal*, 34: 380–4.

Kapp-Simon, K.A., Simon, D.J. and Kristovitch, S. (1992) Self-perception, social skill, adjustment and inhibition in young adolescents with craniofacial anomalies. *Cleft Palate Craniofacial Journal*, 29: 352–7.

Kearney-Cooke, A. (2002) Familial influences on body image development, in T.F. Cash and T. Pruzinsky (eds) *Body Image: A Handbook of Theory, Research and Clinical Practice*. New York: The Guilford Press.

Kellett, S. (2002) Shame-fused acne: a biopsychosocial conceptualization and treatment rationale, in P. Gilbert and J. Miles (eds) *Body Shame*. Hove: Brunner-Routledge.

Kemp, S., Bruce, V. and Linney, A. (2004) *Future Face: Image, Identity, Innovation*. London: Profile Books.

Kennedy, I. (1988) The technological imperative and its application in health care, in *Treat Me Right: Essays in Medicine, Law and Ethics*. Oxford: Clarendon Press.

Kent, G. (1999) Correlates of perceived stigma in vitiligo. *Psychology and Health*, 14: 241–52.

Kent, G. (2000) Understanding the experiences of people with disfigurements: an integration of four models of social and psychological functioning. *Psychology, Health and Medicine*, 5: 117–29.

Kent, G. (2002) Testing a model of disfigurement: effects of a skin camouflage service on well-being and appearance anxiety. *Psychology and Health*, 17: 377–86.

Kent, G. and Keahone, S. (2001) Social anxiety and disfigurement: the moderating effects of fear of negative evaluation and past experience. *British Journal of Clinical Psychology*, 40: 23–34.

Kent, G. and Thompson, A.R. (2002) The development and maintenance of shame in disfigurement: Implications for treatment, in P. Gilbert and J. Miles (eds) *Body Shame*. Hove: Brunner-Routledge.

King, M.T., Kenny, P., Shiell, A., Hall, J. and Boyages, J. (2000) Quality of life three months and one year after first treatment for early-stage breast cancer: influence of treatment and patient characteristics. *Quality of Life Research*, 9: 789–800.

Kish, V. and Lansdown, R. (2000) Meeting the psychosocial impact of facial disfigurement: developing a clinical service for children and families. *Clinical Child Psychology and Psychiatry*, 5: 497–511.

Klassen, A., Fitzpatrick, R., Jenkinson, C. and Goodacre, T. (1996) Patients' healthrelated quality of life before and after aesthetic surgery. *British Journal of Plastic Surgery*, 49: 433–8.

Kleck, R. and Strenta, A. (1980) Perceptions of the impact of negatively valued physical characteristics on social interaction. *Journal of Personality and Social Psychology*, 39: 861–73.

Kleinke, C. (1974) *First Impressions: The Psychology of Encountering Others*. Englewood Cliffs, NJ: Prentice Hall.

Kleve, L. and Robinson, E. (1999) A survey of psychological need amongst adult burn-injured patients. *Burns*, 25: 575–9.

Kleve, L., Rumsey, N., Wyn-Williams, M. and White, P. (2002) The effectiveness of cognitive-behavioural interventions provided at Outlook: a disfigurement support unit. *Journal of Evaluation in Clinical Practice*, 8: 387–95.

Kligman, A. (1989) Psychological aspects of skin disorders in the elderly. *Cutis*, 43: 498–501.

Koo, J. (1995) The psychosocial impact of acne: patients' perceptions. *Journal of the American Academy of Dermatology*, 32: 26–30.

Krueckeberg, S., Kapp-Simon, K. and Ribordy, S. (1993) Social skills of preschoolers with and without craniofacial anomalies. *Cleft Palate Craniofacial Journal*, 30(5): 475–81.

Lakoff, R. and Scherr, R. (1984) *Face Value: The Politics of Beauty*. Boston: Routledge and Kegan Paul.

Lander, E. (1992) Winding your way through DNA. Symposium, University of California, San Francisco. Available at: www.accessexcellence.org/RC/CC/ lander.html.

Langer, E., Fiske, S., Taylor, S. and Chanowitz, B. (1976) Stigma, staring and discomfort: a novel-stimulus hypothesis. *Journal of Experimental Social Psychology*, 12: 451–63.

Langlois, J. (1986) From the eye of the beholder to behavioral reality: development of social behaviors and social relations as a function of physical attractiveness, in C. Herman, M. Zanna and E. Higgins (eds) *Physical Appearance, Stigma, and Social Behavior*. Hillsdale, NJ: Lawrence Erlbaum.

Langlois, J.H., Kalakanis, L., Rubenstein, A.J., Larson, A., Hallam, M. and Smoot, M. (2000) Maxims or myths of beauty? A meta-analytic and theoretical review. *Psychological Bulletin*, 126: 390–423.

Lanigan, S. and Cotterill, J. (1989) Psychological disabilities amongst patients with port wine stains. *British Journal of Dermatology*, 121: 451–63.

Lansdown, R. (1976) *The Psychological Management of Children with a Facial Deformity*. (Available from the author, The Hospital for Sick Children, Great Ormond Street, London, UK.)

Lansdown, R., Rumsey, N., Bradbury, E., Carr, T. and Partridge, J. (1997) *Visibly Different: Coping with Disfigurement*. Oxford: Butterworth-Heinemann.

Lavater, J.C. (1789) *Essays on Physiognomy*. London: Thomas Tegg.

Leary, M. (1990) Responses to social exclusion: social anxiety, jealousy, loneliness, depression and low self-esteem. *Journal of Social and Clinical Psychology*, 9: 221–9.

Leary, M., Rapp, S., Herbst, K., Exum, M. and Feldman, S. (1998) Interpersonal concerns and psychological difficulties of psoriasis patients: effects of disease severity and fear of negative evaluation. *Health Psychology*, 17: 1–7.

Leary, M.R., Tchividjian, L.R. and Kraxberger, B.E. (1994) Self-presentation can be hazardous to your health: impression management and health risk. *Health Psychology*, 13: 461–70.

Lee, C. and Owens, R.G. (2002) *The Psychology of Men's Health*. Buckingham: Open University Press.

Leventhal, H., Meyer, D. and Nerenz, D. (1980) The commonsense representations of illness danger, in S. Rachman (ed.) *Medical Psychology*, Vol. 11. New York: Pergamon.

Levine, R.M. (1999) Identity and illness: the effects of identity salience and frame of reference of illness and injury. *British Journal of Health Psychology*, 4: 63–80.

Levine, M.P. and Smolak, L. (1992) Toward a developmental model of the psychopathology of eating disorders: the example of early adolescence, in J.H. Crowther, S.E. Hobfoll, D.L. Tennenbaum and M.A.P. Stephens (eds) *The Eitiology of Bulimia Nervosa: The Individual and Family Context*, pp. 59–80. Washington, DC: Hemisphere.

Levine, M.P. and Smolak, L. (1996) Media as a context for the development of disordered eating, in L. Smolak and M.P. Levine (eds) *The Developmental Psychopathology of Eating Disorders: Implications for Research, Prevention and Treatment*, pp. 235–57. Mahwah, NJ: Lawrence Erlbaum.

Levine, M.P. and Smolak, L. (2002) Body image development in adolescence. In T. Cash and T. Pruzinsky (eds) *Body Image: A Handbook of Theory, Research and Clinical Practice*, pp. 74–82. London: The Guilford Press.

Linney, A. (2004) Perils of Perfection, in *Secrets of the Face Supplement to New Scientist*, 2nd October, 2004, 6–7.

Liossi, C. (2003) Appearance related concerns across the general and clinical populations. Unpublished thesis, City University, London.

Lockhart, J.S. (1999) Nurses' perceptions of head and neck oncology patients and surgery: severity of facial disfigurement and patient gender. *Head and Neck Nursing*, 17: 12–25.

Lorig, K., Sobel, D.S., Stewart, A.L. et al. (1999) Evidence suggesting that a chronic disease self-management programme can improve health status while reducing hospitalisation: a randomised trial. *Medical Care*, 1: 5–14.

Love, B., Bryne, C., Roberts, J., Browne, G. and Brown, B. et al. (1987) Adult psychosocial adjustment following childhood injury: the effect of disfigurement. *Journal of Burn Care Rehabilitation*, 8: 280–5.

Lovegrove, E. (2002) Adolescence: Appearance and anti-bullying strategies, Unpublished PhD thesis, University of the West of England, UK.

Lovegrove, E. and Rumsey, N. (2005) Ignoring it doesn't make it stop: adolescents, appearance and anti-bullying strategies. *Cleft Palate-Craniofacial Journal*, 42: 33–44.

Lucker, G., Graber, L. and Pietromonaco, P. (1981) The importance of dentofacial appearance in facial esthetics: a signal detection approach. *Basic and Applied Psychology*, 2: 261–74.

MacGregor, F.C. (1970) Social and psychological implications of dentofacial disfigurement. *Angle Orthodontics*, 40: 231–3.

MacGregor, F.C. (1974) *Transformation and Identity: The Face and Plastic Surgery*. New York: Quadrangle/New York Times Books.

MacGregor, F.C. (1979) *After Plastic Surgery: Adaptation and Adjustment*. New York: Praeger.

MacGregor, F.C. (1989) Social, psychological and cultural dimensions of cosmetic and reconstructive plastic surgery. *Aesthetic Plastic Surgery*, 13: 1–8.

MacGregor, F.C. (1990) Facial disfigurement: problems and management of social interaction and implications for mental health. *Aesthetic Plastic Surgery*, 14: 249–57.

MacGregor, F.C., Abel, T.M., Bryt, A., Laver, E. and Weissman, S. (1953) *Facial Deformities and Plastic Surgery*. Springfield, IL: Thomas.

MacLachlan, M. (2004) *Embodiment: Clinical, Critical and Cultural Perspectives on Health and Illness*. Maidenhead: Open University Press.

Maddern, L. and Emerson, M. (2002) Outcomes of a psychological intervention for children with different appearance. Paper presented to the Annual Scientific Meeting of the Craniofacial Society of Great Britain and Ireland, East Grinstead, April 2002.

Maddern, L. and Owen, T. (2004) The Outlook summer group: a social skills workshop for children with a different appearance who are transferring to secondary school. *Clinical Psychology*, 33: 25–9.

Malt, U. and Ugland, O. (1989) A long-term psychosocial follow-up study of burned adults. *Acta Psychiatr. Scand. Suppl*, 355: 94–102.

Marks, D.F., Murray, M., Evans, B. and Willig, C. (2000) *Health Psychology: Theory, Research and Practice*. London: SAGE Publications.

Markus, H. (1977) Self-schemata and processing information about the self. *Journal of Personality and Social Psychology*, 35: 63–78.

Martin, C.R. and Newell, R. (2004) Factor structure of the Hospital Anxiety and Depression Scale in individuals with facial disfigurement. *Psychology, Health and Medicine*, 9: 327–36.

Matthews, M., Cohen, M., Viglione, M. and Brown, A. (1998) Prenatal counseling for cleft lip and palate. *Plastic and Reconstructive Surgery*, 101: 1–5.

McArthur, L. (1982) Judging a book by its cover: a cognitive analysis of the relationship between physical appearance and stereotyping, in A. Hastorf and A. Isen (eds) *Cognitive Social Psychology*. New York: Elsevier.

McCabe, M.P. and Ricciardelli, L.A. (2003) A longitudinal study of body change strategies among adolescent males. *Journal of Youth and Adolescence*, 32: 105–13.

McGarvey, E.L., Baum, L.D., Pinkerton, R.C. and Rogers, L.M. (2001) Psychological sequelae and alopecia among women with cancer. *Cancer Practice*, 9: 283–9.

McGrouther, D.A. (1997) Facial disfigurement. *BMJ*, 314: 991.

Melynk, S.E., Cash, T.F. and Janda, L.H. (2004) Body image ups and downs: prediction of intra-individual level and variability of women's daily body image experiences. *Body Image*, 1: 225–35.

Meyers-Paal, R., Blakeney, P., Robert, R., Murphy. L., Chinkers, D., Meyer, W., Desai, M. and Hendon, D. (2000) Physical and psychologic rehabilitation outcomes or pediatric patients who suffer 80% or more TBSA, 70% or more 3nd degree burns. *Journal of Burn Care Rehabilitation*, 21: 43–9.

Meyerson, M.D. (2001) Resiliency and success in adults with moebius syndrome. *Cleft Palate Craniofacial Journal*, 38: 232–5.

Miles, J. (2002) Psoriasis: the role of shame on quality of life, in P. Gilbert and J. Miles (eds) *Body Shame*, pp. 119–34. Hove: Brunner-Routledge.

Mintz, L.B. and Betz, N.E. (1986) Sex differences in the nature, realism and correlates of body image. *Sex Roles*, 15: 185–95.

Montepare, J.M. (1996) An assessment of adults' perceptions of their psychological, physical and social age. *Journal of Clinical Geropsychology*, 2: 117–28.

Morris, P., Bradley, A., Doyal, L., Earley, M., Hagan, P., Milling, M. and Rumsey, N. (2004) Facial transplantation: is the time right? *Transplantation*, 77: 329–38.

Moss, T. (1997) Individual variation in adjusting to visible differences, in R. Lansdown,

N. Rumsey, E. Bradbury, T. Carr and J. Partridge (eds) *Visibly Different: Coping with Disfigurement*. Oxford: Butterworth-Heinemann.

Moss, T. (2005) The relationship between objective and subjective ratings of disfigurement severity, and psychological adjustment. *Body Image: An International Journal of Research*, 2: 151–9.

Moss, T. and Carr, T. (2004) Understanding adjustment to disfigurement: the role of the self-concept. *Psychology and Health*, 19: 737–48.

Mouradian, W.E. (2001) Deficits versus strengths: ethics and implications for clinical practice and research. *Cleft Palate Craniofacial Journal*, 38: 255–9.

Moyer, A. (1997) Psychological outcomes of breast-conserving surgery versus mastectomy: a meta-analytic review. *Health Psychology*, 16: 284–98.

Munro, I. (1981) The psychological effects of surgical treatment of facial deformity, in G. Lucker, K. Ribbens and J. McNamara (eds) *Psychological Aspects of Facial Form*. Ann Arbor: University of Michigan Press.

Murphy, T. and Lappe, M. (eds) (1994) *Justice and the Human Genome Project*. Berkeley: University of California Press.

Murstein, B. (1972) Physical attractiveness and marital choice. *Journal of Personality and Social Psychology*, 22: 8–12.

National Breast Implant Registry (2004) *Annual Report 2002*. Salisbury: National Breast Implant Registry.

National Burns Care Review Committee (2001) *Standards and Strategies for Burn Care: A Review of Burn Care in the British Isles*. British Association of Plastic Surgeons.

Navon, L. and Morag, A. (2003) Advanced prostate cancer patients' relationships with their spouses following hormonal therapy. *European Journal of Oncology Nursing*, 7: 73–80.

Newell, R.J. (2000a) *Body Image and Disfigurement Care*. London: Routledge.

Newell, R.J. (2000b) Psychological difficulties amongst plastic surgery ex-patients following surgery to the face: a survey. *British Journal of Plastic Surgery*, 53: 386–92.

Newell, R.J. and Clarke, M. (2000) Evaluation of a self-help leaflet in treatment of social difficulties following facial disfigurement. *International Journal of Nursing Studies*, 37: 381–8.

NHS Executive (1996) *Improving Outcomes in Breast Cancer: The Research Evidence*. London: Department of Health.

Norton, K.I., Olds, T.S., Olive, S. and Dank, S. (1996) Health concerns of artistic women gymnasts. *Sports Medicine*, 21: 321–5.

Novak, D.W. and Lerner, M.J. (1968) Rejection as a consequence of perceived similarity. *Journal of Personality and Social Psychology*, 9: 147–52.

O'Gorman, E.C. and McCrum, B. (1988) A comparison of the self-perceptions of women who have undergone mastectomy with those receiving breast reconstruction. *Irish Journal of Psychological Medicine*, 5: 26–31.

Oberle, K. and Allen, M. (1994) Breast augmentation surgery: a women's health issue. *Journal of Advanced Nursing*, 20: 844–52.

Ogden, J. (1992) *Fat Chance: The Myth of Dieting Explained*. London: Routledge.

Ogden, J. (2004) *Health Psychology*. Maidenhead: Open University Press.

Orr, D.A., Reznikoff, M. and Smith, G.M. (1989) Body image, self esteem and depression in burn-injured adolescents and young adults. *Journal of Burn Care and Rehabiltation*, 10: 454–61.

Papadopoulos, L. and Bor, R. (1999) *Psychological Approaches to Dermatology*. Leicester: BPS Books.

Papadopoulos, L., Bor, R. and Legg, C. (1999a) Coping with the disfiguring effects of vitiligo: a preliminary investigation into the effects of cognitive-behavioural therapy. *British Journal of Medical Psychology*, 72: 385–96.

Papadopoulos, L., Bor, R. and Legg, C. (1999b) Psychological factors in cutaneous disease: an overview of research. *Psychology, Health and Medicine*, 4: 107–26.

Papadopoulos, L., Bor, R., Legg, C. and Hawk, J.L.M. (1998) Impact of life events on the onset of vitiligo in adults: preliminary evidence for a psychological dimension in aetiology. *Clinical and Experimental Dermatology*, 23: 243–8.

Papadopoulos, L., Bor, R., Walker, C., Flaxman, P. and Legg, C. (2002) Different shades of meaning: illness beliefs among vitiligo sufferers. *Psychology, Health and Medicine*, 7: 425–33.

Partridge, J. (1990) *Changing Faces*. London: Penguin.

Partridge, J. (1999) Then and now: reflections on burn care past, present and future: towards a new paradigm of language and care. *Burns*, 25: 739–44.

Partridge, J. and Nash, P. (1997) The role of support groups, in R. Lansdown, N. Rumsey, E. Bradbury, T. Carr and J. Partridge (eds) *Visibly Different: Coping with Disfigurement*. Oxford: Butterworth-Heinemann.

Partridge, J. and Robinson, E. (1995) Psychological and social aspects of burns. *Burns*, 21: 453–7.

Partridge, J. and Rumsey, N. (2003) Skin scarring: new insights may make adjustment easier. *BMJ*, 326: 765.

Partridge, J., Rumsey, N. and Robinson, E. (1997) An evaluation of a pilot disfigurement support unit. Report for the Nuffield Provincial Hospital Trust.

Payne, D.K., Biggs, C., Tran, K.N., Borgen, P.I. and Massie, M.J. (2000) Women's regrets after bilateral prophylactic mastectomy. *Annals of Surgical Oncology*, 7:

150–4.

Pendley, J.S., Dahlquist, L.M. and Dreyer, Z. (1997) Body image and psychosocial adjustment in adolescent cancer survivors. *Journal of Pediatric Psychology*, 22: 29–43.

Penton-Voak, I.S. and Perrett, D.I. (2000a) Consistency and individual differences in facial attractiveness judgements – an evolutionary perspective. *Social Research*, 67: 219–44.

Penton-Voak, I.S. and Perrett, D.I. (2000b) Female preference for male faces changes cyclically – further evidence. *Evolution and Human Behaviour*, 20: 295–307

Perrett, D.I. and Moore, F. (2004) Face Values. *New Scientist*.

Perrin, F. (1921) Physical attractiveness and repulsiveness. *Journal of Experimental Psychology*, 4: 203–17.

Pertschuk, M.J., Sarwer, D.B., Wadden, T.A. and Whitaker, L.A. (1998) Body image dissatisfaction in male cosmetic surgery patients. *Aesthetic Plastic Surgery*, 22: 20–4.

Peter, J. and Chinsky, R. (1974) Sociological aspects of cleft palate adults: 1 marriage. *Cleft Palate Journal*, 11: 295–309.

Phillips, K.A. (2002) Body image and body dysmorphic disorder, in T.F. Cash and T. Pruzinsky (eds) *Body Image: A Handbook of Theory, Research and Clinical Practice*. London: The Guilford Press.

Pickering, P. (1991) Ethics and the human genome. *Bulletin of Medical Ethics*, Oct 1991, 25–31.

Piff, C. (1998) Body image: a patient's perspective. *British Journal of Theatre Nursing*, 8: 13–4.

Pillemer, F. and Cook, K. (1989) The psychosocial adjustment of pediatric craniofacial patients after surgery. *Cleft Palate and Craniofacial Journal*, 26: 207.

Pope, A.W. (1999) Points of risk and opportunity for parents of children with craniofacial conditions. *Cleft Palate Craniofacial Journal*, 36: 36–9.

Pope, A.W. and Ward, J. (1997) Self perceived facial appearance and psychosocial adjustment in preadolescents with craniofacial anomalies. *Cleft Palate Craniofacial Journal*, 34: 396–401.

Porter, J.R., Beuf, A.H., Lerner, A. and Nordlund, J. (1986) Psychosocial effect of vitiligo: a comparison of vitiligo patients with 'normal' control subjects, with psoriasis patients, and with patients with other pigmentary disorders. *Journal of the American Academy of Dermatology*, 15: 220–4.

Porter, J.R., Beuf, A.H., Lerner, A. and Nordlund, J. (1990) The effects of vitiligo on sexual relationships. *Journal of the American Academy of Dermatology*, 22: 221–2.

Price, B. (1990) *Body Image: Nursing Concepts and Care*. Englewood Cliffs, NJ: Prentice Hall.

Price, B. (1992) Living with altered body image: the cancer experience. *British Journal of Nursing*, 1: 641–5.

Prokhorov, A., Perry, C., Kelder, S. and Kleep, K. (1993) Lifestyle values of adolescents: results from the Minnesota Heart Health Youth Program. *Adolescence*, 28: 637–47.

Pruzinsky, T. (2002) Body image adaptation to reconstructive surgery for acquired disfigurement, in T.F. Cash and T. Pruzinsky (eds) *Body Image: A Handbook of Theory, Research and Clinical Practice*, pp. 440–9. London: The Guilford Press.

Pruzinsky, T. (2004) Enhancing quality of life in medical populations: a vision for body image assessment and rehabilitation as standards of care. *Body Image*, 1: 71–81.

Pruzinsky, T. and Cash, T.F. (2002) Understanding body images: historical and contemporary perspectives, in T.F. Cash and T. Pruzinsky (eds) *Body Image: A Handbook of Theory, Research and Clinical Practice*, pp. 3–12. London: The Guilford Press.

Prynn, J. (2004) Whisper it . . . but men are joining the slimming set. *Evening Standard*, 4 November.

Radley, A. (2001) Using photography in health-related research. *Health Psychology Update*, 10: 3–5.

Ramsey, B. and O'Reagan, M. (1988) A survey of the social and psychological effects of psoriasis. *British Journal of Dermatology*, 118: 195–201.

Rapp, S., Exum, M.L., Reboussin, D.M., Feldman, S.R., Fleischer, A. and Clark, A. (1997) The physical, psychological and social impact of psoriasis. *Journal of Health Psychology*, 2: 525–37.

Reaby, L.L. (1998) The quality and coping patterns of women's decision-making regarding breast cancer surgery. *Psycho-Oncology*, 7: 252–62.

Reaby, L.L. and Hort, L.K. (1995) Postmastectomy attitudes in women who wear external breast prostheses compared to those who have undergone breast reconstruction. *Journal of Behavioural Medicine*, 18: 55–67.

Richman, L. and Millard, T. (1997) Cleft lip and palate: longitudinal behaviour and relationships to behaviour and achievement. *Journal of Paediatric Psychology*, 22: 487–94.

Rieves, L. and Cash, T.F. (1996) Social developmental factors and women's body image attitudes. *Journal of Social Behavior and Personality*, 11: 63–78.

Rizvi, S.L., Stice, E. and Agras, W.S. (1999) Natural history of disordered eating attitudes and behaviours over a 6-year period. *International Journal of Eating Disorders*, 26: 406–13.

Roberts-Harry, D. (1997) Anthropometry: the physical measurement of visible differences, in R. Lansdown, N. Rumsey, E. Bradbury, T. Carr and J. Partridge (eds) *Visibly Different: Coping with Disfigurement.* Oxford: Butterworth-Heinemann.

Robinson, E. (1997) Psychological research on visible differences in adults, in R. Lansdown, N. Rumsey, E. Bradbury, T. Carr and J. Partridge (1997) *Visibly Different: Coping with Disfigurement.* Oxford: Butterworth-Heinemann.

Robinson, E., Rumsey, N. and Partridge, J. (1996) An evaluation of the impact of social interaction skills training for facially disfigured people. *British Journal of Plastic Surgery,* 49: 281–9.

Robson, C. (2002) *Real World Research.* Oxford: Blackwell.

Rodin, J., Silberstein, L. and Streigel Moore, R. (1985) Women and weight: a normative discontent, in T. Sonderegger (ed.) *Nebraska Symposium on Motivation, 32: Psychology and Gender,* pp. 267–308. Lincoln: University of Nebraska Press.

Rosen, M.C., Orosan-Weine, P. and Tang, T. (1997) Critical experiences in the development of body image. *Eating Disorders: The Journal of Prevention and Treatment,* 5: 151–204.

Rosman, S. (2004) Cancer and stigma: experience of patients with chemotherapy-induced alopecia. *Patient Education and Counselling,* 52: 333–9.

Rowland, J. (1990) Developmental stage and adaptation: child and adolescent model, in J.C. Holland and J. H. Rowland (eds) *Handbook of Psycho-oncology.* Oxford: Oxford University Press.

Royal College of Surgeons of England (2003) *Facial Transplantation: Working Party Report.* London: Royal College of Surgeons of England.

Rucker, C.E. III and Cash, T.F. (1992) Body images, body-size perceptions, and eating behaviors among African-American and white college women. *International Journal of Eating Disorders,* 12: 291–9.

Rumsey, N. (1983) Psychological problems associated with facial disfigurement. Unpublished doctoral thesis, North East London Polytechnic, London.

Rumsey, N. (1997) Historical and anthropological perspectives on appearance, in R. Lansdown, N. Rumsey, E. Bradbury, T. Carr and J. Partridge (1997) *Visibly Different: Coping With Disfigurement.* Oxford: Butterworth-Heinemann.

Rumsey, N. (2002a) Optimizing body image in disfiguring congenital conditions: surgical and psychosocial interventions, in T.F. Cash and T. Pruzinksy (eds) *Body Image: A Handbook of Theory, Research and Clinical Practice.* London: The Guilford Press.

Rumsey, N. (2002b) Body image and congenital conditions with visible differences, in T.F. Cash and T. Pruzinksy (eds) *Body Image: A Handbook of Theory, Research and Clinical Practice.* London: The Guilford Press.

Rumsey, N. (2004) Psychological aspects of face transplantation: read the small print carefully. *American Journal of Bioethics*, 4: 10–13.

Rumsey, N. and Harcourt, D. (2004) Body image and disfigurement: issues and interventions. *Body Image*, 1: 83–97.

Rumsey, N., Bull, R. and Gahagan, D. (1982) The effect of facial disfigurement on the proxemic behaviour of the general public. *Journal of Applied Social Psychology*, 12: 137–50.

Rumsey, N., Bull, R. and Gahagan, D. (1986) A preliminary study of the potential social skills for improving the quality of social interaction for the facially disfigured. *Social Behaviour*, 1: 143–5.

Rumsey, N., Clarke, A. and Musa, M. (2002) Altered body image: the psychosocial needs of patients. *British Journal of Community Nursing*, 7: 563–6.

Rumsey, N., Clarke, A. and White, P. (2003a) Exploring the psychosocial concerns of outpatients with disfiguring conditions. *Journal of Wound Care*, 12: 247–52.

Rumsey, N., Clarke, A., White, P. and Hooper, E. (2003b) Investigating the appearance-related concerns of people with hand injuries. *British Journal of Hand Therapy*, 8: 57–61.

Rumsey, N., Clarke, A., White, P., Wyn-Williams, M. and Garlick, W. (2004) Altered body image: appearance-related concerns of people with visible disfigurement. *Journal of Advanced Nursing*, 48: 443–53.

Rusch, M.D., Grunert, B.K., Sanger, J.R., Dzwierzynski, W.W. and Matloub, H.S. (2000) Psychological adjustment in children after traumatic disfiguring injuries: a 12 month follow-up. *Plastic and Reconstructive Surgery*, 106: 1451–8.

Rutzen, S. (1973) The social importance of orthodontic rehabilitation: report of a 5 year follow-up study. *Journal of Health and Social Behavior*, 14: 233–40.

Sambler, G. and Hopkins, A. (1986) Being epileptic: coming to terms with stigma. *Sociology of Health and Illness*, 8: 26–43.

Santrock, J.W. (2001) *Adolescence*. New York: McGraw-Hill.

Sarwer, D.B. (2002) Cosmetic surgery and changes in body image, in T.F. Cash and T. Pruzinsky (eds) *Body Image: A Handbook of Theory, Research and Clinical Practice*. London: The Guilford Press.

Sarwer, D.B. and Crerand, C.E. (2004) Body image and cosmetic medical treatments. *Body Image*, 1: 99–111.

Sarwer, D.B., Wadden, T.A., Pertschuk, M.J. and Whitaker, L.A. (1998) The psychology of cosmetic surgery: a review and reconceptualisation. *Clinical Psychology Review*, 18: 1–22.

Sarwer, D.B., Wadden, T.A., Pertschuk, M.J. and Whitaker, L.A. (1997) Body image dissatisfaction and body dysmorphic disorder in 100 cosmetic surgery patients.

Plastic and Reconstructive Surgery, 101: 1644–9.

Schilder, P. (1935) *The Image and Appearance of the Human Body*. New York: International Universities Press.

Schwartz, M.B. and Brownell, K.D. (2004) Obesity and body image. *Body Image*, 1: 43–56.

Searle, A., Vedhara, V., Norman, P., Frost, A. and Harrad, R. (2000) Compliance with eye patching in children and its psychosocial effects: a qualitative application of protection motivation theory. *Psychology, Health and Medicine*, 5: 43–54.

Secord, P. (1958) Facial features and interference processes in interpersonal attraction, in R. Tagiuiri and L. Petrullo (eds) *Person Perception and Interpersonal Behavior*. Stanford, CA: Stanford University Press.

Seligman, M. (1998) *Learned Optimism: How to Change Your Mind and Your Life*. New York: Pocket Books.

Shakespeare, V. and Cole, R.P. (1997) Measuring patient-based outcomes in a plastic surgery service: breast reduction surgical patients. *British Journal of Plastic Surgery*, 50: 242–8.

Shaw, W. (1981) The influence of children's dentofacial appearance on their social attractiveness as judged by peers and lay adults. *American Journal of Orthodontics*, 79: 399–415.

Sheerin, D., Macleod, M. and Kusumakar, V. (1995) Psychosocial adjustment in children with port-wine stains and prominent ears. *Journal of the American Academy of Child and Adolescent Psychiatry*, 34: 1637–47.

Shepherd, J.P. (1989) Surgical, socio-economic and forensic aspects of assault: a review. *British Journal of Oral and Maxillofacial Surgery*, 27: 89–98.

Sigall, H. and Aronson, E. (1969) Liking for an evaluator as a function of her physical attractiveness and nature of the evaluation. *Journal of Experimental Social Psychology*, 5: 93–100.

Smith, P. (1999) *The nature of school bullying: A cross national perspective*. London: Routledge.

Smolak, L. (2004) Body image in children and adolescents: where do we go from here? *Body Image*, 1: 15–28.

Smolak, L., Levine, M.P. and Schermer, F. (1998) A controlled evaluation of an elementary primary school prevention program for eating problems. *Journal of Psychosomatic Research*, 44: 339–54.

Smolak, L., Levine, M.P. and Schermer, F. (1999) Parental input and weight concerns among elementary school children. *International Journal of Eating Disorders*, 25: 263–71.

Somerfield, M. (1997) The utility of systems models of stress and coping for applied research: the case of cancer adaptation. *Journal of Health Psychology*, 2: 133–51.

Speltz, M., Goodell, E., Endriga, M. and Clarren, S. (1994) Feeding interactions of infants with unrepaired cleft lip and/or palate. *Infant Behavior Development*, 17: 131–40.

Speltz, M., Norton, K., Goodell, E. and Clarren, S. (1993) Psychological functioning of children with craniofacial anomalies and their mothers: follow up from late infancy to school-entry. *Cleft Palate Journal*, 30: 482–9.

Spicer, J. (2002) Appearance-related concern in older adults with skin disorder: an exploratory study. Unpublished doctoral thesis, Exeter University.

Spira, M., Chizen, J., Gerow, F. and Hardy, S. (1966) Plastic surgery in the Texas prison system. *British Journal of Plastic Surgery*, 19: 364–71.

Stanford, J.N. and McCabe, M.P. (2002) Body image ideal among males and females: sociocultural influences and focus on different body parts. *Journal of Health Psychology*, 7: 675–84.

Starr, P. (1980) Facial attractiveness and behavior of patients with cleft lip and/or palate. *Psychological Reports*, 46: 579–82.

Stephan, C. and Langlois, J. (1984) Baby beautiful: adult attributions of infant competence as a function of infant attractiveness. *Child Development*, 55: 576–85.

Stormer, S.M. and Thompson, J.K. (1996) Explanations of body image disturbance: a test of maturational status, negative verbal commentary, social comparison and sociocultural hypotheses. *International Journal of Eating Disorders*, 19: 193–202.

Strauss, R.P. (1985) Culture, rehabilitation and facial birth defects: international case studies. *Cleft Palate Craniofacial Journal*, 21: 56–62.

Strauss, R.P. (2001) 'Only skin deep': health, resilience and craniofacial care. *Cleft Palate Craniofacial Journal*, 38: 226–30.

Strauss, R.P. and Broder, H. (1991) Directions and issues in psychosocial research and methods as applied to cleft lip and palate and craniofacial anomalies. *Cleft Palate Craniofacial Journal*, 28: 150–6.

Strenta, A. and Kleck, R. (1985) Physical disability and the attribution dilemma: perceiving the causes of social behavior. *Journal of Social and Clinical Psychology*, 3: 129–42.

Sund, B. (2000) *New Developments in Wound Care*. London: PJB Publications.

Tanner, J.L., Dechert, M.P. and Frieden, I.J. (1998) Growing up with a facial hemangioma: parent and child coping and adaptation. *Pediatrics*, 101: 446–52.

Tantleff-Dunn, S. and Thompson, J.K. (1998) Body image and appearance-related feedback: recall, judgement and affective response. *Journal of Social and Clinical*

Psychology, 17: 319-40.

Tashakkori, A. and Teddlie, C. (1998) *Mixed Methodology: Combining Qualitative and Quantitative Approaches*. London: SAGE Publications.

Thomas, C.M., Keery, H., Williams, R. and Thompson, J.K. (1998) The fear of appearance evaluation scale: development and preliminary validation. Paper presented at the Association for the Advancement of Behavior Therapy, Washington, DC.

Thompson, A.R. and Kent, G. (2001) Adjusting to disfigurement: processes involved in dealing with being visibly different. *Clinical Psychology Review*, 21: 663-82.

Thompson, A.R., Kent, G. and Smith, J.A. (2002) Living with vitiligo: dealing with difference. *British Journal of Health Psychology*, 7: 213-25.

Thompson, J.K. (1990) *Body Image and Disturbance*. Oxford: Pergamon Press.

Thompson, J.K. (2004) The (mis)measurement of body image: ten strategies to improve assessment for applied and research purposes. *Body Image*, 1: 7-14.

Thompson, J.K. and Van den Berg, P. (2002) Measuring body image attitudes among adolescents and adults, in T.F. Cash and T. Pruzinsky (eds) Body Image: A Handbook of Theory, *Research and Clinical Practice*. London: The Guilford Press.

Thompson, J.K., Heinberg, L.J., Altabe, M. and Tantleff-Dunn, S. (1999) *Exacting Beauty: Theory, Assessment and Treatment of Body Image Disturbance*. Washington, DC: APA.

Tiggemann, M. (2002) Media influences on body image development, in T.F. Cash and T. Pruzinsky (eds) *Body Image: A Handbook of Theory, Research and Clinical Practice*, pp. 91-8. London: The Guilford Press.

Tiggemann, M. (2004) Body image across the adult lifespan: stability and change. *Body Image*, 1: 29-41.

Tiggemann, M. and Pennington, B. (1990) The development of gender differences in body-size dissatisfaction. *Australian Psychologist*, 25: 301-11.

Tobiasen, J.M. and Hiebert, J.M. (1993) Clefting and psychosocial adjustment. *Clinical Plastic Surgery*, 20: 623-31.

Trust, D. (1977) *Skin Deep: An Introduction to Skin Camouflage and Disfigurement Therapy*. Edinburgh: Harris.

Tunalcy, J.R., Walsh, S. and Nicholson, P. (1999) 'I'm not bad for my age': the meaning of body size and eating in the lives of older women. *Ageing and Society*, 19: 741-59.

Turner, S., Thomas, P., Dowell, T., Rumsey, N. and Sandy, J. (1997) Psychological outcomes amongst cleft patients and their families. *British Journal of Plastic Surgery*, 50: 1-10.

Udry, J. (1965) Structural correlates of feminine beauty preferences in Britain and the U.S.: a comparison. *Sociology and Social Research*, 49: 330-42.

Udry, J. and Eckland, B. (1984) Benefits of being attractive: differential payoffs for men and women. *Psychological Reports*, 54: 47–56.

Vamos, M. (1990) Body image in rheumatoid arthritis: the relevance of hand appearance to desire for surgery. *British Journal of Medical Psychology*, 63: 267–77.

Van der Donk, J., Hunfield, J., Passcher, J., Knegt-Junk, K. and Nieboer, C. (1994) Quality of life and maladjustment associated with hair loss in women with alopecia androgenetic. *Social Science and Medicine*, 38: 159–63.

Vance, Y., Morse, R.C., Jenney, M.E. and Eiser, C. (2001) Issues in measuring quality of life in childhood cancer: measures, proxies, and parental mental health. *Journal of Childhood Psychology and Psychiatry*, 42: 661–7.

Vcale, D. (2004) Advances in a cognitive behavioural model of body dysmorphic disorder. *Body Image*, 1: 113–25.

Vincent, M. and McCabe, M. (2000) Gender differences among adolescents in family and peer influences on body dissatisfaction, weight loss, and binge eating behaviors. *Journal of Youth and Adolescence*, 29: 205–21.

Wahl, A.K., Gjengedal, E. and Hanestad, B.R. (2002) The bodily suffering of living with severe psoriasis: in-depth interviews with 22 hospitalized patients with psoriasis. *Qualitative Health Research*, 12: 250–61.

Walden, K.J., Thompson, J.K. and Wells, K.E. (1997) Body image and psychological sequelae of silicone breast explantation: preliminary findings. *Plastic and Reconstructive Surgery*, 100: 1299–306.

Wallace, L.M. and Lees, J. (1988) A psychological follow-up study of adult patients discharged from a British burn unit. *Burns*, 14: 39–45.

Wallace, M. (2004) The appearance-related concerns of adolescents who have undergone treatment for cancer. Paper presented at the British Psychological Society Division of Health Psychology Annual Conference, Edinburgh, September 2004.

Walters, E. (1997) Problems faced by children and families living with visible differences, in R. Lansdown, N. Rumsey, E. Bradbury, T. Carr and J. Partridge (eds) *Visibly Different: Coping With Disfigurement*. Oxford: Butterworth-Heinemann.

Walster, E., Aronson, E., Abrahams, D. and Rottman, L. (1966) The importance of physical attractiveness in dating behavior. *Journal of Personality and Social Psychology*, 4: 508–16.

Ward, C. (1999) The technological imperative in the treatment of craniofacial deformity. *Cleft Palate Craniofacial Journal*, 36: 1–2.

Wardle, J. and Collins, E. (1998) *Body dissatisfaction: Social and emotional influences in adolescent girls*. Unpublished manuscript, University College, London.

Wardle, J. and Marsland, L. (1990) Adolescent concerns about weight and eating: a social-developmental perspective. *Journal of Psychosomatic Research*, 34: 377–91.

Warnock, M. (1992) Ethical challenges of embryo manipulation. *British Medical Journal*, 304: 1045–9.

White, C.A. (2000) Body image dimensions and cancer: a heuristic cognitive behavioural model. *Psycho-Oncology*, 9: 183–92.

White, C.A. (2002) Body image issues in oncology, in T.F. Cash and T. Pruzinsky (eds) *Body Image: A Handbook of Theory, Research and Clinical Practice*. London: The Guilford Press.

Wilcox, S. (1997) Age and gender in relation to body attitudes: is there a double standard of ageing? *Psychology of Women Quarterly*, 21: 549–65.

Williams, J., Wood, C. and Cunningham-Warburton, P. (1999) A narrative study of chemotherapy-induced alopecia. *Oncology Nursing Forum*, 26: 1463–8.

Wood, K.C., Becker, J.A. and Thompson, J.K. (1998) The commentary interpretation scale: a measure of judgment of neutral appearance commentary. Unpublished manuscript, University of South Florida.

Wright, S.R. (2002) Appearance, disfigurement and self-perceptions. Unpublished MSc dissertation, University of the West of England, Bristol.

Yardley, L. (2001) Mixing theories: (how) can qualitative and quantitative health psychology research be combined? *Health Psychology Update*, 10: 6–9.

YouGov (2003) *Opinion Poll for the Charity Changing Faces*. London: Changing Faces.

Young, V.L., Nemecek, J.R. and Nemecek, D.A. (1994) The efficacy of breast augmentation: breast size increase, patient satisfaction and psychological effects. *Plastic and Reconstructive Surgery*, 94: 958–69.

Zabora, J., Brintzenhofeszoc, K., Curbow, B., Hooker, C. and Piantadosi, S. (2001) The prevalence of psychologial distress by cancer site. *Psycho-Oncology* 10: 19–28.

Ziegelmann, J.P., Griva, K., Hankins, M., Davenport, A., Thompson, D. and Newman, S. (2002) The Transplant Effects Questionnaire (TxEQ): the development of a questionnaire for assessing the multidimensional outcome of organ transplantation – example of end stage renal disease (ERSD). *British Journal of Health Psychology*, 7: 393–408.

Zigmond, A.S. and Snaith, R.P. (1983) The Hospital Anxiety and Depression Scale. *Acta Psychiatrica Scandinavica*, 67: 361–70.

索　引

▶▶ あ行

愛着　152
アウトルック　⇒　Outlook
アクションリサーチ（action research）　104, 258
アザ（birthmarks）　⇒　母斑
圧力服　178, 241, 274
アニメーター　296
アピアランス研究センター（CAR）　3, 8-10, 63, 67, 191
アペール症候群　147
暗黙の性格理論　133
イギリス平等法　⇒　Equality Act 2010
移植手術　178
遺伝子工学　8, 298
刺青（タトゥ）　6, 19, 87, 95, 102, 184, 231
印象形成　36, 42, 131, 168
インプラント　222, 229, 291
運動コンピテンス　126
エクササイズ　21, 44, 46, 87, 93, 110, 118-121, 126, 134, 138, 141, 192, 217-220, 254, 289, 293
エストロゲン　132
エスノグラフィック分析　99
横断的研究　77, 90, 106, 141, 182

▶▶ か行

外見の不安　53, 68, 97, 104, 120, 172, 180, 184, 208, 209, 228
外在化　154
解釈学的現象学的分析　99
外傷後ストレス障害（PTSD）　79, 274, 280
介入療法　71, 75, 98, 159, 173, 184, 204, 227, 271, 276, 290
回避行動　43, 112, 166, 267
顔の外見　27, 35, 38-40, 75, 122, 130, 157, 267
顔の変形　47, 49, 165, 168
顔の魅力　23, 37, 38, 40, 42, 131
化学療法　148, 176
学業コンピテンス　126
可視的差異　4, 146-148, 172, 185-186, 194-196
カツラ　176
家庭環境　117, 142, 292
カモフラージュ（camouflage）　61, 90, 176, 196-198, 224, 233, 276, 277
からかい　95, 116, 121-123, 125, 155, 156, 159, 160, 202, 203, 262, 278
加齢（ageing）　20, 24, 111, 128, 138-141, 257
癌（cancer）　61, 67, 70, 78, 84, 85, 148, 157, 171, 173-177, 195, 201, 223, 230, 232, 245, 257, 261, 265, 266, 268, 269,

271-273
観察的方法　103
患者擁護規範（patient advocacy model）
　272
関節リウマチ　182-184, 244
乾癬　78, 90, 156, 161, 164, 181, 186, 196,
　211, 234, 273, 282
顔面移植　8, 96, 300-305
顔面痙攣　303
顔面神経麻痺　69, 160, 169, 192
帰属スタイル　82, 97, 192
強皮症　66, 102
恐怖　52, 93, 163, 164, 169, 210, 211
恐怖―回避モデル　52, 93, 267
拒絶反応　301-303
儀礼的無関心　166
近接空間学　74
苦悩　89, 90, 96-98, 163, 164, 173, 194-199
グラウンデッド・セオリー　99
クルーゾン症候群　147
グループ・セッション　226
計画的行動理論　88, 96
形成外科　⇒　形成再建外科
形成再建外科　229
ケミカルピーリング　291
ケロイド　80, 229, 239
嫌悪感　166, 168, 169
健康心理学　3-8, 47, 51, 53, 58, 86, 240,
　252, 271-273, 289, 290, 293
健康増進キャンペーン　252, 256-258
健康についての信頼モデル　88
健常感　3, 5, 27
顕著性（saliency）　207
口蓋裂　⇒　口唇口蓋裂
抗癌剤治療（chemotherapy）　78, 148, 175,
　176, 268, 269

広告（advertising）　21, 28, 32, 33, 40, 41,
　64, 65, 75, 76, 135-137, 200, 252-254,
　291
甲状腺眼症　245
口唇口蓋裂　30, 48, 58, 69, 147, 149-157,
　161, 170, 171, 190, 198, 239, 240, 242,
　262, 264, 273, 275, 282, 290, 296-298
口唇裂　⇒　口唇口蓋裂
公正世界観　168
後天性の障害（acquired disfigurements）
　148
行動確認の過程　131
行動的リジリエンス　193
幸福感　193, 209
高齢者　70, 139, 140, 141, 172, 234, 264,
　282
コーピング　52, 82, 173, 192, 194, 195,
　197, 200, 201, 210, 211, 234, 272
個人中心カウンセリング　275
個別支援　224
コミュニケーション・スキル　226, 273
孤立感　112, 233
コンピテンス　116, 117, 126, 130, 149, 155,
　204

▶▶ さ行

サンプリング　62, 69
歯科矯正　36, 240, 296
視覚的アナログスケール　⇒　VAS
自己意識　83, 126, 156, 192, 231
自己管理　217, 283
自己形成　115, 120, 126
自己効力感　192, 283
自己充足的予言の理論（self-fulfilling
　prophecy theory）　131

索　引

自己制御理論　89, 280
自己呈示　44, 120, 129, 197
自己認知　96, 113, 114, 120, 126, 153, 161, 162, 169, 197, 198, 206, 277
自己評価　78, 97, 121, 127, 128, 180, 197, 204, 209, 218
自助教材　267
自助グループ　224
自尊感情（self-esteem）　82, 111, 121, 122, 125-128, 140, 149, 153, 156, 162, 163, 170, 192, 194, 196, 201-205, 207-210, 237, 254, 259, 302
シャイネス　149, 154, 169, 212
社会からの回避　97, 169, 172, 181, 184, 201, 277
社会的圧力　137
社会的学習　32
社会的支援　82, 200, 201
社会的障害　146
社会的相互関係スキル訓練（SIST）　51, 79, 211, 212, 274-277
社会的疎外　92
社会的認知モデル　88, 107
社会的比較　32, 96, 134, 138, 204, 206, 208, 209
社会的比較理論　208
社会的不安　27, 59, 93, 97, 134, 149, 157, 163, 172, 181, 184, 201, 231, 234, 267, 275, 277, 288
若年性関節リウマチ　184
醜形（disfigurement）　9, 266
醜形恐怖症　146, 216, 217, 247
縦断的研究　77-79
差恥　63, 92, 93, 97, 114, 116, 164, 165
主観的評価　127
主題分析　99

出生前検査（antenatal screening）　8, 288
腫瘍摘出術　174, 175
障害差別禁止法　⇒　Equality Act 2010
状態（疾患）に特化したモデル（condition-specific models）　94
情緒的リジリエンス　193
情動開示介入　280
進化論　131-133, 168
神経線維腫症　147, 195, 223
身体イメージ（body image）　37, 45-47, 77, 82-85, 91, 92, 95, 110, 113-115, 117, 119, 120, 123, 127-129, 134-138, 174-177, 182, 183, 202, 206, 210, 211, 218, 222, 230, 232, 259, 276
身体接触　170
身体・態度質問紙　⇒　BAQ
身体的魅力　27, 36-39, 41, 43, 44, 112, 130, 132, 133, 198
身体の改造　184
心理社会的介入　260, 282
頭蓋顔面変形疾患（craniofacial conditions）　48, 58
頭蓋骨の早期癒合症　147
スキーマ　92, 207, 208, 253
スティグマ　31, 32, 63, 92, 93, 164-166, 176, 224, 271, 300
ステレオタイプ　21, 27, 28, 33, 36, 40, 43, 124, 129-131, 133
ステロイドホルモン　177
ストレス　72, 88, 90, 91, 172, 173, 282
ストレスとコーピングについての理論　88
ストレッサー　90, 91, 172
生活の質　⇒　QOL
脆弱性　7, 181, 203
正常範囲内での不満足　138, 202
生態学的妥当性　37, 74, 76, 155

343

生物医学的アプローチ　8, 236, 237, 241
生物医学的モデル　52, 236, 237
生物心理社会的アプローチ　237, 242
摂食障害（eating disorder）　37, 45, 75, 91, 117, 120, 122, 195, 216, 219, 247, 248
切断（amputations）　45, 174, 175, 186, 235, 236, 270
先天性疾患　30, 65, 66, 148, 150, 151, 183
先天性の変形（congenital disfigurements）　147
専門看護師　242, 245, 266, 271-273
前立腺癌　177
総合診療医（general practitioners）　218, 219
ソーシャルスキル　8, 41, 49, 74, 75, 97, 134, 170, 192, 211-213
ソーシャルスキル・トレーニング　50, 75, 94, 170, 284, 285

▶▶ た行

ダイエット（dieting）　87, 111, 254, 289
対処モデル　90, 267
ダウン症　148, 232
多施設研究　67, 68
他者からの反応　91, 115, 116, 122, 155
多職種連携チーム　271
脱毛症　162
多面的自己概念　93
単純性血管腫　66, 76-78, 183, 228, 233, 234, 256
談話分析　99
チェンジング・フェイス　⇒ Changing Faces
知的コンピテンス　27, 130
治療に特化したモデル　94

定性的アプローチ　98-101, 104
定性的研究　8, 73, 88, 99-101, 107, 176
定量的研究　74, 82, 99, 101
適応　44, 82, 83, 85, 96, 97, 190, 192-200, 203, 236, 237, 275, 288
デザイナー・ベイビー　298
デジタル・アーティスト　295, 296
テストステロン　132
手の外見　131, 183
頭頸部癌　52, 70, 78, 90, 102, 171, 174, 182, 185, 195, 201, 245, 254, 271-273
糖尿病（diabetes）　6, 183, 244, 268, 302
独立セクター　290
ドナー　300-304
トリーチャー・コリンズ症候群　66, 147

▶▶ な行

内在化　75, 114, 132, 154, 202
内的羞恥　165
ニキビ（acne）　147, 148, 156, 164-166, 181
日光曝露　88, 253, 302
乳癌（breast cancer）　67, 80, 85, 174, 175, 223, 229-232, 265
乳房再建術（breast implant）　229-232, 265
認知行動プログラム　217
認知行動モデル　92
認知行動療法　94, 260, 267, 274, 276
認知的不協和　77
認知的リジリエンス　193
熱傷（burn injuries）　50, 51, 67, 71-73, 76, 148, 156, 165, 177-180, 202, 212, 224, 225, 241-243, 269, 270, 275
脳機能障害（brain impairment）　148

▶▶ は行

パーソナリティ　27, 92, 133, 192, 193
白斑　76, 78, 89, 102, 148, 161, 171, 181, 182, 196, 233, 276
瘢痕　74, 75, 148, 156, 174-180, 228-232, 239-241, 256
引きこもり　110, 149, 154, 201, 278
皮膚移植　178
皮膚疾患　69, 73, 112, 147, 161, 170, 171, 181, 182, 196
美容外科（cosmetic surgery）　21, 220-223, 290, 291
病的な不満足　138
表皮水疱症　181, 182, 256
フォーカス・グループ　101, 102
プライマリケア　219
プロテーゼ　175, 197, 233, 235, 236
ヘルスケア　50-52, 226-233, 241-246, 258-266, 296-305
変形（defect, deformity, disfigurement）　4, 6, 9, 31, 47-53, 59, 68-70, 73-76, 85, 91-93, 146-148, 164, 172, 173, 194-196, 246, 266, 273, 275-280, 302
返報性　42
包括的アプローチ　271
防護動機理論　88
ポジティブ心理学　53
ボツリヌス療法　19, 95, 221, 222, 291
ボディ・ランゲージ　226
母斑（アザ、birthmarks）　148, 233, 256
ボランティア・セクター　223, 279
ホルモン療法　176, 177

▶▶ ま行

魅力　76, 136, 198, 253, 294-296
無作為化比較試験（RCT）　79-81
メイキャップ　61, 74, 75, 233-235, 256
メディア　75, 111, 119, 124, 135-137, 139, 209, 252-256, 292, 294-296
メビウス症候群　169
免疫学的技術　300
免疫抑制剤　303
盲検検査　102
モルモット・クラブ　223

▶▶ や行

やけど（burn injuries）　⇒　熱傷
誘意性（valence）　95, 129, 207
雪だるま式標本抽出法　64
ヨーロッパ癌研究治療機構　85
抑うつ（depression）　68, 79, 83, 122, 136, 137, 161, 163, 182, 205, 277
予防的手術　232

▶▶ ら行

楽観主義、楽観性　180, 209, 210
リジリエンス（resilience）　180, 191-194, 203, 210-212, 289
リラクゼーション　192, 218
レーザー治療　184, 233
レシピエント　300-304
ローカス・オブ・コントロール　134

▶▶ アルファベット

BAQ（Body Attitudes Questionnaire）　183

BISS（Body Image States Scale） 77, 84
CAR ⇒ アピアランス研究センター
CCNE（French National Ethics Consultative Committee） 301
Changing Faces 10, 50, 51, 91, 193, 234, 254, 255, 259, 262, 280-283
COPE 211
CSAG（Clinical Standards Advisory Group） 242
DAS（Derriford Appearance Scale） 82, 83, 180
DCIS（ductal carcinoma in situ） 61, 174
EORTC ⇒ ヨーロッパ癌研究治療機構
Equality Act 2010 53, 246
Expert Patient Programme 283
GHQ（General Health Questionnaire） 84, 279
HADS（Hospital Anxiety and Depression Scale） 65, 82, 83

Let's Face It 10, 224
LMCA（Long-Term Medical Condition Alliance） 283
MDT（multidisciplinary teams） 271-273
NEO5 193
NHS（National Health Service） 105, 200, 219, 229-231, 233, 234, 239, 242, 267, 276, 290
Outlook 276-279, 281, 282
PTSD ⇒ 外傷後ストレス障害
Q 分類法 101
QOL 9, 67, 82, 85, 229, 246, 276, 292
RCT（randomized controlled trial） ⇒ 無作為化比較試験
SIST（social interaction skill training） ⇒ 社会的相互関係スキル訓練
VAS（visual analogue scale） 85
WHOQOL（World Health Organization Quality of Life Questionnaire） 85

[著者紹介]

ニコラ・ラムゼイ Nichola Rumsey／**ダイアナ・ハーコート** Diana Harcourt
2017年5月現在、イギリスの西イングランド大学 University of the West of England（ブリストル）のアピアランス研究センター Centre for Appearance Research（CAR）共同監督者 Co-Director（教授）。本書出版時（2005年）には、ハーコートは講師であった。

[訳者紹介]

原田 輝一（はらだ・てるいち）
医師、著作家
主に外傷・熱傷の急性期〜回復期治療に従事するかたわら、外見にハンディキャップを負った人々の社会復帰を研究してきた。現在、医療法人生登会てらもと医療リハビリ病院内科・リハビリテーション科、寺元記念病院形成外科に所属。地域包括ケアにおける医療福祉連携領域へ、学際的技術の応用を目指している。
著作（一般向け）：
［翻訳］ジェームズ・パートリッジ『もっと出会いを素晴らしく──チェンジング・フェイスによる外見問題の克服』（春恒社、2013年）、［監修］「NHKスペシャル カラーでみる太平洋戦争──3年8か月・日本人の記録」「NHKスペシャル きのこ雲の下で何が起きていたのか」（DVD、NHKエンタープライズ、2016年）など

真覚 健（まさめ・けん）
宮城大学看護学群教授
専門領域は認知心理学。東北大学文学部助手、同講師、東京女子大学文理学部助教授、宮城大学看護学部助教授、同教授を経て現職。類似性など顔についての認知心理学的研究を行う。口唇口蓋裂者の表情表出とそこから得られる印象についての研究から、可視的差異のある顔での笑顔表出の効果の究明に取り組んでいる。
著書：
『感情心理学パースペクティブズ──感情の豊かな世界』（共著、北大路書房、2005年）、『新・知性と感性の心理──認知心理学最前線』（共著、福村出版、2014年）、『新 こころへの挑戦──心理学ゼミナール』（共著、福村出版、2015年）など

アピアランス〈外見〉の心理学
──可視的差異に対する心理社会的理解とケア

2017年5月25日　初版第1刷発行

著　者	ニコラ・ラムゼイ
	ダイアナ・ハーコート
訳　者	原 田 輝 一
	真 覚 　 健
発行者	石 井 昭 男
発行所	福村出版株式会社

〒113-0034　東京都文京区湯島 2-14-11
電話　03(5812)9702
FAX　03(5812)9705
http://www.fukumura.co.jp

印刷　株式会社文化カラー印刷
製本　本間製本株式会社

©Teruichi Harada, Ken Masame 2017
Printed in Japan
ISBN978-4-571-25049-1 C3011

落丁・乱丁本はお取替えいたします
定価はカバーに表示してあります
本書の無断複製・転載・引用等を禁じます

福村出版◆好評図書

日本応用心理学会 企画／玉井 寬・内藤哲雄 編
現代社会と応用心理学 3
クローズアップ「健康」
◎2,400円　ISBN978-4-571-25503-8　C3311

現代日本社会における健康に関わるトピックを，現実的で多面的な視点から捉え，応用心理学的な解説を試みる。

行場次朗・箱田裕司 編著
新・知性と感性の心理
●認知心理学最前線
◎2,800円　ISBN978-4-571-21041-9　C3011

知覚・記憶・思考などの人間の認知活動を究明する新しい心理学の最新の知見を紹介。入門書としても最適。

E. W. マコーミック 著／古川 聡 訳
認知分析療法（CAT）による自己変革のためのマインドフルネス
●あなたはなぜ「わな」や「ジレンマ」にはまってしまうのか？
◎4,500円　ISBN978-4-571-24058-4　C3011

後ろ向き志向の人生に苛まれる人が「自分を変える」ための「気づき」を視覚的に理解する認知分析療法の実践。

太幡直也 著
懸念的被透視感が生じている状況における対人コミュニケーションの心理学的研究
◎4,000円　ISBN978-4-571-25048-4　C3011

気づかれたくない内面についての被知覚の意識（懸念的被透視感）が与える影響と対人場面に果たす役割とは。

藤田主一 編著
新 こころへの挑戦
●心理学ゼミナール
◎2,200円　ISBN978-4-571-20081-6　C3011

脳の心理学から基礎心理学，応用心理学まで幅広い分野からこころの仕組みに迫る心理学の最新入門テキスト。

J. ヒューウィット＝テイラー 著／遠藤公久・小川里美・佐藤珠美・清水まき・鈴木清史・德永 哲・新沼 剛・橋本真貴子・堀江聡子・本田多美枝・増田公香 訳
入門 臨床事例で学ぶ看護の研究
●目的・方法・応用から評価まで
◎2,800円　ISBN978-4-571-50012-1　C3047

看護における臨床現場の研究，その目的・方法の基本から事例に基づいた応用・評価までをわかりやすく解説。

K. ホランド・C. ホグ 著／日本赤十字九州国際看護大学 国際看護研究会 監訳
多文化社会の看護と保健医療
●グローバル化する看護・保健のための人材育成
◎3,200円　ISBN978-4-571-50011-4　C3047

看護・医療は多文化状況にいかに対応すべきか。英国で現場の視点から作られた文化ケアのための包括的教材。

◎価格は本体価格です。